Social Media Marketing y gestión de la reputación online

COMM091PO Comercio y marketing

EF/COMM091PO/JUL/25

Anagrama «LUCHA CONTRA LA PIRATERÍA», propiedad de Unión Internacional de Escritores.

© Centro de Estudios ADAMS. Ediciones Valbuena
C/ Narciso Serra, 14
28007 Madrid
adamsediciones@adams.es
www.adams.es

ISBN: 978-84-1077-467-4
Depósito legal: M-13693-2025
Editado en julio de 2025
Imprime: Ediciones Valbuena, S.A.
Impreso en España. Printed in Spain

PRESENTACIÓN

Comprometidos por ofrecer una propuesta formativa ajustada a las necesidades de la sociedad y del mercado de trabajo, Ediciones Valbuena presenta este manual para la Especialidad formativa de **Social media marketing y gestión de la reputación online**, perteneciente a la Familia profesional de **Comercio y Marketing**.

Esta **Especialidad Formativa**, con una duración asociada de 40 horas, se integra en el Catálogo de especialidades con el código COMM091PO.

En la elaboración de los contenidos hemos pretendido conocer, en la práctica, el alcance de los **conceptos asociados al neuromarketing y su aplicabilidad**, analizando casos reales y estudiando los efectos que la publicidad y las marcas tienen en la mente, además de proporcionar un conjunto de recursos para desarrollar estrategias exitosas.

En nuestra página web **www.adams.es** estarás al día de todo en cuanto a información sobre cursos, productos y servicios se refiere, además tendrás la opción de dirigirnos cualquier consulta o sugerencia a través de **adams@adams.es**

Esperando haber cumplido el objetivo propuesto, te expresamos nuestros mejores deseos de éxito.

Ediciones Valbuena

Índice

ICONOS DE INFORMACIÓN

Definición

Ejemplo

Recuerda

Nota

Importante

Más información

Actividad

Resumen

UNIDAD DIDÁCTICA **1**

Las redes sociales en la empresa

Contenido & Objetivos

Introducción

1. Redes sociales: Facebook, LinkedIn, X, Pinterest, WhatsApp, YouTube, Flickr, TikTok

2. Beneficios

3. Cómo integrar las redes sociales en la estrategia corporativa

4. Canales adecuados

5. Medir el impacto

Resumen

Los **objetivos** de esta unidad son:

1. Conocer los tipos de redes sociales.

2. Aprender el impacto que tienen en la empresa.

3. Saber adaptar el funcionamiento de las redes a la empresa.

Introducción

En esta primera unidad explicaremos algunas de las principales redes sociales y cómo afectan en el funcionamiento y estrategias de las empresas. En el mundo actual es primordial que las redes sociales formen parte de cualquier estrategia empresarial, de cualquier tipo de empresa.

1. Redes sociales: Facebook, LinkedIn, X, Pinterest, WhatsApp, YouTube, Flickr, TikTok

1.1. Las redes sociales como nuevo medio

1.1.1. ¿Qué es una red social?

Una **red social** es "una estructura virtual que genera enlaces entre las personas que la forman y sus conocidos o referidos promoviendo sinergias colaborativas".

Es decir: contacto mutuamente beneficioso con otros usuarios.

Las redes sociales suponen una evolución de las comunidades virtuales. Ya no son únicamente "lugares" en los que comunicarse con otras personas, sino que se les añaden una serie de características específicas:

"Las redes son formas de interacción social, definidas como un intercambio dinámico entre personas, grupos e instituciones en contextos de complejidad. Un sistema abierto y en construcción permanente que involucra a conjuntos que se identifican en las mismas necesidades y problemáticas y que se organizan para potenciar sus recursos".

Inicialmente están basadas en las relaciones personales, fomentando redes de amigos o de personas unidas por algún interés común.

¿Qué aportan todas ellas en general?

⇨ Actualización automática de los contactos.

⇨ Perfiles visibles en los que se puede aportar mucha información.

⇨ Capacidad de ampliar la red de contactos mediante servicios de presentación y sistemas de conexión interna.

1.1.2. La teoría de los seis grados de separación

La teoría de los seis grados de separación es una idea que sugiere que cualquier persona en el mundo puede ser conectada a cualquier otra persona en el mundo a través de una cadena de conocidos con un máximo de seis intermediarios. La teoría fue propuesta por primera vez, en 1929, por el escritor húngaro Frigyes Karinthy en un cuento de ciencia ficción titulado Chains. Aunque la teoría ha sido objeto de debate y crítica, ha sido popularizada en la cultura popular a través de la literatura, el cine y la televisión.

Pues hay estudios que han demostrado que con la aparición y uso de las redes sociales esos seis grados de separación se han llegado a reducir, en algunos casos, a solo tres:

1. Un estudio realizado en 2011 por Facebook y la Universidad de Milán, utilizando información de 721 millones de usuarios activos de Facebook, encontró que la distancia media entre dos usuarios era de 4,74 intermediarios (amigos en común).

2. Un estudio realizado en 2007 por el matemático y físico estadounidense Duncan J. Watts, utilizando información de instantáneas de una red social en línea, encontró que la distancia media entre dos usuarios era de 5,28 intermediarios.

3. Un estudio realizado en 2014 por el matemático estadounidense Tyler Volk, utilizando información de una red social en línea, encontró que la distancia media entre dos usuarios era de 4,74 intermediarios.

Resumiendo, las redes sociales se basan en las **3 C's**:

1. **Comunicación** (nos ayudan a poner en común conocimientos).

2. **Comunidad** (nos ayudan a encontrar e integrar comunidades).

3. **Cooperación** (nos ayudan a hacer cosas juntos).

1.1.3. Estadísticas y funcionalidades

A nivel mundial, los usuarios pasan muchas horas conectados a redes sociales a lo largo del día:

⇨ **Ranking mundial de plataformas sociales**

WhatsApp es la primera en el ranking en el último año, con más del 90% de los usuarios.

La siguen Instagram con más del 76%, Facebook con casi el 70, TikTok con más del 50 y X con poco más del 45%.

⇨ **Uso de las redes sociales**

La irrupción de las redes sociales en la vida de las personas ha cambiado por completo el panorama actual.

Las personas residentes en España pasan un promedio de 6 horas y 4 minutos diarios conectadas a Internet. De todo ese tiempo, 1 hora y 53 minutos la dedican a navegar por las redes sociales.

Piensa en tu día a día: la tele, la radio o las revistas han pasado, posiblemente, a un segundo plano, no te imaginas ya tu vida sin Internet y sin redes sociales.

Las redes sociales tienen un público muy diverso. Algunas plataformas como Facebook están muy enfocadas a los intercambios con amistades y familiares y promueven, constantemente, la interacción a través de funciones como compartir fotos, estados y juegos sociales. Otras redes, como Tumblr o X, tienen que ver con la comunicación rápida y se conocen como microblogs. También existen plataformas que se centran en la comunidad, mientras que otras destacan y muestran contenido generado por el usuario.

1.1.4. Tipos de redes sociales

Las redes sociales se pueden clasificar fundamentalmente en **2 tipos**:

⇨ **Indirectas**

Son aquellas en las que el perfil del usuario no suele estar visible para el resto y existe una administración que controla y dirige la información que se vierte en ellas. Son seguramente las precursoras de las redes directas en cuanto que el cambio fundamental se establece en que el usuario pasa de tener un papel pasivo a uno activo y colaborativo.

Se pueden clasificar en foros y blogs.

Algunos ejemplos de redes sociales indirectas pueden ser:

- Reddit.
- Digg.
- Flipboard.
- Medium.
- Twitch.

⇨ **Directas**

Existe colaboración entre las personas o grupos de personas. Los usuarios comparten intereses comunes, interactúan entre sí en igualdad de condiciones y tienen potestad absoluta sobre los contenidos que comparten.

Los usuarios crean perfiles personales en los que aportan información personal y deciden el grado de privacidad que quieren darle a esos datos.

Según la finalidad de cada una y del uso que cada usuario quiera darle pueden usarse para el ocio, para el uso profesional, para la generación y distribución de contenido, para el microblogging; las hay públicas y privadas...

Permiten ubicuidad; es decir, la posibilidad de romper la ubicación geográfica para participar de eventos, informaciones y relaciones.

Algunos ejemplos de redes sociales directas pueden ser:

- Facebook.
- X.
- Instagram.
- TikTok.
- LinkedIn.

¿Qué ventajas ofrecen las redes sociales directas?

1. Permiten añadir contactos a través del correo electrónico.
2. Enviar mensajes privados.
3. No es necesario darse de alta para búsquedas y acceso a enlaces.
4. Permiten la integración de servicios de comercio electrónico.
5. Inmediatez.
6. Suelen ser gratuitas.
7. Permiten inserciones publicitarias.
8. Permiten comentar los contenidos, incluso votarlos.
9. Permiten el contacto directo con muchos usuarios, incluso segmentarlos.
10. Permiten la viralidad.

Estas características no les son exclusivas, ni todas ellas las cumplen en su totalidad (de momento), pero sí son aplicables en ellas con mayor facilidad.

La viralidad en las redes sociales se refiere a la capacidad de un contenido para ser compartido y replicado rápidamente en una red social. Esto se debe a que los usuarios encuentran el contenido interesante, divertido, emotivo o, de alguna manera, relevante para ellos, y deciden compartirlo con sus propias redes de contactos en línea. La viralidad puede ser un resultado deseado para los creadores de contenido, ya que les permite alcanzar una audiencia mucho más amplia y aumentar su visibilidad en línea.

1.2. Facebook

1.2.1. Perfil personal, perfil de empresa y grupos

Cuando se usa Facebook de forma adecuada en la estrategia de social media marketing, se logra generar un importante tráfico de audiencia de valor para la marca hacia el sitio web, que es donde vendemos.

El crecimiento de esta red social obliga a los responsables de las redes sociales en las empresas a incluirla en las estrategias de social media marketing.

Una vez completado el formulario de registro, Facebook envía un correo electrónico a la dirección proporcionada. Solo tienes que hacer clic en el enlace de confirmación para completar el proceso de registro.

Características del perfil personal:

1. Permite relaciones personales, contactos, amistades, fotografías, vídeos, enlaces, etc.

2. Configuración de la privacidad del perfil.

3. Es necesario aceptar las solicitudes de amistad.

4. El número de amistades para un perfil personal está limitado a 5.000.

5. Los perfiles personales están orientados a personas reales.

A Facebook no le gustan las empresas que aparacen como perfiles personales y puede llegar a cerrar la cuenta. Para eso están las páginas de fans. Si tu empresa tiene un perfil personal hay que migrarlo a página de empresa.

6. Permite añadir mucha información personal en el perfil, como intereses, relaciones o formación académica.

Las páginas:

1. Están destinadas a empresas, personajes públicos, organizaciones, instituciones...

2. Pueden ser públicas o privadas.

3. No tienen límite de seguidores.

4. En función de la configuración, todo el contenido es visible sin necesidad de hacerse fan, aunque quedan restringidas algunas opciones de interacción y participación.

5. Proporcionan estadísticas.

6. Permiten invitar a tus amigos a que indiquen que les gusta tu página.

7. Permiten añadir aplicaciones.

8. Pueden tener múltiples administradores.

9. Permiten introducir mucha información en el perfil de la empresa.

Es necesario tener un perfil personal para poder crear un **grupo**:

⇨ Están destinados a usuarios con intereses comunes.

⇨ Pueden ser públicos o privados.

⇨ Permiten crear eventos e invitar a usuarios a ellos.

⇨ Permiten enviar mensajes a todos los miembros.

 En todos los casos hay que configurar el perfil y añadir cuanta información consideremos importante y relevante para nuestros seguidores y amigos.

1.2.2. Campañas de publicidad en Facebook

Uno de los aspectos más interesantes de Facebook desde el punto de vista corporativo es que permite crear campañas de publicidad en Facebook.

¿Cómo podemos crear un anuncio en Facebook?:

1. **Elige el objetivo**. Para elegir el objetivo publicitario adecuado, pregúntate cuál es el resultado más importante que quieres obtener con este anuncio. Puede ser ventas en tu sitio web, descargas de tu app o un mayor reconocimiento de marca.

2. **Elige el público**. Aprovecha la información que tienes sobre las personas a las que quieres llegar (como la edad o dónde viven, entre otros detalles) y elige los datos demográficos, intereses y comportamientos que representen mejor a tu público.

3. **Elige dónde publicar el anuncio**. A continuación, elige dónde quieres publicar el anuncio: en Facebook, Instagram, Messenger, Audience Network o en todas estas plataformas. En este paso, también puedes elegir publicar anuncios en determinados dispositivos móviles.

4. **Define el presupuesto**. Indica tu presupuesto diario o del conjunto de anuncios, así como el período durante el cual quieres que se publiquen tus anuncios. Estos datos fijan unos límites que garantizan que nunca gastarás más de lo que se acomode a tus circunstancias.

5. **Elige el formato**. Elige tu formato de anuncio entre seis opciones muy versátiles diseñadas para funcionar a la perfección en cualquier dispositivo y con todas las velocidades de conexión. Puedes mostrar un solo vídeo o una sola imagen, o elegir un formato más amplio que incluya varias imágenes.

6. **Realiza el pedido**. Una vez enviado, el anuncio avanza a la subasta de anuncios, lo que ayuda a que llegue a las personas correctas.

7. **Administra el anuncio y mide su rendimiento**. Una vez publicado el anuncio, podrás hacer un seguimiento de su rendimiento y editar la campaña en el administrador de anuncios. Comprueba si una versión del anuncio funciona mejor que otra, o si este no se entrega de forma eficaz, y realiza las modificaciones oportunas.

1.3. LinkedIn

LinkedIn es la red profesional con más usuarios en el mundo. La utilizan para aumentar sus redes de contacto, mostrar su trayectoria profesional y encontrar nuevas oportunidades de trabajo.

Conocer LinkedIn:

⇨ LinkedIn tiene, aproximadamente, más de 1.000 millones de usuarios a nivel mundial.

⇨ El 16,2% de los usuarios acceden de forma diaria y 35,4% de forma mensual.

⇨ 61 millones de usuarios revisan ofertas de empleo cada semana.

⇨ Un usuario promedio invierte 7 minutos por cada visita a la plataforma. En Facebook es de 10 minutos.

⇨ El 57% del tráfico de LinkedIn llega desde teléfonos móviles y el 43% desde portátiles.

Permite perfiles personales y páginas de empresa. Los perfiles personales están destinados a introducir datos profesionales de cada usuario: formación, experiencia profesional, habilidades, méritos, intereses... Permite introducir un CV completo.

Asimismo, al estar concebida como **red social**, permite:

1. Añadir contactos.

2. Enviar mensajes privados.

3. Crear grupos de trabajo y discusión (y unirse a ellos y participar).

4. Recomendar a otros usuarios.

5. Dispone de bolsa de empleo.

6. Es posible realizar búsquedas avanzadas por perfiles profesionales o por empresas y cuenta con un servicio de preguntas y respuestas para que los expertos puedan aportar sus conocimientos.

7. También se pueden crear páginas de empresa en las que es posible personalizar la información, ofrecer servicios, vincular trabajadores y colaboradores y visualizar estadísticas.

8. Además, es posible vincular la cuenta con X.

Como siempre, conviene **comprobar y revisar la configuración de la cuenta de usuario** y completar adecuadamente los apartados del perfil que nos interese.

LinkedIn es una excelente plataforma para llevar a cabo acciones de visibilidad y marketing, además de servir para acciones de reclutamiento y de búsqueda de talento.

1.4. X

Es la red de *microblogging* por excelencia.

En su origen, los post, es decir, los mensajes cortos que se comparten en esta red social, estaban limitados a 140 caracteres, lo que fomentaba la creatividad y el lenguaje propio que ha creado esta red social.

Actualmente, el límite ha pasado a ser de 280 caracteres para algunos perfiles, excluyendo, en principio, a algunos idiomas donde no lo consideran necesario (como, por ejemplo, el chino, el japonés y el coreano), aunque, tras analizar los datos, la red social probablemente extenderá el límite a todos los usuarios.

Al **crear una cuenta,** podrás hacerlo usando el correo electrónico o el teléfono.

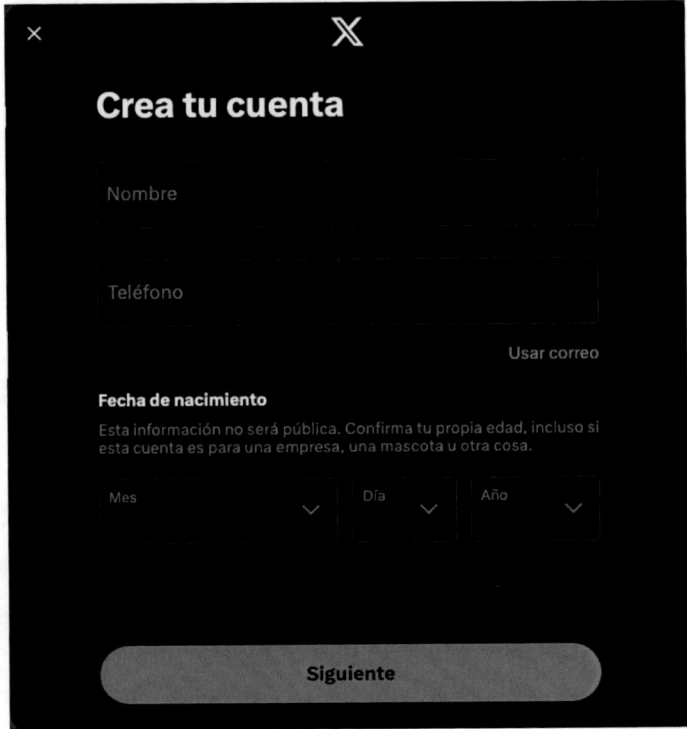

La dinámica consiste en seguir a otros usuarios y que otros usuarios nos sigan a nosotros.

El propio X propone a quién seguir.

Inicialmente, propondrá perfiles populares para, a continuación, permitir explorar categorías temáticas en las que poder buscar según nuestros gustos o afinidades.

Al igual que Facebook, por ejemplo, también te permite buscar "gente que conoces" dentro de los contactos de tus cuentas de correo electrónico.

Lo que **permite X** es:

1. Configurar el perfil y la privacidad de forma que quien te quiera seguir tendrá que solicitar permiso, y tú aceptarlo.

2. Crear y seguir listas.

3. Recibir y enviar mensajes directos.

4. Explorar categorías temáticas.

5. Buscar amigos.

6. Ver recomendaciones.

7. Seguir, buscar y participar en tendencias globales: los *Trending Topic* a través de los *hashtags* (palabras clave precedidas de un signo # que sirven para etiquetar nuestros posts y facilitar su asimilación a un tema).

8. Conocer las interacciones que ha habido con tus contenidos o tu perfil: quién te sigue, quién ha rresposteado algo que dijiste, si te han añadido a listas.

9. Conversar con otros usuarios a través de las menciones directas que aparecerán como interacciones.

10. Configuración en el teléfono móvil.

11. Vinculación con otras redes, como Facebook o LinkedIn.

Conviene añadir que los contenidos de X se indexan en los motores de búsqueda, por lo que, además de las funcionalidades propias del medio, lo convierten en una excelente herramienta para una estrategia de social media.

1.5. Pinterest

Pinterest es una plataforma que permite compartir imágenes o vídeos (pines) entre los usuarios para crear y administrar, en tableros personales temáticos, colecciones de pines relativas a eventos, intereses y hobbies.

Los usuarios pueden buscar otros 'pinboards' (conjuntos de pines) o 're-pinear' imágenes para sus propias colecciones (agregar una imagen de otro usuario).

El objetivo de Pinterest es "conectar a todos en el mundo, a través de cosas que encuentran interesantes".

Cualquier usuario puede crear o acceder a una cuenta al vincular Pinterest a un perfil de Facebook o de X.

Cuando un usuario decide republicar o "repinear" una imagen a su propio tablero, dispone de la opción de notificarlo a sus seguidores de X y Facebook, gestionándolo desde la página de configuración.

Desde 2014 Pinterest ofrece sus servicios también a empresas y dispone de opciones para realizar campañas de publicidad, ofrecer estadísticas sobre el comportamiento de las publicaciones o integrarlo en un sitio web.

1.6. WhatsApp

WhatsApp es una aplicación de mensajería instantánea multiplataforma que permite a los usuarios enviar mensajes, hacer llamadas y compartir archivos de forma segura y gratuita. Fue fundada en 2009 y adquirida por Facebook en 2014.

Características de WhatsApp:

1. Mensajería de texto, voz y vídeo.

2. Compartir archivos como fotos, vídeos, documentos y ubicaciones.

3. Mensajes de grupo para conversaciones en grupo con amigos y familiares.

4. Encriptación de extremo a extremo para mayor seguridad.

5. Integración con el sistema de contactos de tu teléfono.

1.6.1. WhatsApp Business

WhatsApp Business es una versión de WhatsApp diseñada específicamente para empresas y negocios. Permite a las empresas interactuar con sus clientes de manera más eficiente y profesional.

Características de WhatsApp Business:

⇨ Perfil de negocios con información relevante como dirección, horario de atención y descripción.

⇨ Mensajes automatizados para respuestas rápidas y personalizadas a los clientes.

⇨ Mensajes de catálogo para mostrar y promocionar productos.

⇨ Estadísticas de mensajes para mejorar la efectividad de las campañas.

⇨ Integración con herramientas de CRM y sistemas de gestión de relación con el cliente.

1.6.2. CRM

CRM, por sus siglas en inglés de *Customer Relationship Management*, es, en español, gestión de relaciones con clientes. Es un conjunto de prácticas, estrategias y tecnologías que las empresas utilizan para gestionar y optimizar sus interacciones con sus clientes, clientes potenciales y otros stakeholders. El objetivo principal de un CRM es mejorar la satisfacción del cliente y la retención de clientes, aumentar la eficiencia de las ventas y marketing, y maximizar el valor de la relación a largo plazo con el cliente. Esto se logra a través de la centralización y el análisis de datos sobre interacciones con los clientes, así como la automatización de procesos de ventas y marketing.

Hay varios softwares CRM que tienen integración con WhatsApp Business. Algunos de ellos son:

⇨ HubSpot.

⇨ Zoho CRM.

⇨ Salesforce.

⇨ Pipedrive.

⇨ Microsoft Dynamics 365.

Estos son solo algunos ejemplos, la lista puede incluir otros softwares CRM que ofrecen integración con WhatsApp Business. La disponibilidad y la funcionalidad de la integración pueden variar dependiendo del software CRM y la versión que se utilice. Es importante investigar y elegir un software CRM con integración con WhatsApp Business que se ajuste a las necesidades específicas de la empresa y brinde una solución efectiva para la gestión de relaciones con clientes a través de la plataforma de mensajería.

1.7. YouTube

YouTube es un sitio web filial de Google destinado a compartir vídeos. Permite a los usuarios cargar, ver, calificar, compartir, agregar a listas de reproducción, informar, comentar vídeos y suscribirse a los canales. Ofrece una amplia variedad de vídeos corporativos y personales que incluye videoclips, clips de programas de televisión, vídeos musicales, cortometrajes y documentales, grabaciones de audio, avances de películas, transmisiones en vivo y otros contenidos como blogs de vídeos, vídeos originales cortos y vídeos educativos.

YouTube no solo es uno de los sitios web más grandes por popularidad y contenido, sino que es tanto una red social, como un motor de búsqueda como, por supuesto, un proveedor de vídeo. En estos botones puedes encontrar diversos datos estadísticos de YouTube recopilados por Statista para que te hagas una idea de su importancia como plataforma de marketing:

a) El número de usuarios global es de unos 2,7 mil millones. En España es de 40,7 millones (2024).

b) La frecuencia de uso diaria en España ascendía a un 32%. Además, un 18% reconoció su utilización varias veces al día.

c) Un 3% afirmó disfrutar de sus servicios con una frecuencia inferior a las tres o cuatro semanas.

d) La media de horas de uso es de 17 horas y 10 minutos.

Antes de empezar, el primer paso es abrirse una cuenta de marca en Google. Es más recomendable crear este tipo de cuenta porque cuando creas tu canal de YouTube utilizando una cuenta normal, solo una persona, el titular de la cuenta de Google, puede iniciar sesión en ese canal. Creando tu canal de YouTube con una cuenta de marca, múltiples cuentas autorizadas de Google pueden iniciar sesión simultáneamente, lo que para trabajar en la misma es mucho más cómodo, sobre todo si necesitas ayuda en estos primeros pasos. Pulsando en las flechas laterales puedes aprender a crear este tipo de cuenta.

1.8. Flickr

Su uso gratuito está limitado a **1.000 imágenes,** pero la versión Pro es asequible e ilimitada.

Ventajas principales:

1. Permite almacenar el contenido de imágenes en un servidor ajeno a nuestra web o blog, enlazando desde ellos a Flickr, lo que aligera considerablemente el peso de nuestras webs.

2. Cuenta asimismo con numerosas posibilidades de vinculación con otras redes sociales, de enlazar desde otras herramientas y es posible subir imágenes desde cualquier dispositivo, incluido el teléfono móvil.

3. Permite contactos, etiquetas y sus contenidos son indexados muy bien por Google, lo que facilita su presencia en Internet, sobre todo si orientamos el uso de Flickr a asuntos profesionales.

1.9. TikTok

Ya hemos hablado de TikTok, pero ampliamos ahora su origen y sus datos de uso:

a) **Su origen:** tiene sus orígenes en Musical.ly, aplicación destinada a adolescentes. Esto hace que TikTok tenga la base de usuarios más joven de todas. De todos modos, debido a su popularidad, cada vez son más los adultos que la utilizan.

b) **La temática:** la plataforma ya no se limita al contenido musical. La gran cantidad de vídeos que ya tiene hacen que sea la temática sea interminable y podemos encontrar tutoriales de cocina, chistes, memes, etc. Lo que todos estos vídeos tienen en común es el tema: el humor, hacer reír es el rasgo principal de los contenidos de TikTok.

c) **La edición de vídeos**: a diferencia de otras redes, como puede ser Instagram, el usuario aquí sube vídeos sin importarle los filtros, la imagen que den, sin retocar, etc. Los jóvenes se sienten libres de subir lo que quieran, sin ninguna presión. Es una plataforma que dispone de multitud de herramientas de edición de vídeo sencillas de usar, no es necesario tener conocimientos de edición de vídeos, y esto le permite al usuario poder hacer lo que quiera con su vídeo, sin limitaciones y con naturalidad.

d) **Funcionamiento**: la aplicación tiene una pantalla principal donde se ven los vídeos más populares o de gente a la que sigues, pudiendo deslizar hacia arriba o hacia abajo para pasar de uno a otro. También tiene una página de exploración en la que buscar clips y usuarios, o navegar entre hashtags que pueden interesar. El vídeo que se seleccione se abre en pantalla completa, con los iconos donde dar like, comentar, compartir, etc.

TikTok es una red social de vídeo corto que permite a los usuarios crear, compartir y ver contenido en formato de vídeo de hasta 60 segundos. Sus **características** más destacadas son:

1. **Edición de vídeo**: ofrece una amplia variedad de herramientas de edición, incluyendo efectos, filtros, música, texto y más.

2. **Algoritmo de recomendación**: utiliza un algoritmo de recomendación sofisticado para mostrar contenido relevante a cada usuario.

3. **Música y efectos sonoros**: es conocido por su amplia selección de canciones y efectos sonoros, que se pueden utilizar para personalizar los videos.

4. **Comunidad global**: TikTok es una red social global con una gran comunidad de usuarios activos, lo que permite a los usuarios descubrir y compartir contenido de todo el mundo.

5. **Interacción en tiempo real**: permite a los usuarios interactuar con el contenido y con otros usuarios en tiempo real, a través de me gusta, comentarios y compartir.

Estas características hacen de TikTok una plataforma divertida y accesible para todos, especialmente para los jóvenes, y ha llegado a tener una gran cantidad de usuarios activos en todo el mundo.

2. Beneficios

El mundo de las redes sociales no solo es importante a nivel usuario particular, también las empresas se benefician y utilizan las redes sociales en su día a día. Podríamos decir, por tanto, que las redes sociales aportan los siguientes beneficios:

1. Ayudan a las empresas a acercarse a sus seguidores: la información pasa a ser directa con el público, ayudando a que la imagen de marca llegue más fácil y rápidamente. Esto facilita muchos procesos en la empresa: resolver dudas, ampliar información, aligerar las tramitaciones, etc.

2. Mejoran la imagen de la marca: llegando a más usuarios y haciendo más visible el producto o servicio que ofrezcan.

3. Permiten personalizar los productos o servicios que se ofrecen: realizando promociones exclusivas, ofreciendo regalos, etc.

4. Posibilitan obtener las opiniones directas de los seguidores: gracias a los botones de interacción de las redes, el usuario puede mandar mensajes directos, indicar que algo le gusta, compartir la información, etc.

5. Ayudan a que la promoción de la marca sea mayor: gracias a acciones de promoción, publicidad, sorteos, encuestas, etc.

3. Cómo integrar las redes sociales en la estrategia corporativa

3.1. Introducción

Los avances tecnológicos han puesto en nuestras manos algunas herramientas muy útiles en nuestro trabajo, si sabemos cómo sacarles provecho. Hablamos de las redes sociales, estructuras que nos permiten relacionarnos e interactuar en tiempo real con personas y organizaciones de todo el mundo para compartir intereses, experiencias o iniciativas.

A menudo suele confundirse el uso de las redes sociales, de ahí que se mezclen contenidos personales y privados con cuestiones meramente profesionales, actitud errónea que a veces puede traer como consecuencia la ruptura de relaciones o la pérdida de clientela.

Se deben establecer diferencias claras entre la cuenta personal y la profesional, entre la actividad de una y otra. Mostrar preferencias por un equipo, verter opiniones sobre política o religión, expresar gustos acerca de la forma de vestir o compartir contenidos claramente ideologizados en una página profesional no parece buena idea si tenemos intención de llegar a todos los públicos que nos hemos propuesto.

Se aconseja:

a) Separar la esfera privada de la profesional. Además, es importante distinguir entre "íntimo" y "personal". Se puede dar una opinión personal, pero no queda bien difundir contenidos de ámbito estrictamente privado o íntimo.

b) Elige tu red (o redes). Hay más de un centenar de redes sociales para todo tipo de sectores: redes de interés general como Facebook, para compartir fotografías como Flickr o Instagram, de vídeo como YouTube o de negocios como LinkedIn. Puedes abrir cuenta en cada una de ellas, pero no te servirá de mucho. Seguro que obtendrás mejores resultados concentrando ese ingente esfuerzo en una sola. Elígela bien y trabájala con tesón e inteligencia.

c) Crea comunidad y fidelízala. Ten presente el concepto "red social" y no olvides que sin los demás no somos nadie. No es fácil construir comunidad, que no es lo mismo que tener seguidores y "amigos". Las comunidades se interrelacionan, conversan, intercambian... Escucha, observa y participa cuando creas que debes hacerlo. Luego, trabaja para mantenerla y ampliarla. El objetivo es lograr que tu comunidad sienta tu marca como suya.

d) Crea imagen de marca, gánate el favor del público y atrae tráfico web. Desde un punto de vista profesional, cada uno de estos apartados requiere al menos de una estrategia. Las redes sociales pueden destruir en minutos el prestigio ganado durante años. Tal es su fuerza, que puedes aprovechar para ganar notoriedad como marca y atraer público a tu negocio, es decir, a tu página web.

e) Difunde contenidos. Seas profesional de lo que sea, seguro que tienes algo que decir, algo que mostrar, algo que enseñar. Utiliza tu web para contarlo y luego difúndelo en tus redes sociales. El retorno, al menos en tráfico, es inmediato. Por eso es importante que tengas una buena página web, segura y bien engrasada.

f) No seas pesado. No se trata de compartirlo todo, de difundirlo todo, de comentarlo todo ni de llenar la pantalla de contenidos propios o de estar presente a todas horas. El ruido ensordece y ahuyenta a las audiencias.

g) Mira más allá de ti: los demás también son buenos profesionales. Un error muy común en la gestión de redes, que cometen los aficionados, es creer que la plataforma está a su servicio y al de su empresa. Las personas tenemos distintos intereses, muchos de ellos dispares, pero a todos nos gusta la información que aporta valor, por mínimo que sea. Por eso, haces bien en compartir contenidos generados por otros, porque estarás aportando valor a tu comunidad.

3.2. Primeros pasos

El principio de las redes sociales profesionales es el de ayudarte a multiplicar tus contactos gracias a los contactos de sus contactos: dicho de otro modo, los amigos de tus amigos son tus amigos.

Gracias a este mecanismo se puede tener acceso a muchas más personas de lo que podrías imaginar y de cualquier parte del mundo.

 No hay que estar en las redes sociales profesionales simplemente por estar allí: es importante la credibilidad y la calidad de tus contactos y su participación.

El principal temor que comparten muchos profesionales es el que se trate de una pérdida de tiempo. Las redes sociales profesionales tienen la reputación de consumir mucho tiempo, ya que es necesario enriquecer el perfil, agregar contactos, conservar la red.

Para paliar este riesgo, fíjate un límite de tiempo a respetar: 15 a 20 minutos diarios para comenzar. Si consideras que tu presencia es eficaz puede pasar un poco más de tiempo.

Ten en mente que gracias a un buen uso de las redes sociales profesionales, la búsqueda de nuevos colaboradores, clientes o socios se hará más rápido. No deberás pasar por intermediarios para encontrar a la persona idónea.

¿Qué es lo que hay que hacer?

Es simple, tan solo hay que:

1. Inscribirse.

2. Crear tu perfil.

3. Buscar otros miembros de acuerdo a tus intereses comunes.

4. Entrar en contacto con los otros miembros.

3.3. El uso correcto de las redes profesionales

⇨ **Enriquecer el perfil**

- Para incitar a los otros miembros a contactar es indispensable que crees bien tu perfil: trayectoria profesional, competencias, especialidades, etc.

- Se recomienda poner una foto: las fichas con una foto son 4 veces más consultadas que las fichas sin fotos.

- Si dominas otros idiomas, crea un segundo perfil en inglés, francés, alemán u otro idioma.

- No dudes en incluir enlaces hacia tu blog, artículos, comentarios, etc.

- Solicita a tus contactos que redacten un comentario acerca de tu perfil.

⇨ **Ubica a tus contactos y contacta con ellos**

Las redes sociales profesionales disponen de motores de búsqueda para facilitar la búsqueda de miembros con similares centros de interés profesional:

- Encuentra un miembro que te interese.

- Consulta su perfil para saber más acerca de él, de dónde es, qué busca, lo que puede aportarte y lo que puedes aportarle.

- Contacta con la persona a través de la plataforma para intercambiar información y, por qué no, encontrar un campo de entendimiento para tus negocios.

- Si se concreta un negocio, vuelve a la forma clásica de toma de contacto: teléfono, cita.

- Cantidad y calidad de tu participación

⇨ **Intercambio y confianza mutua**

La noción de intercambio es esencial en las redes sociales profesionales. Se da para recibir recomendaciones, consejos, proposiciones… Este intercambio favorece la creación de un clima de confianza, que facilitará la toma de contacto y la negociación.

Lo que no debes hacer: interesarte en las redes sociales cuando estás necesitado. Se recomienda utilizar las redes sociales profesionales cuando no tienes necesidad, así el día en que estés buscando nuevas oportunidades, las personas a las que ayudaste te ayudarán, sabiendo que cuantos más contactos tengas, mayor será tu credibilidad.

4. Canales adecuados

Estamos viendo que las redes sociales se han convertido en un medio casi obligatorio para las estrategias empresariales. Estar presente en redes sociales ayuda a construir una comunidad alrededor de nuestra marca, producto, servicio… Además, estar presente en redes ayuda a llegar a más personas, a que la empresa resulte más cercana. Hay que estar al día de todo lo que los usuarios comentan, opinan o piden a nuestra empresa, para lo que hay que saber gestionar la comunidad online para que este canal resulte adecuado a nuestras necesidades. Pero, ¿cómo se incluyen con éxito las redes sociales en la estrategia de marketing? ¿Cuáles son los canales?

1. **Cuidar el contenido,** ya que es este el que conecta directamente con los clientes, es lo primero que ven. Es importante conocer qué es lo que buscan los clientes para poder ofrecerles un trato lo más personalizado posible.

2. **Gestionar bien el sitio web**. Es imprescindible tener un sitio web y saber gestionarlo. Se pueden incluir accesos directos a las redes sociales en ellos, existen botones para eso, con lo que debes tenerlo presente y llevarlo a cabo.

3. Utilizar las redes sociales para **crear** eventos, acciones, actividades... Así, llegará a mucha más gente y nos aseguraremos de que aumenten los clientes, si lo gestionamos bien.

4. Además de conseguir que nos conozcan o crear una comunidad virtual, las redes sociales **ayudan a las ventas**. Se pueden incluir recursos para gestionar las compras directamente a través de las redes sociales.

5.   Medir el impacto

Para analizar el impacto en las diferentes redes sociales, existen algunos parámetros:

1. **Actividad**: es el esfuerzo de cada empresa por comunicar sus valores empresariales a través de diferentes canales, como las redes sociales, el blog, etc.

2. **Tamaño de la comunidad**: consiste en calcular la audiencia, el número de fans, seguidores, suscriptores, etc., que se posee en cada uno de los canales sociales.

3. **Visibilidad**: es contabilizar el número de menciones, de productos o servicios, de la marca, etc.

4. **Interacción**: se trata de calcular la reacción que generan nuestros contenidos o lo que es lo mismo, es la cantidad de "Me Gusta", comentarios, contenido compartido, etc.

5. **Difusión**: consiste en contabilizar, uno a uno, el número de retuits, usuarios únicos impactados y visitas; el alcance de la viralidad orgánica; la cantidad de contenido compartido; etc.

En definitiva, toda empresa, ha de saber escuchar lo que se dice de ella y su competencia, así como analizar frecuentemente su reputación.

Esta primera unidad ha querido:

⇨ Explicar qué es una red social, los tipos que hay y cómo podemos utilizarlas en la empresa.

⇨ Se hace especial hincapié en las redes sociales más conocidas, Facebook, LinkedIn, etc., explicando cómo funcionan.

⇨ Se explican los beneficios de uso de las redes sociales en la empresa, como son, por ejemplo, que mejoran la imagen de marca, ayudan a acercarse a seguidores y clientes o que permiten obtener opiniones directas de los clientes, entre otros.

⇨ Por último, se explica cómo medir el impacto de las redes sociales y cómo saber utilizar los canales adecuados en cada una de ellas.

UNIDAD DIDÁCTICA 2

La creación de contenidos sociales

Contenido & Objetivos

Introducción

1. ¿Qué es la Web 2.0? De la Web 1.0 a la Web 2.0
2. Los blogs
3. Integración de plataforma en la web
4. Vídeo y fotografía
5. Marketing online

Resumen

Los **objetivos** de esta unidad son:

1. Aprender cómo nació la Web 2.0.
2. Saber gestionar un blog.
3. Integrar esos conocimientos en la estrategia de marketing online.

Introducción

Una vez que tenemos claro qué es una red social y cómo integrarla en la estrategia empresarial, tenemos que aprender a crear contenidos sociales. Esos contenidos pueden ser de muchos tipos: páginas, web, blogs, plataformas de vídeo, etc. Aprenderemos a diferenciar unos de otros y a integrarlos en nuestra estrategia de marketing online.

1. ¿Qué es la Web 2.0? De la Web 1.0 a la Web 2.0

1.1. Introducción

El origen de Internet se sitúa a finales de los años 60 y primeros 70 como forma de comunicación e integración dentro de la Agencia de Investigación de Proyectos Avanzados de Defensa (ARPA). A este proyecto fueron sumándose otras instituciones del gobierno y redes académicas.

Tanto investigadores, como científicos, profesores y estudiantes se beneficiaron de la comunicación con otras instituciones y colegas en su rama, así como de la posibilidad de consultar la información disponible en otros centros académicos y de investigación. De igual manera, disfrutaron de la nueva habilidad para publicar y hacer disponible a otros la información generada en sus actividades.

En 1990 queda constituido el primer cliente web (World Wide Web) y el primer servidor web.

Una vez establecida esta capacidad de intereconexión, junto a la mejora de las herramientas gráficas y la potencia de los ordenadores, fueron añadiéndose a la lista de usuarios aquellos no ligados directamente a sectores académicos, científicos o institucionales.

En pocos años el uso comercial de Internet ya estaba permitido y el modelo de administración ya no era gubernamental.

La **Web 1.0** es el primer paso en la generalización del uso de Internet.

Los primeros usuarios de Internet se encontraron con páginas estáticas, características de la Web 1.0.

Web 1.0 se refiere a un estado de la World Wide Web y cualquier página web diseñada con un estilo anterior al del fenómeno de la Web 2.0. Como término, se creó para describir la Web antes del impacto de la fiebre de las "puntocom" en 2001, que es interpretado por muchos como el momento en que Internet dio un giro.

37

 Web 1.0 es la forma más básica que existe, con navegadores únicamente de texto aunque bastante rápidos. La Web 1.0 es de solo lectura, de manera que el usuario no puede interactuar con el contenido de la página (comentarios, respuestas, citas, etc.), quedando la información exclusivamente limitada a lo que el webmaster sube a esta.

1.2. Características de la Web 1.0

⇨ Páginas estáticas en vez de dinámicas para el usuario que las visita.

⇨ El uso de framesets o marcos. Con esta etiqueta podemos dividir la página web en filas o en columnas.

⇨ Extensiones propias del HTML como el parpadeo y las marquesinas, etiquetas introducidas durante la guerra de navegadores web.

⇨ Libros de visitas online o guestbooks.

⇨ Botones GIF, casi siempre a una resolución típica de 88x31 píxeles en tamaño promocionando navegadores web u otros productos.

⇨ Formularios HTML enviados vía email. Un usuario llenaba un formulario y después de hacer clic se enviaba a través de un cliente de correo electrónico, con el problema que en el código se podían observar los detalles del envío del correo electrónico.

1.3. La Web 2.0

A comienzos de los años 2000, con la fiebre de las empresas "puntocom" comienza un cambio trascendental en la forma de usar Internet, tanto desde el lado de los usuarios como desde el lado de quienes generan contenidos: empresas y, a partir de ahora, también los propios consumidores, con el auge del fenómeno blog.

A partir de este momento comenzamos a hablar de **Web 2.0**.

1.4. El término Web 2.0 según Tim O'Reilly

Tim O'Reilly acuñó por primera vez el término de Web 2.0 en 2004 para referirse a una segunda generación de web basada en las comunidades de usuarios y en una nueva serie de servicios.

El término surgió en el año 2004 a raíz de una conferencia, denominada Conferencia Web 2.0, y cuyo significado contemplaba un uso de Internet basado en la aportación de los usuarios donde, además, hay que aprovechar la inteligencia colectiva.

Sin embargo, en este nuevo ambiente hay que buscar un equilibrio entre el beneficio de aprovechar la inteligencia colectiva y el riesgo de revelar datos personales. Por otro lado, a día de hoy, la Red atraviesa un período de consolidación, donde la innovación es constante para mejorar la experiencia de usuario. Páginas web como Amazon, Google o Facebook se actualizan todos los días y constantemente, por lo que quizás el usuario no se da cuenta pero siempre son una aplicación distinta.

En palabras del propio Tim O'Reilly:

⇨ "Web 2.0 es un nombre cómodo para un fenómeno. Se trata de un cambio que va desde la época en que Internet era un accesorio para el PC, hasta el momento en que Internet es una auténtica plataforma por sí misma".

⇨ "Web 2.0 es entender que la Red es la plataforma, y por esto, las reglas de los negocios son otras. Y la regla principal es esta: los usuarios son valiosos. Y lograr crear base de datos mejores y más amigables para que cada vez más usuarios las utilicen, es a lo que debe aspirar una compañía de la Web 2.0".

⇨ "Lo que distingue a las empresas importantes de otras, es que han entendido como utilizar los documentos producidos por la Web 1.0 en el nuevo contexto 2.0".

⇨ "La Web 2.0 nos ayuda a ser más inteligentes y a resolver los problemas del mundo antes de que ellos nos resuelvan a nosotros".

1.5. El manifiesto Cluetrain

El manifiesto Cluetrain es un documento que fue publicado en 1999 por un grupo de cuatro autores. El manifiesto se basa en la idea de que Internet ha cambiado la forma en que las personas se comunican y se relacionan entre sí. El manifiesto también argumenta que las empresas deben aprovechar esta nueva forma de comunicación para conectar con sus clientes de una manera más auténtica y personal.

El primer punto del manifiesto Cluetrain, que veremos más tarde en detalle, dice: **"Los mercados son conversaciones"**.

La palabra mercado debe entenderse en el sentido más amplio del término. No se refiere únicamente a negocios, empresas o a un intercambio de productos o servicios a cambio de una retribución económica. Todos tenemos algo que vender y, por tanto, formamos parte del mercado.

1. Si somos una empresa de producción: vendemos nuestros productos.

2. Si somos consultoría: vendemos servicios.

3. Si tengo un blog: vendo opinión.

4. Si soy un periódico: vendo información.

5. Y todos, a cambio, tenemos unas expectativas de venta, que pueden ser económicas, pero también pueden ser simplemente visitas o presencia digital.

Pero ¿qué significa la frase, **"los mercados son conversaciones"**?

Nos dice que la sociedad basada en Internet está constantemente conectada y conversando y no hay forma de controlar los mensajes, pero sí podemos medir su impacto.

En lugar de luchar contra la fuerte ola del progreso, Cluetrain propone a las empresas que participen en las conversaciones, no como empresas, sino como seres humanos frente a los usuarios.

El mensaje y la narración en marketing de redes siguen siendo tan importantes como siempre. Si las empresas no interactúan y participan con su base de clientes, los consumidores harán negocios con las empresas que son lo suficientemente inteligentes como para sintonizar con sus necesidades y construir una relación.

 En este vídeo, Philip Kotler, considerado el padre del marketing, nos habla acerca del significado del marketing y de la importancia de la conversación entre la empresa y el cliente para conocer sus necesidades, aportar valor y satisfacer las necesidades del cliente:

https://www.youtube.com/embed/-d8UafKDjro

En el mercado actual, y con el predominio de las redes sociales, las marcas, tanto grandes como pequeñas, están en constante diálogo con los consumidores. Las noticias sobre marcas, tanto buenas como malas, se lanzan y difunden al instante. Los únicos filtros existentes se encuentran únicamente en los ojos de los consumidores.

La palabra conversación implica que el vendedor ya no puede centrarse exclusivamente en hablar, sino que tiene que escuchar y actuar en función de lo que los consumidores y usuarios tienen que decirle, y de hecho le dirán.

El consumidor/usuario ya no es un mero espectador, sino que tiene el poder de opinar, consultar, reprochar, alabar, compartir, divulgar... su experiencia como consumidor/usuario, de la mano de las herramientas que la Web 2.0 pone a su disposición.

Así, la conversación pone de manifiesto su principal característica: la comunicación.

Además, el manifiesto Cluetrain quiere que las empresas se comuniquen en condiciones de igualdad con sus clientes en Internet y que se disuelvan los límites rígidos. Por ejemplo, los clientes y proveedores deberían poder participar en el desarrollo de productos de la empresa a través de la comunicación mutua.

Ejemplos de co-creación de valor en creación de producto:

- **LEGO**: a través de LEGO Ideas se recogen propuestas para crear nuevos productos, así se aseguran de que cuando ese producto llega al mercado tiene aceptación y que, como mínimo, un número determinado de compradores se hará con él. Además, la persona que ha propuesto la idea obtiene una parte de los beneficios y es citada en las cajas como creador de la idea, premiando así la creatividad y la participación, a la vez que fidelizan a los usuarios.

- **Lay's**: "Haznos un sabor". Desde 2013, Lay's lanza un concurso internacional a través de Internet, dicha contienda consiste en proponer nuevos sabores de patatas fritas; los usuarios crean combinaciones y, después de una votación, es lanzado el nuevo sabor. No solo se lanza un único concurso, sino que se realiza un concurso en cada uno de los países en los que está presente esta campaña.

- **Coca-Cola**: ha creado un apartado en su web en el que cada usuario tiene 5 minutos para compartir el momento más feliz de su vida, que es la felicidad para él, o incluso anécdotas importantes. Tras la campaña, se pondrán pantallas en las ciudades más importantes de España y emitirán algunos de los vídeos elegidos. Las ventajas que obtiene Coca-Cola son el incremento de publicidad con un coste bajo, ya que son los individuos los encargados de grabar y subir los vídeos a la plataforma, aumentan las visitas a la web, así como el feedback de los clientes.

- **Nike**: ha creado una comunidad en línea llamada Nike+, donde los usuarios pueden compartir sus experiencias con los productos de Nike y recibir consejos de otros usuarios. Esta comunidad también permite a los usuarios compartir ideas para mejorar los productos de Nike.

- **Starbucks**: ha creado una comunidad en línea llamada My Starbucks Idea, donde los usuarios pueden compartir sus ideas para mejorar la experiencia de los clientes. Estas ideas son revisadas por la comunidad y las mejores ideas son seleccionadas para ser implementadas por Starbucks.

 ¿Quieres conocer las 95 tesis en las que se fundamente el manifiesto Cluetrain? En el siguiente enlace podrás conocerlos todos: *https://www.cluetrain.com/*

1.6.   Fases proceso de construcción de un sitio web

Comprender en profundidad los problemas del usuario y **definir los objetivos** compartidos. Las preguntas que entran en juego son:

⇨   ¿Quién es el público objetivo?

⇨   ¿Qué deben esperar cuando llegan a nuestro sitio web?

⇨   ¿Cuál es el objetivo principal del sitio web?

⇨   ¿Qué mensaje hay que transmitir?

⇨   ¿Qué hacen los competidores, si los hay, y cómo debemos diferenciarnos?

⇨   ¿Cómo se medirán estos objetivos?

Una vez que conocemos los objetivos del sitio, podemos **definir el alcance** del proyecto. Es decir, qué páginas web y características necesita el sitio para cumplir el objetivo, y el calendario para construirlas.

Este calendario debe mostrar el tiempo que llevará cada paso del proceso. Puede que las fechas cambien a medida que se desarrolle el proceso, pero unos objetivos claros ayudan a establecer unos plazos realistas y alcanzables.

Con el alcance bien definido, podemos empezar a **profundizar en el mapa del sitio** (sitemap), definiendo cómo se interrelacionarán el contenido y las características que definimos en la definición del alcance. Veremos más sobre esto más adelante.

Ahora que tenemos una imagen más amplia del sitio en mente, podemos empezar a **crear contenido** para las páginas individuales, siempre teniendo en cuenta la optimización para motores de búsqueda (SEO) para ayudar a mantener las páginas centradas en un solo tema. Es vital tener contenido real con el que trabajar para nuestra siguiente etapa.

Con la arquitectura del sitio definida y los primeros contenidos desarrollados, podemos empezar a trabajar en el **diseño visual**. Puede que nuestra empresa ya tenga bien definida la identidad visual, e incluso una guía de estilo, pero también es posible que se defina el estilo visual desde el principio en este proceso. Las herramientas como las hojas de estilo (CSS), los moodboards y los collages de elementos pueden ayudar en este proceso.

Asegúrate de que los elementos visuales de tu web son impresionantes, ya que lo harán más profesional y sencillo. Además de eso, los elementos visuales también mejorarán tus textos. Trata de que todas las imágenes añadidas a la web sean atractivas y transmitan el mensaje adecuado.

A estas alturas, ya tienes todas tus páginas y has definido cómo se muestran al visitante del sitio, así que es hora de asegurar que todo funciona bien. Puedes empezar **probando** manualmente la navegación del sitio en los dispositivos y navegadores más usados, o usar rastreadores automatizados del sitio para identificar todo, desde problemas de experiencia del usuario hasta simples enlaces rotos. Por ejemplo, puedes probar con https://www.woorank.com/es/

Una vez que todo funcione a la perfección, es el momento de planificar y ejecutar el **lanzamiento del sitio**. Esto debería incluir la planificación del calendario de lanzamiento y las estrategias de comunicación, es decir, cuándo se lanzará y cómo se hará saber al mundo que existe.

Crear un sitio web brillante es inútil si nadie sabe acerca de él. Con millones de sitios, captar la atención de los navegantes es un reto. Por eso, necesitaremos realizar todas las acciones de **marketing online** que podamos para generar tráfico a nuestra web. Acciones que, como ya sabemos, pueden ser: SEO, SEM, email marketing, publicidad online, etc.

1.7. Seleccionar un modelo de hospedaje o alojamiento web

1.7.1. Registrar un nombre de dominio

El dominio es un nombre alfanumérico único que se usa para identificar un sitio web en Internet. Suele ser una palabra seguida de un sufijo .com (webs comerciales), .org (ONGs), .es (España), etc. Para seleccionar el sufijo deberemos tener en cuenta algunos aspectos como, por ejemplo, ¿cuál va a ser nuestro ámbito de actuación? Por ejemplo, si vamos a distribuir nuestros productos solo en España, nos interesará .es, pero si pensamos en internacionalizarnos, puede ser .com y si pensamos que podríamos crecer, pero no desde el primer momento, nos interesaría tener ambas a la vez, o un sufijo de cada país en el que vayamos a operar. Si somos una ONG o una asociación, fundación, etc., nos interesará .org

Son decisiones estratégicas que hay que tomar desde el inicio, porque si queremos posicionar una marca y no tenemos un dominio con un determinado sufijo que sea muy utilizado en una zona, perderíamos tráfico hacia la web.

Antes de registrar el dominio, debe comprobarse que está libre, y si no es así, ver cuáles lo están.

¿Cómo lo hacemos? Pues, el primer paso sería verificar en la web de cualquier empresa que registre dominios. Por ejemplo, entrando en Dinahosting y tecleando "micomercioelectronico" como dominio a registrar, directamente aparece su disponibilidad con los sufijos elegidos y otros que pudieran interesar.

Una vez hecho esto, **hay que asegurarse de que este nombre no pertenece a ninguna marca registrada**, ya que esto podría traer problemas judiciales por apropiación de una marca registrada.

Posteriormente, se elegirá la empresa donde se va a comprar el dominio y se registrará. Es conveniente que sea de nuestro país, por las cuestiones del **servicio técnico y el idioma**.

1.7.2. Crear y administrar el contenido

A) Introducción a los CMS

⇨ Un sistema de gestión de contenidos (CMS, por sus siglas en inglés) es un programa que permite a uno o varios usuarios crear, editar y publicar contenido web (texto, vídeo, imagen) sin conocimientos de programación en una interfaz gráfica de usuario.

⇨ Con un CMS puedes crear, gestionar, modificar y publicar contenidos en una interfaz fácil de usar. Puedes personalizar el diseño y la funcionalidad de tu sitio web descargando o comprando plantillas y extensiones (plug-ins), en lugar de tener que programar.

⇨ Permite manejar de manera independiente el contenido y el diseño. Es decir, se trata de una aplicación informática que nos permite crear, editar, gestionar y publicar contenido digital en diversos formatos.

⇨ Puedes tener varios usuarios trabajando en el back-end de la misma herramienta y mucho más. El CMS permite establecer diferentes niveles de acceso para los usuarios, yendo desde el administrador del portal hasta el usuario sin permiso de edición, o el creador de contenido. Dependiendo de la aplicación podrá haber varios permisos intermedios que permitan la edición del contenido, la supervisión y reedición del contenido de otros usuarios, etc. El gestor de contenidos facilita el acceso a la publicación de contenidos a un rango mayor de usuarios. Permite que, sin conocimientos de programación ni maquetación, cualquier usuario pueda incorporar contenido en el portal.

⇨ El CMS controla y ayuda a manejar cada paso de este proceso, incluyendo las labores técnicas de publicar los documentos a uno o más sitios. En muchos sitios con CMS, una sola persona hace el papel de creador y editor, como, por ejemplo, los blogs.

⇨ Los costes de gestión de la información son mucho menores, ya que se elimina un eslabón de la cadena de publicación: el maquetador. La maquetación (transformación del diseño en código) se hace al inicio del proceso de implantación del gestor de contenidos y ya no hay que volver a tocarlo.

⇨ La actualización, back up y reestructuración del portal son mucho más sencillas al tener todos los contenidos en una base de datos estructurada en el servidor.

⇨ Los CMS nos proporcionan el soporte para crear la web, pero nosotros debemos llenarla de contenido, valorando qué información queremos ofrecer a los usuarios y qué es lo que esos usuarios esperan encontrar en una web como la nuestra.

Algunas **características** de los CMS:

⇨ No es necesario tener conocimientos de programación.

⇨ Facilitan la colaboración entre distintos perfiles o equipos para construir y mantener la web.

⇨ Permiten crear distintos usuarios y asignarles roles y permisos específicos.

⇨ Incorporan herramientas para optimizar el SEO (nativas o mediante plug-ins).

⇨ Funciones de seguridad: SSL, parches de seguridad, bloqueo de accesos no autorizados, etc.

⇨ Plantillas prediseñadas que facilitan el comienzo de la construcción de la web.

⇨ Actualizaciones constantes: nuevas funcionalidades, resolución de errores, seguridad, etc.

⇨ Funcionalidad de blog, haciendo sencilla la publicación de nuevo contenido.

⇨ Posibilidad de incorporar ecommerce (nativo o a través de plug-ins).

B) Los CMS más utilizados para crear páginas web

1. Cada página web que visitas, probablemente, **esté hecha con WordPress**. De hecho, prácticamente la mitad de Internet está hecha con WordPress.

2. Según w3techs.com, el 43,3 % de las páginas web del mundo están hechas con WordPress. Y si solo nos fijamos en las creadas con gestores de contenidos (o CMS), esa proporción es aún mayor: el 65,3 % de los sitios web hechos con un sistema de gestión de contenidos identificables utilizan WordPress.

3. Muy por detrás se encuentran otros CMS, como Shopify (que veremos más adelante por estar especializada en ecommerce), Wix o Squarespace. CMS que hace unos años eran muy populares, como Joomla o Drupal, prácticamente no se usan en la actualidad.

4. Con este escenario, hoy en día, a la hora de hacer una web la decisión está entre hacer un desarrollo propio (como hemos visto, una opción cara no al alcance de cualquiera) o usar WordPress.

C) CMS para ecommerce

Las plataformas CMS de comercio electrónico son similares a los CMS convencionales y te permiten crear y actualizar tu tienda online a través de un editor fácil de usar, en lugar de tener que programar, pero incorporan todas las funcionalidades necesarias para poner en marcha una tienda online: catálogo de productos, carrito de compra, área de usuario, medios de pago, transporte, facturación, etc.

Estas plataformas son muy populares entre los propietarios de pequeñas empresas que no tienen los conocimientos técnicos o los recursos necesarios para diseñar una tienda online desde cero.

Vamos a mencionar a continuación los tres CMS para ecommerce más utilizados en la actualidad:

⇨ **WooCommerce**

En realidad, WooCommerce no es un CMS en sí mismo, es un plug-in de WordPress que te permite transformar tu página web en una tienda online. Los datos apuntan que el 31,7% de todas las páginas web del mundo han sido creadas en WordPress y un 44% de cuota de mercado mundial pertenece a su extensión WooCommerce.

Este plug-in es gratis y únicamente pagarás por ciertas extensiones que ofrecen funcionalidades extra.

▶ **Ventajas:**

- Todas las ventajas de WordPress. Se integra perfectamente con tu web corporativa.

- Es una plataforma de comercio electrónico gratuita y de código abierto.

- Puedes darle a tu tienda un aspecto único gracias a las opciones de personalización.

- Tienes acceso a una cantidad enorme de plug-ins.

▶ **Inconvenientes:**

- Tendrás que contratar el alojamiento.

- Dado que WordPress es gratuito, no dispones de soporte técnico exclusivo.

⇨ **Shopify**

Shopify es una plataforma CMS específica para tiendas de comercio electrónico. Como resultado, es increíblemente potente y bien equipado. Es una de las mejores plataformas de CMS para ecommerce porque te ahorra mucho tiempo y esfuerzo.

El constructor de sitios de Shopify es lo suficientemente sencillo como para que incluso un novato en informática pueda diseñar su tienda online fácilmente. Hay un montón de plantillas y temas para elegir. Sin embargo, los desarrolladores experimentados de Shopify pueden personalizar enormemente las tiendas de Shopify porque la plataforma les permite editar su código CSS y HTML.

▶ **Ventajas:**

- Sencilla interfaz.

- Acceso a una enorme biblioteca de extensiones, tanto gratuitas como de pago.

- Los sistemas de pago son fáciles de usar y fiables.

▶ **Inconvenientes:**

- Al contrario de WooCommerce, Shopify requiere una suscripción de pago mensual.

- Cualquier venta a través de proveedores de pago de terceros conlleva una comisión por transacción.

- La mayoría de los temas de la plataforma no son gratuitos.

- A veces, tendrás que instalar una aplicación para obtener una función que necesitas.

⇨ **PrestaShop**

PrestaShop es un CMS ligero y sencillo que, sin embargo, ofrece a los usuarios un gran control sobre la configuración y gestión de su tienda online. Al igual que WordPress, puedes descargarlo gratuitamente e instalarlo en tu propio servidor.

Funciona con un modelo de código abierto, "freemium", lo que significa que puedes utilizar su software básico de forma gratuita, pero tienes que pagar por más funciones. También, tendrás que cubrir tus propios costes de alojamiento.

Si trabajas con un desarrollador web, podrás editar todo el código de PrestaShop. Esto puede dar lugar a diseños de sitios web realmente únicos. Sin embargo, también puedes crear un sitio web tú mismo con su editor What You See Is What You Get (incluso si no eres especialmente experto en tecnología).

Una vez que hayas creado un diseño básico, puedes añadir módulos que amplíen la capacidad de tu tienda. Por ejemplo, puedes utilizar extensiones para vender en Facebook e Instagram, o para optimizar tu SEO.

▶ **Ventajas:**

- Fácil y económico de poner en marcha.

- Incluye la mayoría de las funciones que necesitas para poner en marcha tu tienda online.

- Amplia comunidad de usuarios y desarrolladores.

▶ **Inconvenientes:**

- No podrás acceder al servicio de atención al cliente a menos que estés en uno de sus planes premium.

- No tiene tantos módulos de terceros como sus competidores (WooCommerce y Shopify).

- Sus módulos adicionales pueden ser caros.

1.8. Diseñar un sitio web

En los apartados anteriores se han ido dando las pautas para crear un sitio web. Vamos a profundizar ahora un poco en algunas pautas de que nos ayudarán a tener un diseño impactante y orientado a objetivos.

En el caso de que tengamos además una tienda online, es interesante seguir algunos consejos adicionales:

Diseño adecuado	Facilidad de uso	Accesible para todos
<ul><li>Basado en los contenidos.</li><li>Presencia de escaparates.</li><li>Navegación clara.</li><li>Secciones promocionales.</li><li>Optimización en buscadores.</li></ul>	<ul><li>Catálogo de productos visibles.</li><li>Acceso al catálogo por categorías y escaparates.</li><li>Carrito de la compra visible.</li><li>Proceso de compra claro y rápido.</li><li>Potente buscador.</li><li>Registro de usuario opcional.</li><li>Ficha de producto detallada.</li></ul>	<ul><li>Catálogo de productos accesible.</li><li>Producto destacado con diseño especial.</li><li>Tamaño del texto óptimo.</li><li>Acceso a los productos de forma directa.</li><li>Secciones divididas en escaparates.</li></ul>

1.9. Presentación: el diseño efectivo de un sitio web

1.9.1. La estructura de un sitio web

Es conveniente dibujar un **organigrama con todas las partes del sitio web,** distribuyendo el texto, los gráficos, los vínculos a otros documentos y otros objetos multimedia que se consideren pertinentes, mediante el cual ir creando la estructura de la página web.

Antes de empezar a desarrollar la página web en el ordenador, deben tenerse muy claros cuáles serán sus contenidos, su estructura, el nombre de la página, etc., que no se deben hacer sobre la marcha para evitar rectificaciones innecesarias, trabajo inútil y pérdidas de tiempo.

Lo que va a determinar la estructura de la web va a ser, en gran medida, los contenidos (aunque también el objetivo que se busca con la web y el público al que va dirigida). Estos contenidos van a indicar qué **tipo de estructura es la más adecuada**.

La estructura y los contenidos están relacionados, porque debemos tener en cuenta que los segundos han de actualizarse periódicamente para que nuestro sitio web mantenga siempre la última información que interesa a nuestros visitantes, y además indexe bien en los buscadores. Por ejemplo, estas actualizaciones pueden ser en apartados de noticias o novedades, lo que ya está implicando una determinada estructura.

La elección del tipo de estructura va a determinar también el **emplazamiento de los archivos** y directorios. Esto nos permite organizar la web de una forma lógica, facilitando mucho el trabajo del diseñador, pero también es algo que afecta al visitante ya que solo por la dirección de la página que visita puede hacerse una idea de dónde está.

Para simplificar las cosas es recomendable utilizar en los **nombres de archivo y de carpeta** solo letras minúsculas, sin caracteres especiales y sin espacios en blanco, además de elegir nombres cortos y representativos. Tengamos en cuenta que según avancemos más en los niveles, la dirección URL tomará los nombres de los directorios que se añaden, por esto han de ser cortos, para que no sea una URL extensa, y representativos, para localizarlos fácilmente y para que el buscador indexe adecuadamente.

 Una URL, acrónimo del inglés *Uniform Resource Locator* (localizador de recursos uniforme), es como comúnmente se conoce a una dirección web. Cada página y cada recurso de tu web (PDF, imagen, etc.) tiene una URL asignada.

1.9.2. La estructura jerárquica

Estructura de árbol o jerárquica: a partir de una página de bienvenida o portal (raíz) se abren unas secciones (ramas) que a su vez contienen múltiples páginas web (hojas).

Esta estructura está compuesta por una página principal que enlaza con otras páginas de nivel inferior y estas, a su vez, con otras de nivel inferior a las últimas y, así, sucesivamente. Es decir, se agrupan las páginas web por niveles, de tal manera que para llegar del primero al último debe pasarse por todos los intermedios.

Esta estructura permite al visitante conocer en qué lugar de la web se encuentra y se le facilita la navegación mediante botones que ascienden o descienden en la estructura del árbol para alternar entre secciones. Pero si tenemos una web con muchas páginas, se puede hacer pesado porque para ver las páginas de otra rama hay que retroceder hasta la página principal. Una recomendación es no pasar de 3 niveles.

1.9.3. Otras estructuras no jerárquicas

A continuación se desarrollan los tipos de estructuras que se pueden desarrollar en un sitio web.

⇨ **Estructura en lista**

Esta estructura es la opuesta a la jerárquica. En ella no existe página principal, ya que todas están en el mismo nivel. Para llegar a la última página hay que recorrer todas las anteriores. Es una estructuración muy adecuada para la presentación de manuales o aplicaciones donde el usuario deba recorrer forzosamente una serie de páginas web para conseguir su objetivo.

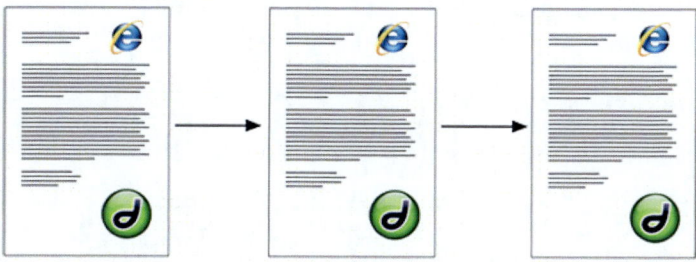

⇨ **Estructura mixta**

Esta estructura es una combinación de las dos anteriores. Las páginas están jerarquizadas en niveles, los cuales a su vez están conectados entre sí en forma de lista. Esta estructura es mucho más navegable y práctica, puesto que permite poder desplazarse de rama en rama sin necesidad de volver a la página principal para hacerlo.

⇨ **Estructura en red**

Esta estructura supone que todas las páginas de la web están conectadas entre sí, por lo que es una estructura más compleja y menos ordenada. Su ventaja es que desde cada página podemos ir a cualquier otra del sitio. No obstante, requiere mucha planificación para evitar ofrecer al visitante un caos de enlaces innecesarios. Sería la estructura más utilizada actualmente (Web 2.0).

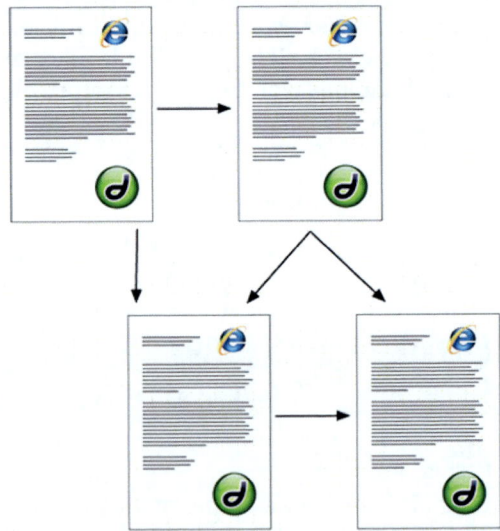

1.10. La página de bienvenida (homepage)

También llamada simplemente **home**. Es la carta de presentación de nuestra empresa, tienda o producto, por lo que debe ser capaz de informar a la vez que captar la atención y el interés del visitante. Se trata de una página un tanto especial, ya que actúa, a menudo, como presentación e índice de la web, con la información más relevante destacada, así como enlaces a las principales secciones de la web, productos, etc.

La página de inicio es una buena herramienta para mostrar el objeto de la web, algo importante en cuanto a la estructura de la misma y su navegabilidad. Es recomendable, cuando no imprescindible, **especificar claramente qué se va a encontrar el usuario al explorar la página**.

Por otro lado, algo tan sencillo como incluir **un enlace bien visible a la página** principal en todas las páginas facilita muchísimo la navegación. En este sentido, actualmente se ha convertido en un estándar "de facto" enlazar el de la cabecera para que apunte a la página de inicio desde cualquier página de la web.

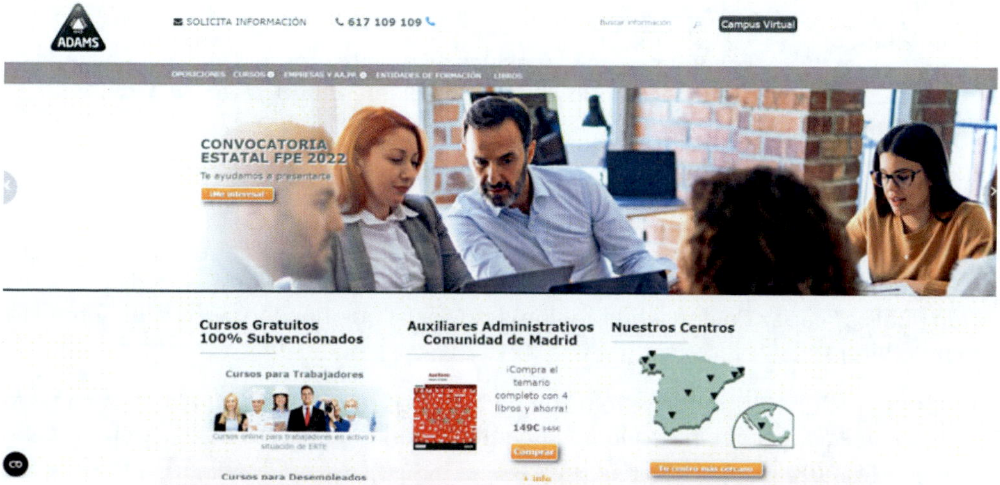

2. Los blogs

2.1. El fenómeno de la blogosfera. El blog corporativo

2.1.1. Introducción

El **blog** es, actualmente, una de las herramientas de la Web 2.0 más conocidas, que han ido adquiriendo una relevancia creciente en los últimos años. Cuenta con unas características y una estructura que lo convierten en un medio único y muy diferente a los medios tradicionales.

 El conjunto de blogs que existen en Internet forman una **comunidad intercomunicada** que se llama **blogosfera**.

En la blogosfera los participantes interactúan para satisfacer determinadas necesidades, lo que ha permitido a los blogs convertirse en una "herramienta de comunicación pública" capaz de conseguir tal impacto social que han logrado influir y transformar la cultura.

José Luis Orihuela, en La revolución de los blogs. *Cuando las bitácoras se convirtieron en el medio de comunicación de la gente* (Madrid: La Esfera de los Libros), define blogosfera como:

 **Blogosfera**: "producto cultural y como ámbito virtual creado a partir de las comunidades de intereses que unen a los bloggers y a sus lectores".

Orihuela aborda las claves que han permitido a los weblogs convertirse en un "medio", es decir, en una "herramienta de comunicación pública" capaz de conseguir tal impacto social que han logrado influir y transformar la cultura.

En concreto, son los terrenos del **periodismo**, la educación y la empresa los campos en los que ese impacto ha sido mayor. En este punto es especialmente interesante el análisis que el autor hace de la evolución de la propia blogosfera.

2.1.2. Las razones del éxito

Las razones del éxito son varias:

1. **Facilidad de acceso**: cualquiera puede abrir un blog a través de herramientas gratuitas o instalar una CMS que le permita comenzar.

2. **Facilidad de uso**: al estar separados el contenido y el diseño, no es necesario ser programador para crear y mantener un blog. Su configuración es muy sencilla.

3. **Independencia**: su estructura es "de abajo hacia arriba"; es decir no hay una figura de liderazgo ni una dependencia temática impuesta. Son los propios bloggers los que seleccionan la pertinencia de la información.

4. **Facilidad de actualización**: el autor puede actualizar los contenidos desde cualquier lugar simplemente con disponer de una conexión a Internet.

5. **Inmediatez**: el contenido se muestra en tiempo real.

6. **Organización**: los contenidos se pueden clasificar por fechas, etiquetas y por categorías. Además, las plantillas existentes permiten una escalabilidad ilimitada.

7. **Conversación**: permite interactividad a través de los comentarios de los lectores que pueden fomentar el diálogo y la comunicación.

8. **Distribución**: se puede sindicar el contenido a través de feed y permiten trackbacks con las referencias externas. Además, la web semántica permite la enlazabilidad de los contenidos a través de correos electrónicos y redes sociales.

9. **Visibilidad**: permite mucha repercusión y muy buen posicionamiento.

 Un **blog** es una herramienta para comunicar y comunicarse.

Con todo esto, no es de extrañar que el fenómeno se haya popularizado de tal manera.

2.1.3. Tipos de blog

Hay muchos tipos de blog:

⇨ Genéricos.

⇨ Especializados.

⇨ Personales.

⇨ Institucionales.

⇨ Etc.

ALL	A	C D E F G H I J	L M	P	R S T	V

Activismo Actualidad Adultos Apple Arte Asociaciones Audio (Podcast) Automóvil Ciencia Cine Ciudades Cómic/Manga Conexiones Corporativo/empresa Decoración Deporte Dominios Ecologia Educación Emprendedores Esoterismo Famosos Fiestas Finanzas Fotoblogs Frikis / Geeks Funcionarios Gadgets Gastronomía Google Historia Humor Infantil Juegos Literatura Marketing Mascotas Moda / Belleza Móviles Música Partidos políticos Pasiones personales Periodistas Políticos Profesionales Psicología Relaciones Religión Salud y bienestar SEO Televisión y Series Viajes Videoblogs

(Categorías de Alianzo en su ranking de blogs de España)

Un paso lógico de esta universalización es la utilización que de este fenómeno han hecho las empresas.

La tarea de afrontar la puesta en marcha y mantenimiento de un blog de empresa se puede afrontar de varias maneras:

⇨ **Desde el punto de vista del marketing y las ventas**: como herramienta de comercialización y apoyo a los productos puestos en el mercado.

⇨ **Desde el punto de vista del conocimiento**: como modo de difundir conocimientos y temáticas sobre las que nuestra empresa es experta.

Antes de comenzar tendrás que tomar algunas decisiones:

⇨ **Qué quieres contar**: define los contenidos: ventas de productos, artículos de análisis, transmisión de valores corporativos, etc.

⇨ **Cómo y cuándo lo vas contar**: establece la periodicidad, un método de difusión: mailing, redes sociales...

⇨ **De qué recursos dispones**: materiales y humanos.

⇨ **Elaborar un plan de social media**: es el que marcará la estrategia de presencia de las empresas o sus productos en las diferentes plataformas digitales y sociales.

Los esboza Enrique Dans en Blogs y empresa: *una aproximación a la vanguardia de la blogosfera corporativa* (Telos, n.º 65):

⇨ Comunicación y establecimiento de relaciones con clientes, medios de comunicación u otros grupos objetivo.

⇨ Posicionamiento de la organización o de ciertos individuos pertenecientes a ella como expertos en campos de actividad de la industria a la que la organización pertenece.

⇨ Optimización del posicionamiento en buscadores de Internet.

⇨ Reclutamiento de personal.

⇨ Realización de pruebas de productos o de conceptos.

⇨ Canal de venta indirecta y de generación de marketing viral.

⇨ Herramienta de colaboración.

⇨ Herramienta de gestión del conocimiento.

⇨ Procesos de reflexión corporativa.

⇨ Difusión de cultura corporativa y alineamiento estratégico.

2.1.4. ¿Qué es un blog?

 También conocido como bitácora, "es un sitio web periódicamente actualizado que recopila cronológicamente textos o artículos de uno o varios autores, apareciendo primero el más reciente, donde el autor conserva siempre la libertad de dejar publicado lo que crea pertinente".

Existen numerosas herramientas de creación y mantenimiento de blogs muchas de ellas gratuitas y que, como hemos dicho anteriormente, no requieren de conocimientos técnicos avanzados para gestionarlo.

Las herramientas más utilizadas son WordPress, Blogger y Tumblr.

Un blog es, fundamentalmente, una herramienta de publicación de contenidos. Diferencias con una página tradicional.

Blog	Página tradicional
Muy facil de editar	Editada por un experto (webmaster)
Se actualiza con mucha frecuencia	Los contenidos tienden a ser permanentes
El coste es cero o marginal	Conlleva un coste de mantenimiento
Se estructura por orden cronológico	Se estructura en áreas visuales
Permite la participación vía comentarios	La participación está muy limitada
Privilegia el contenido	Privilegia el aspecto visual, el diseño
Nos sorprende cada día	Permanece relativamente estable

(Tabla de Alberto Ortiz de Zárate, Manual de uso del blog en la empresa)

Si quieres que el blog sea útil y tenga "éxito", tendrás que tener en cuenta algunos factores:

⇨ **Cultura**

¿Posee la empresa rasgos culturales y corporativos interesantes que merezcan ser divulgados o una mala reputación que combatir? Un blog puede ser una buena opción en cualquiera de los dos casos.

⇨ **Transparencia**

Para entrar en la blogosfera debemos estar dispuestos a exponer una imagen honesta de nuestra empresa. Sin transparencia no hay credibilidad.

⇨ **Tiempo**

El coste económico de abrir un blog es casi cero, pero mantenerlo supone una considerable dedicación, no solo para generar contenidos sino para abrir y gestionar una red social en torno a él y a la empresa.

⇨ **Diálogo**

Tienes que estar dispuesto a dialogar con la comunidad, independientemente de si los asuntos tratados son directamente del interés de la empresa.

⇨ **Estilo**

Un buen estilo de redacción, claro y ameno, y un tono personal.

2.1.5. El blog corporativo

También es necesario medir la eficacia de un blog corporativo. ¿Cómo?

A modo de recopilación, vamos a ver las 10 razones que dan desde *Crecenegocios. com* para tener un blog de empresa:

1. **Captar seguidores**

   Un blog atractivo, actualizado con regularidad, y en donde publiquemos contenidos interesantes, nos permitirá captar lectores, ganarnos su fidelidad, y convertirlos en potenciales clientes.

2. **Proyectar una imagen positiva**

   Un blog de empresa nos permite hacer efectivas las relaciones públicas de la empresa y mostrar una imagen positiva de esta, por ejemplo, al contar las actividades o eventos en donde participemos, al brindar nuestros comentarios sobre alguna noticia, al exponer nuestros puntos de vista ante algún suceso, etc.

3. **Estrechar relaciones con los lectores**

Un blog de empresa nos permite estrechar relaciones con nuestros lectores o clientes, ya que nos permite humanizar nuestro trato o relación con ellos, por ejemplo, al contar cosas internas de la empresa, al aconsejarlos o brindarles información útil, al hacer uso de una comunicación informal, etc.

4. **Mantener contacto con los clientes**

Si un consumidor nos compró, es posible mantener contacto con él a través del blog, y así procurar su fidelización y la posibilidad de que repita su compra, por ejemplo, al convertirlo en uno de nuestros lectores frecuentes, al atender sus consultas, reclamos o nuevos pedidos, etc.

5. **Promocionar productos, promociones y eventos**

Una de las principales ventajas de contar con un blog de empresa es que nos permite comunicar el lanzamiento de nuevos productos, el lanzamiento de nuevas promociones, o la aproximación de eventos que la empresa organizará o en donde participará, de manera sencilla y efectiva.

6. **Fácil creación**

A diferencia de una página web, un blog podemos crearlo nosotros mismos sin necesidad de contar con mayores conocimientos en diseño web; para ello simplemente debemos hacer uso de alguna de las plataformas de blogs existentes tales como Blogger o WordPress, las cuales nos permiten crear un blog de manera sencilla y gratuita.

7. **Presencia en Internet**

Tener un blog de empresa nos permite tener presencia en Internet, y así tener todas las ventajas que ello conlleva, tales como hacer conocida nuestra empresa o marca, promocionar nuestros productos o servicios, comunicarnos fácilmente con nuestros clientes, etc.

8. **Mayor tráfico hacia nuestra página web o tienda virtual**

En caso de contar con una página web o una tienda virtual, tener blog nos permite atraer un buen tráfico de visitas hacia ella, ya que su publicación regular permite lograr un buen posicionamiento en los resultados de búsqueda de los buscadores tales como Google o Bing.

9. **Fácil comunicación**

Un blog es un medio de comunicación bilateral, nos permite comunicarnos con nuestros lectores, pero también permite que ellos se comuniquen fácilmente con nosotros, ya sea que quieran hacernos alguna consulta, hacer algún reclamo, hacer algún pedido, etc.

10. **Obtener retroalimentación**

Un blog de empresa nos permite conocer las opiniones, impresiones o críticas sobre nuestra empresa o productos; nos permite obtener sugerencias, consejos o recomendaciones; y nos permite conocer nuevas necesidades, gustos y preferencias.

2.1.6.   Plataformas de blogs

A)   WordPress

WordPress es uno de los gestores de contenidos más utilizado para crear sitios web. Está muy por encima, en construcción de sitios web, de editores HTML profesionales como Adobe Dreamweaver. Y sobre otros CMS populares de código abierto como Joomla, Drupal y TYPO3. Con casi 18 millones de sitios web en el mundo, WordPress es el CMS de código abierto más popular y utilizado del mercado. En un principio fue concebido como un sistema de gestor de contenidos dedicado al desarrollo de blogs personales y empresariales, pero sus características y funcionalidades le permiten la implementación de extensiones y módulos adicionales que lo convierten en un gestor de contenidos versátil y potente, capaz de cubrir las necesidades de cualquier sitio web.

Para la creación y desarrollo de contenidos, el CMS de WordPress cuenta con utilidades destacadas:

1.   Herramienta de aprobación antes de la publicación de contenidos o de comentarios sobre las publicaciones.

2.   Encriptación SSL, según la normativa de la Unión Europea, que además cumple con los requisitos del buscador Google para indexar el sitio web.

3.   Gestión del rol de usuario.

4.   Verificación por correo electrónico.

5.   Notificación automática de problemas a través del back-end y sistema de alerta al correo electrónico.

6.   Herramienta de seguridad CAPTCHA, contra el spam y para la protección del sitio web.

¿Sabías que WordPress cuenta con dos versiones adaptadas a cada tipo de necesidad?

Automattic es la empresa propietaria de WordPress y ofrece dos opciones a la hora de utilizar su CMS, wordpress.com permite utilizar el servicio online sin necesidad de descarga e instalación en un servidor y wordpress.org como una herramienta que se instala en un servidor.

Las diferencias entre son:

⇨ **Wordpress.com**

- No tiene coste.

- No es necesaria la descarga ni instalación en ningún servidor, se aloja en WordPress.

- Fácil de usar.

- No requiere mantenimiento.

- Proporciona un subdominio gratuito, pero con la extensión wordpress.com.

- Plantillas limitadas.

- Sin posibilidad de instalar plug-ins o extensiones.

- No posibilita la implementación de un e-commerce.

- No posibilita la implementación de foros para la interacción.

- Almacenamiento limitado.

- Sin control técnico de gestión.

- Es una opción ideal para principiantes.

⇨ **Wordpress.org**

- La descarga es gratuita.

- La capacidad de almacenamiento depende del hosting elegido.

- Se puede contratar el hosting que ofrece WordPress u otro externo.

- Requiere labores de mantenimiento y programar actualizaciones para las versiones de WordPress y plug-ins instalados.

- Permite utilizar un dominio personalizado.

- Permite personalización a través de plantillas y la instalación de plug-ins y extensiones.

- Permite convertir tu sitio web en una tienda online.

- Permite la implementación de foros a través de las aplicaciones bbPress y BuddyPress.

- Control total técnico de gestión de base de datos y archivos.

- Es una opción que te permite crear un sitio web de manera profesional con todas las funcionalidades y prestaciones.

La velocidad de carga del sitio web depende de muchos factores, algunos de los factores que intervienen directamente con la velocidad de carga de la web son, la elección del hosting, el peso de los elementos multimedia que incluye la web, como vídeos, imágenes, la cantidad de plug-ins o extensiones instalados en el CMS, etc. La velocidad de carga de la web es un factor que Google tiene en cuenta a la hora de posicionar nuestro sitio web en el ranking de resultados de búsqueda. Por ello es importante medir la velocidad de carga de nuestra web y aplicar las medidas correctoras en caso de que el tiempo de carga supere los 3 segundos. Una herramienta que Google pone a nuestra disposición para medir la velocidad de carga del sitio web es PageSpeed Insights.

B) Blogger

Blogger es un **servicio web de Google para crear blogs**. Su característica principal es su facilidad de uso, lo que permite un desarrollo sencillo y rápido, así como una administración asequible a cualquiera. Es una herramienta que, por su sencillez y facilidad de uso, es ideal para aquellos neófitos que quieren emprender un proyecto de un blog básico y apenas cuentan con conocimientos técnicos, ni disponen de presupuesto para realizar una inversión en un hosting.

Sus **características** son:

⇨ **Múltiples blogs**: permite la creación de varios blogs con un solo registro en Blogger.

⇨ **Idiomas**: el back-end se puede configurar en varios idiomas para el administrador.

⇨ **Gmail**: necesitas una cuenta de correo electrónico de Gmail para registrarte.

⇨ **Integración con Google**: no necesitas realizar una instalación externa, ya que el blog se aloja en el servidor de Google. Al pertenecer a Google, integra todas las herramientas de analítica web, como Analytics, AdSense, Google Docs, Google Fotos y YouTube.

⇨ **Gadgets**: es posible integrar gadgets para dotar al blog de nuevas herramientas y funcionalidades.

⇨ **Dominio propio**: aunque es un servicio gratuito, Blogger permite la configuración de un dominio propio.

⇨ **Tamaño archivos multimedia limitado**: permite que el tamaño de los archivos de imagen sea de hasta 8 MB cada uno. Permite que el tamaño de los archivos de vídeo sea solo de 100 MB cada uno.

Y las **diferencias con WordPress** son: el back-end y la configuración de Blogger es muy similar a la de wordpress.com. Sin embargo, existen algunas diferencias entre los servicios de Blogger y las dos opciones de WordPress. ¿Quieres conocer cuáles son?

⇨ **Blogger**

- Plantillas ilimitadas y sencillez a la hora de editarlas.

- Editor de entradas y páginas intuitivo y visual.

- Es gratis.

- Permite la instalación de Gadgets como complementos.

- Poco orientado al SEO.

- Se puede monetizar.

- Suscripción habilitada a través de un simple botón.

- El dominio gratuito tiene la extensión blogspot.com

⇨ **Wordpress.com**

- Plantillas limitadas y no permite su edición.

- Editor de entradas sencillo y práctico.

- Es gratis.

- No permite la instalación de plug-ins como complementos.

- Orientado al SEO.

- No permite la monetización.

- Suscripción habilitada a través de un simple botón.

- El dominio gratuito tiene la extensión wordpress.com.

⇨ **Wordpress.org**

- Plantillas ilimitadas, permite la instalación de temas de pago.

- Editor de entradas con funcionalidades más completas y complejas.

- Descarga gratis, pero requiere estar alojado en un servidor y poseer un dominio.

- Permite la instalación de plug-ins como complementos que le permiten ser escalable.

- Muy orientado al SEO.

- Se puede monetizar y convertirlo en una tienda online a través del plug-in WooCommerce.

- La suscripción se realiza a través del correo electrónico.

- El dominio es personalizado, sin extensiones de Wordpress.org.

- Ahora que ya conoces las diferentes características entre estas tres opciones, en el siguiente vídeo podrás ahondar en sus funcionalidades y te ayudará a comprender porque existen tres servicios tan parecidos y para qué finalidad se aplica cada uno.

C)   Tumblr

Tumblr es una plataforma de microblogging que permite a sus usuarios publicar textos, imágenes, vídeos, enlaces, citas y audio a manera de *tumblelog* (un *tlog* es una variante del blog que contiene pensamientos al azar, enlaces, imágenes y otro contenido sin una temática definida). Su sede está en Manhattan y fue fundada por David Karp en el año 2007. Los usuarios pueden seguir *(follow)* a otros usuarios registrados y ver las entradas de estos conjuntamente con las suyas, por lo cual, Tumblr puede ser considerada una herramienta social. El servicio enfatiza la facilidad de uso y personalización. Es muy sencillo de personalizar y muestra diversas opciones de temas, así como la opción de poder ponerle reproductor de música.

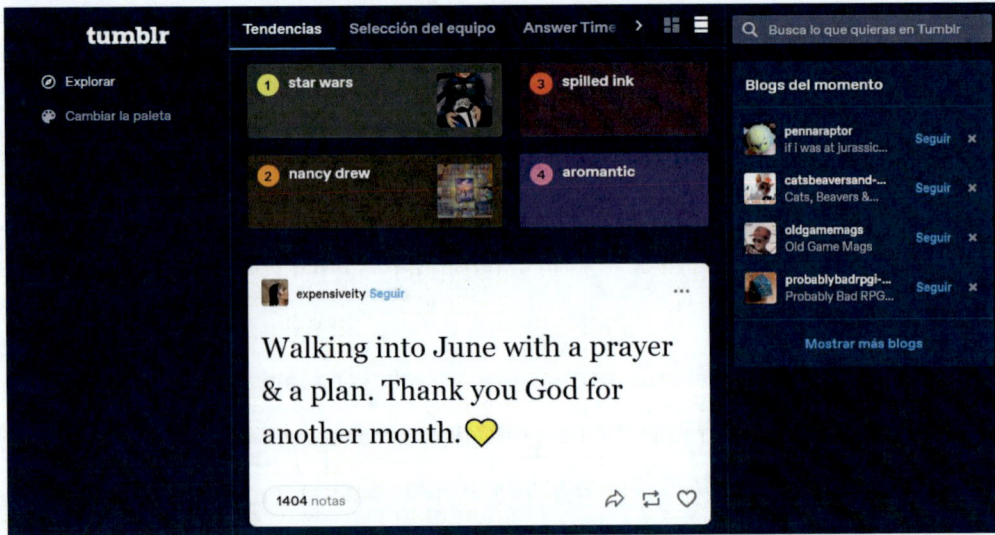

D) Otras plataformas de blogs

Aunque las anteriores plataformas son las reinas de la blogosfera existen otras alternativas como:

1. **Typepad** fundada en 2003. Es una plataforma online de fácil utilización y de pago, siendo utilizada actualmente por grandes organizaciones.

2. **Joomla** es un CMS descargable del estilo de wordpress.org que permite la creación de blogs.

3. **Drupal** es un CMS descargable del estilo de wordpress.org que permite la creación de blogs.

2.1.7. Tendencias actuales de la blogosfera

Entre las tendencias actuales en el mundo del blog están:

1. **Menos blog y más web**: cuando hace unos años surgió la fiebre de los blogs todo el mundo quería tener uno. Muchos de estos blogs han sido abandonados ya sea por la falta de audiencia o porque los bloggers no han sabido monetizarlos. Por el contrario, se ha incrementado el número de blogs que forman parte (como apartado separado) de una web corporativa (de una empresa o de un profesional autónomo) como la mejor forma de aportar contenido de calidad a la web.

2. **Artículos cada vez más largos**: últimamente, Google viene recomendando a los webmasters que realicen artículos largos puesto estos son fruto de una investigación del tema a tratar y, por tanto, de más calidad que otros más cortos que tratan un tema de manera superficial.

3. **Guerra al clickbait**: Google (y los propios usuarios) han declarado la guerra a los artículos clickbait, aquellos que animan a los usuarios a hacer clic debido a un titular sorprendente, pero en los que, normalmente, el contenido que se esconde detrás de ese titular es de baja calidad.

4. **Fuera los comentarios**: existe una tendencia a eliminar los comentarios en los blogs (lo cual es una de las características principales de los mismos) para apostar firmemente por generar conversaciones en redes sociales en su lugar.

5. **Más contenido audiovisual**: el motivo es fácil, el contenido en forma de imágenes, audio o vídeo tiene unas tasas más altas de interacción con el usuario. Utiliza por tanto vídeos, infografías, podcasts, presentaciones en vivo, etc.

6. **Uso del SEO y el email marketing**: los bloggers adquieren cada vez más conocimientos técnicos de SEO, de forma que cuidan el formato del blog (palabras clave, rapidez, usabilidad, etc.) en aras de mejorar el posicionamiento y recibir más visitas. Del mismo modo, han encontrado en el email marketing la herramienta perfecta para poder fidelizar a sus lectores, obteniendo visitas recurrentes.

7. **La técnica del guest posting**: la técnica del guest posting o, lo que es lo mismo, intercambio entre bloggers de temática parecida para escribir en el blog del otro. Es un win-win puesto que el que recibe el artículo obtiene un contenido original y fresco, mientras que el que lo realiza se expone a una audiencia nueva a la que puede atraer.

8. **El móvil es cada vez más importante**: el móvil es cada vez más importante, hasta el punto en que ya no se recomienda que el blog se adapte al móvil, sino que tenga en cuenta primero a los usuarios de móvil y después al resto.

2.2.   Cómo usar un blog como herramienta

2.2.1.   Usos

Para poder trabajar con los servicios que nos ofrece la **Web 2.0** lo único que necesitaremos es una cuenta de correo electrónico que podemos crear de modo gratuito en varios portales como: Gmail, Hotmail, Yahoo!, etc. Una vez dispongamos de la cuenta de email podemos hacer uso de diversos elementos, entre los cuales citamos y comentamos a modo práctico:

⇨ **Blogs**: ya estamos viendo que permiten publicar información que irá apareciendo de modo cronológico. Esta información podrá ser visualizada por todo el mundo. Los visitantes, si así lo desean, podrán dejar comentarios.

⇨ **CMS**: nos permiten poner contenidos en nuestro portal facilitándonos el trabajo de diseño, ya que tiene plantillas predefinidas. Existen muchos tipos de CMS: WordPress, Joomla!, Moodle, Drupal, etc., y cada uno tiene sus propias características, pero en general cuentan con bases de datos en las cuales nosotros solo tenemos que poner la información y ellos se encargan de maquetarla.

⇨ **Redes sociales**: permiten que nos comuniquemos con otras personas que nosotros aceptamos como amigos. Podemos enviar documentos, compartir fotos, experiencias, etc.

⇨ **Enciclopedias**: permiten compartir conocimientos y podemos permitir que otros usuarios debatan sobre la temática elegida.

Vemos, por tanto, que la utilidad que nos ofrece la Web 2.0 depende de lo que nosotros queramos hacer.

2.2.2. Razones y ventajas

Ya hemos visto algunas ventajas del uso de blog, pero ampliemos las razones por las que su uso es tan extendido:

⇨ **Facilidad de acceso**: cualquiera puede abrir un blog a través de herramientas gratuitas o instalar un CMS que le permita comenzar.

⇨ **Facilidad de uso**: al estar separados el contenido y el diseño, no es necesario ser programador para crear y mantener un blog. Su configuración es muy sencilla.

⇨ **Independencia**: su estructura es "de abajo hacia arriba"; es decir, no hay una figura de liderazgo ni una dependencia temática impuesta. Son los propios bloggers los que seleccionan la pertinencia de la información.

⇨ **Facilidad de actualización**: el autor puede actualizar los contenidos desde cualquier lugar simplemente con disponer de una conexión a Internet.

⇨ **Inmediatez**: el contenido se muestra en tiempo real.

⇨ **Organización**: los contenidos se pueden clasificar por fechas, etiquetas y por categorías. Además, las plantillas existentes permiten una escalabilidad ilimitada.

⇨ **Conversación**: permite interactividad a través de los comentarios de los lectores que pueden fomentar el diálogo y la comunicación.

⇨ **Distribución**: se pueden sindicar el contenido a través de feed y permiten trackbacks con las referencias externas. Además, la web semántica permite la enlazabilidad de los contenidos a través de correos electrónicos y redes sociales.

⇨ **Visibilidad**: permite mucha repercusión y muy buen posicionamiento.

Con todo esto, no es de extrañar que el fenómeno se haya popularizado de tal manera.

2.2.3. Estructura

Iremos viendo en el contenido cómo crear, modificar, etiquetar... nuestro blog, pero antes debemos explicar la estructura general que debe tener:

1. **Cabecera**: para identificar el blog. Como mínimo debe llevar título, subtítulo (describiendo la finalidad del blog), logotipo de la empresa, imagen identificativa, elementos decorativos...

2. **Contenidos**: con los post que creemos necesarios.

3. **Barra lateral**: donde están las demás barras de información y utilidades. Es la parte más estática y contiene varios elementos, entre otros: zona de presentación y contacto; archivo del blog; categorías; etiquetas; widgets de redes sociales...

2.3. Mantener y dinamizar un blog

Para que resulte dinámico el blog deberemos poner en práctica lo siguiente:

1. **Fomentar la participación**: la comunidad la forma la gente con sus acciones, por lo que conviene incentivar la participación de manera activa y continuada.

2. **Primar calidad sobre cantidad**: en comunicación, una imagen positiva, el recuerdo de tus aportaciones y el aporte de conocimiento es lo que te dará prestigio. Valoraremos la calidad del contenido y la de los participantes, evitando promocionar a seguidores que no aporten valor. Son más valiosos 5 usuarios que ayuden a construir marca, que 30 de perfil bajo. El control adecuado de los trolls, spam, hoygans, etc., es fundamental para una comunidad de calidad.

3. **Tener personalidad por encima de todo**: en los medios sociales se relacionan las personas, por lo que es importante tener claro cuál es la personalidad editorial y cómo esta se dirige al público, para conseguir la máxima naturalidad que será la que derivará en credibilidad.

4. **Entender la moderación como un control y no como una censura**: el moderador debe rechazar aportaciones negativas que estropeen el trabajo de la comunidad, teniendo cuidado de no caer en posiciones que censuren todo. Dejar claro que la base es el respeto.

5. **Saber cuándo contestar, callar y sonreír**: se reciben todo tipo de comentarios y debemos tener claro cuándo contestar, sonreír amistosamente o callar. Cuando la intención es negativa y no se sabe si va a servir de nada responder, mejor es no entrar en algo que pueda eclipsar lo demás.

6. **Fortalecer las buenas relaciones**: intentar dar reconocimiento al que aporte a la comunidad. Es la manera de establecer buenas relaciones que darán calidad y harán más creíble la comunidad.

3. Integración de plataforma en la web

No hay un único procedimiento válido a la hora de llevar a cabo una estrategia, pero sí que hay ciertos pasos importantes a la hora de asegurarnos el éxito de la estrategia y que nos permiten tomar medidas sobre si esta no está funcionando correctamente.

Hay que pensar y definir las plataformas en las que queremos estar presentes y fijar los objetivos, el estilo y tono de comunicación. Pensaremos en las acciones concretas que llevaremos a cabo. Generaremos los contenidos necesarios para cada acción.

Hay muchas plataformas en las que podemos desarrollar nuestra estrategia y estar presentes, dependiendo de nuestra actividad o de lo que queramos destacar o consideremos útil. Algunas de estas plataformas son las siguientes, aunque muchas ya las hemos comentado:

1. Para **blogs**: Blogger o WordPress son las más usadas.

2. Como medios de **microblogging** tenemos X o Tumblr.

3. Para **redes sociales**, algunos ejemplos son:

   a) Generalistas: Facebook.

   b) Profesionales: LinkedIn.

   c) Temáticas: TripAdvisor.

4. Como plataformas de **distribución multimedia** tenemos YouTube, Flickr o Spotify.

5. Y como aplicaciones basadas en la **geolocalización** existen Foursquare, o **temáticas** como Instagram, Foodspotting...

Elegiremos una u otra plataforma según los objetivos que persigamos en cada caso, que suelen estar relacionados con conseguir ventas o tráfico a la web o al punto de venta, notoriedad, posicionamiento o fidelización, entre otras posibilidades.

4. Vídeo y fotografía

Internet permite publicar contenidos multimedia: vídeo, sonido, imagen, presentaciones... De hecho, se puede decir que es una de sus grandes aportaciones, pues es posible transmitir por un mismo canal lo que antes llegaba por varios diferentes: radio, TV...

A este tipo de contenidos les aplican los mismos consejos que hemos dado antes al hablar de forma genérica de todos los contenidos.

El **contenido audiovisual** permite complementar la información escrita, la refuerza y facilita su comprensión. Pero debe ser utilizado como complemento y siempre en contexto.

⇨ **Vídeos**

Es un recurso cada vez más utilizado. Cada vez es más fácil de generar, incluso a nivel doméstico, y cada vez existen más servicios de alojamiento que permiten alojarlos fuera de nuestra web aligerando así su volumen y velocidad de carga. Además, nos permitirá aumentar nuestra presencia en la Red y generar enlaces hacia nuestro sitio web: el 70% de los usuarios de todo el mundo que navegan por Internet ven vídeos a través de YouTube.

A través del vídeo podrás mostrar información corporativa, de productos, campañas de publicidad... y etiquetarlos para facilitar las búsquedas.

Además, la mayoría de las plataformas de almacenamiento de vídeos permite insertar fácilmente los vídeos en las webs y blogs.

No desaproveches las posibilidades que ofrece el vídeo desde el punto de vista del marketing y de la viralidad.

⇨ **Imágenes**

No solo funcionan como complemento estético, sino que ayudan a la comprensión del mensaje y facilitan romper la uniformidad del texto.

Al igual que el vídeo, hay numerosas plataformas de almacenamiento externo. Pero también puede ser de gran utilidad desde el punto de vista de SEO, si se nombran y etiquetan adecuadamente.

 Cuidado a la hora de manejar varias herramientas. Tener varios perfiles diferentes y varias redes sociales abiertas a la vez (habitual en un community manager) puede provocar confusiones e interacciones en las cuentas no deseadas.

 Usa formatos universales: jpg, png o gif. Así te aseguras de que todos los lectores y navegadores puedan leerlos correctamente.

5. Marketing online

5.1. Introducción

5.1.1. Conceptos básicos sobre el marketing digital

El marketing es un término que nos resulta familiar por lo extendido del término en el ámbito social actual.

El "inventor" del término moderno es **Philip Kotler**:

Economista estadounidense que comenzó estudiando las ciencias del comportamiento para terminar definiendo el marketing como "la técnica de administración empresarial que permite anticipar la estructura de la demanda del mercado elegido, para concebir, promocionar y distribuir los productos y/o servicios que le satisfagan y/o estimulen, maximizando al mismo tiempo las utilidades de la empresa".

Su definición, a día de hoy ha quedado un poco incompleta porque "tiene que evolucionar a algo mucho más acorde con nuestro tiempo en el que la inmediatez de la información y la segmentación total han cambiado completamente nuestros hábitos de compra".

5.1.2. El marketing tradicional

⇨ Prensa.

⇨ Radio.

⇨ TV.

⇨ Telemarketing.

⇨ Mailings.

El marketing tradicional, basado principalmente en prensa, radio, TV, telemarketing, mailings, ha saturado completamente al consumidor, que, víctima de los excesivos impactos publicitarios a los que se ve sometido a diario, desconfía e incluso rechaza la publicidad en sus formas tradicionales: cambia de canal, pasa las páginas con anuncios, marca como spam los correos comerciales e incluso se declara a favor de limitar o eliminar la publicidad en muchos ámbitos.

El nuevo reto es afrontar el marketing desde el punto de vista que ofrece Internet y las plataformas de comunicación que se han desarrollado en torno a él, y las herramientas que pone a nuestra disposición.

No obstante, ser "digital" es más que ser una empresa en Internet. Es aprovechar los medios digitales. Ante ello se pueden hacer muchas cosas aprovechando los medios actuales.

5.1.3. Principios del nuevo marketing

El propio Philip Kotler definió los principios del nuevo marketing en 10 tesis:

⇨ **Reconocer que el poder ahora lo tiene el consumidor**

Ya no se trata de anunciar y vender a través de un monólogo. Los consumidores ya están suficientemente bien informados sobre los productos que les interesan. Así, la venta debe centrarse en el diálogo y las estrategias de marketing en conectar y colaborar con el consumidor, ofreciendo mejores soluciones y relación a largo plazo.

⇨ **Desarrollar la oferta** apuntando directamente solo a tu mercado

No todo sirve para todos. Debes ser capaz de segmentar el mercado de forma que dirijas tu oferta directamente a aquellos para los que puede satisfacer una necesidad.

⇨ **Diseñar la estrategia de marketing** desde la propuesta.

El nuevo marketing no comunica las características del producto sino los aspectos que aportan un valor añadido. Y para ello hay que ser capaz de descubrir qué aspectos consideran nuestros clientes como propuestas de valor. Para ello:

Identifica las expectativas de los clientes y de tu público objetivo.

- Establece por cuáles de esos valores quieres/puedes competir, frente a los de tus competidores.

- Estudia si tu compañía sabe cómo dar esos valores a tus clientes.

- Y, por supuesto, asegúrate de que tu producto/servicio cumple con esas expectativas y aporta el valor prometido.

⇨ **Centrarse en cómo se produce la distribución**

La cadena de distribución y entrega también debe aportar valor al usuario. Algunas empresas han conseguido este objetivo incorporando ventas online.

⇨ **Acudir al cliente** para crear valor conjuntamente

Establece diálogo con tus clientes y con las comunidades de usuarios de tus productos. Esto puedes lograrlo ofreciendo una gama amplia de productos o apostando por la personalización.

⇨ **Utilizar nuevas formas de alcanzar a tus clientes** incluyendo los clientes descontentos

No olvides hacer hincapié en el valor que transmite tu producto, información útil para el usuario y algún "guiño" que entretenga o divierta.

Sé creativo y explora nuevas fórmulas.

⇨ **Analizar los resultados y el ROI** (retorno de la inversión)

Huelga decir que si no investigas y analizas los resultados obtenidos difícilmente podrás comprobar la idoneidad de las acciones emprendidas y su rentabilidad.

Sistematiza las métricas: % de ventas, beneficio, número quejas y reclamaciones, precio medio de las ventas a un cliente, cuota de mercado alcanzada...

⇨ **Desarrollar marketing de alta tecnología**

Pero no como un fin en sí mismo, sino como un medio para alcanzar tus objetivos de marketing.

⇨ **Centrarse en crear activos** a largo plazo

Resumiendo... orientar la empresa hacia la fidelización de los clientes y no exclusivamente hacia los beneficios.

Como dice el propio Kotler:

- La empresa orientada a beneficios: reduce los costes, substituye personas por tecnología, reduce el precio y el valor de los productos, consigue muchos clientes.

- La empresa orientada a la lealtad de los clientes: invierte en activos de marketing, da poder a sus empleados utilizando tecnología, procura reducir el precio de los productos para premiar al cliente, indaga cómo puede dar más valor a su cliente, selecciona a los clientes que consigue.

⇨ **Afrontar el marketing como un todo**

Clientes, empresa y colaboradores están directamente afectados por el marketing. Definir el mercado, descubrir nuevas oportunidades y establecer los recursos necesarios es tarea en la que deben intervenir estos 3 actores.

Pues bien, el marketing digital es aquel que aplica estos principios del nuevo marketing pero aplicados a los nuevos canales de comunicación digital, fundamentalmente los basados en Internet, desde el posicionamiento en buscadores hasta el uso de las redes sociales como herramienta.

Aunque también puede incluir otros elementos como la TV y radio digitales, telefonía móvil o campañas de anuncios en buscadores o páginas.

5.1.4. El nuevo valor de marca y su posicionamiento

A) Aspectos generales

Podemos definir el valor de marca de varias maneras:

1. La lealtad del consumir a una marca establecida.

2. El valor que ha adquirido un producto a lo largo de su vida.

3. El valor añadido que la marca proporciona al producto, tal como lo percibe el consumidor.

Uno de los principales teóricos del tema es **Kevin Keller**:

▶ Profesor de marketing, que afirma que "las compañías no son dueñas de sus marcas. Son los consumidores los que piensan que son los verdaderos dueños de las marcas".

Resulta evidente que cuando los consumidores no encuentran diferencias significativas entre las marcas o productos, la lealtad desaparece.

Marca significa algo más que un nombre:

⇨ Transmite otros valores de identificación y de evaluación.

⇨ Permite establecer asociaciones abstractas y subjetivas hacia los productos o las empresas en su conjunto.

El valor de marca y su percepción reside en esas **asociaciones** y en la **fidelidad, preferencia** o **satisfacción** que generan en el consumidor.

Debemos comprender el valor de marca como el valor añadido que esta proporciona al producto, tal como lo percibe el consumidor. Este valor podrá establecerse en la medida en que pueda conocerse y medirse cuál es el tipo y grado de satisfacción que provoca en los consumidores y cómo esta afecta a sus respuestas.

B) Aspectos vinculados

El valor de la marca incluye aspectos vinculados a la misma, que aumentan o disminuyen el valor. Estos pueden ser:

1. **Lealtad de marca**: una mayor lealtad de consumidor. La gente prefiere, busca y compra con mayor frecuencia las marcas de alto valor.

2. **Reconocimiento del nombre**: las empresas utilizan el valor de una marca para obtener mayores márgenes partiendo de la realidad de que los consumidores pagan más, trabajan más y/o viajan más lejos para adquirir marcas de alto valor.

3. **Calidad percibida**: las marcas con un alto valor son más fácilmente reconocibles.

4. **Asociaciones de la marca (positivas o negativas)**: es una ventaja competitiva porque funciona como una barrera para la entrada en una categoría específica de un producto de competencia.

¿Cómo conseguir un alto valor de marca?

Orientando las actividades de marketing a "propiciar la diferenciación de una marca respecto a sus competidores, siendo sus productos muy similares entre sí".

El **objetivo** es lograr:

⇨ **Diferenciación**: una marca fuerte debe ser distinguible de otras marcas de la competencia por los consumidores.

⇨ **Relevancia**: indica el atractivo de la marca: ¿en qué medida mi marca comunica atributos importantes en la satisfacción de los deseos de mis consumidores?

⇨ **Alta estima**: una marca fuerte debe lograr "alta estima", un alto grado de aprecio, afectividad y respeto.

⇨ **Alto conocimiento**: la fortaleza de marca se asocia a un "alto conocimiento" y nivel de familiaridad e intimidad de los consumidores con la marca.

⇨ **Fuerte identidad**: una marca debe lograr a través de símbolos y comunicación una fuerte identidad manifiesta en asociaciones positivas claras sobre qué significa la marca y cuál es su promesa a los consumidores.

Los beneficios que genera para la empresa alcanzar un alto valor de marca son:

- Satisfacción: mejoría en la percepción del producto.
- Mayor lealtad por parte de los consumidores.
- Menor vulnerabilidad a las actividades de marketing de la competencia.
- Mayores márgenes.
- Mayor eficacia en las comunicaciones de marketing.

Distintos componentes permiten construir el valor de marca

Dentro de valor para el consumidor se incluye:

⇨ Confianza.

⇨ Satisfacción en el uso.

⇨ Concluyendo en una economía de tiempo.

Y dentro de valor para la empresa:

⇨ Generar ingresos marginales.

⇨ Eficacia y eficiencia de los programas de marketing.

⇨ Lealtad a la marca.

⇨ Precios premium.

⇨ Extensiones de la marca.

⇨ Ventaja competitiva.

⇨ Apalancamiento comercial.

C) El enfoque fundamental

El enfoque fundamental del posicionamiento del valor de marca no radica ya en crear algo nuevo y diferente a lo ya existente, sino más bien en "manipular" los conceptos subjetivos que ya poseemos como consumidores, es decir, reordenar las referencias y conexiones que ya existen.

En un mercado sobresaturado de marcas, compañías y productos y de medios de comunicación debemos intentar influir en cómo se ubican nuestra marca o producto en la mente de los clientes y consumidores potenciales

La mejor forma de destacar es practicar la segmentación y centrarse en unos pocos objetivos claros y medibles para llegar a la mente del consumidor.

Para combatir a esta sociedad infoxicada la respuesta es el posicionamiento de la marca. Y este no se consigue vendiendo productos o servicios; "hay que comunicarlos y fijar imágenes permanentes de la empresa creadora, por eso es necesaria la creación de una identificación propia (la marca), que se traduce en única, homogénea y global, permitiendo diferenciarla del resto por medio de atributos como: confianza, personalidad, esfuerzo, riqueza, plenos servicios, eficacia, solidez, continuo desarrollo, participación tecnológica, apertura hacia el exterior, beneficio social, gestión empresarial..."

Internet y las herramientas y relaciones que nos ofrece es **el nuevo marco de actuación de las empresas**. Porque permite definir mejor el segmento de mercado al que nos dirigimos y alcanzar de forma mucho más efectiva la relación mutuamente beneficiosa entre empresa/consumidor en los términos que el marketing persigue.

5.1.5. Principios del marketing relacional

A) Introducción

El marketing relacional va más allá porque persigue, además, crear, fortalecer y conservar las relaciones de corto, mediano y largo plazo de la empresa con sus compradores, con el fin de potencializarlos en el logro de un mayor número y calidad posible de transacciones.

Empieza a cobrar importancia reconocer y bonificar los mejores clientes con los mejores desempeños.

Aquellos cuyos volúmenes de compra, frecuencia de compra, monto de la inversión, moralidad comercial y antigüedad en la relación, se tornan más valiosos para la organización y quienes normalmente generan los mayores volúmenes de ingreso con que cuenta la empresa.

Esta estrategia que parece premiar a los clientes VIP va, en realidad, más allá porque persigue estimular a todos los consumidores para que mejoren sus relaciones con la organización de cara a incrementar la facturación con la generación de relaciones más próximas y la generación de valor añadido para ambas partes.

B)   *Customer Relationship Management*-**CRM**

Para responder a esta nueva necesidad de fortalecer las relaciones con los clientes surge el CRM.

Las herramientas de gestión de relaciones con los clientes (*Customer Relationship Management*, CRM) son las soluciones tecnológicas para conseguir desarrollar la "teoría" del marketing relacional.

 El marketing relacional se puede definir como "la estrategia de negocio centrada en anticipar, conocer y satisfacer las necesidades y los deseos presentes y previsibles de los clientes".

El CRM es el que permite emplear los **conceptos básicos del marketing relacional**:

a) **Enfoque al cliente**: "El cliente es el rey". Este es el concepto sobre el que gira el resto de la "filosofía" del marketing relacional. Se ha dejado de estar en una economía en la que el centro era el producto para pasar a una economía centrada en el cliente.

b) **Inteligencia de clientes**: se necesita tener conocimiento sobre el cliente para poder desarrollar productos/servicios enfocados a sus expectativas. Para convertir los datos en conocimiento se emplean bases de datos y reglas.

c) **Interactividad**: el proceso de comunicación pasa de un monólogo (de la empresa al cliente) a un diálogo (entre la empresa y el cliente). Además, es el cliente el que dirige el diálogo y decide cuándo empieza y cuándo acaba.

d) **Fidelización de clientes**: es mucho mejor y más rentable fidelizar a los clientes que adquirir clientes nuevos. La fidelización de los clientes pasa a ser muy importante y, por tanto, la gestión del ciclo de vida del cliente.

e) **Clientes individuales**: el eje de la comunicación es el marketing directo enfocado a clientes individuales en lugar de en medios "masivos" (TV, prensa, etc.). Se pasa a desarrollar campañas basadas en perfiles con productos, ofertas y mensajes dirigidos específicamente a ciertos tipos de clientes, en lugar de emplear medios masivos con mensajes no diferenciados.

f) **Personalización**: cada cliente quiere comunicaciones y ofertas personalizadas, por lo que se necesitan grandes esfuerzos en inteligencia y segmentación de clientes. La personalización del mensaje, en fondo y en forma, aumenta drásticamente la eficacia de las acciones de comunicación.

g) **Pensar en los clientes como un activo**: cuya rentabilidad, muchas veces, es en el medio y largo plazo y no siempre en los ingresos a corto plazo. El cliente se convierte en referencia para desarrollar estrategias de marketing dirigidas a capturar su valor a lo largo del tiempo.

Los **objetivos** de las soluciones CRM y del marketing relacional son:

⇨ Incrementar las ventas tanto por incremento de ventas a clientes actuales como por ventas cruzadas.

⇨ Maximizar la información del cliente.

⇨ Identificar nuevas oportunidades de negocio.

⇨ Mejora del servicio al cliente.

⇨ Procesos optimizados y personalizados.

⇨ Mejora de ofertas y reducción de costes.

⇨ Identificar los clientes potenciales que mayor beneficio generen para la empresa.

⇨ Fidelizar al cliente, aumentando las tasas de retención de clientes.

⇨ Aumentar la cuota de gasto de los clientes.

C) Influencias sobre el marketing relacional y las soluciones CRM

Internet ha sido la tecnología que más ha influido sobre el marketing relacional y las soluciones CRM.

En este sentido su contribución se ha demostrado en varios aspectos:

⇨ Importante disminución de los costes de interacción.

⇨ Bidireccionalidad de la comunicación.

⇨ Mayor eficacia y eficiencia de las acciones de comunicación.

⇨ Inteligencia de clientes.

⇨ Públicos muy segmentados.

⇨ Personalización y marketing 1 a 1.

⇨ Capacidad de comunicar con cualquier sitio desde cualquier lugar.

⇨ Mejora de la atención al cliente. Funcionamiento 24/365.

Pero hay que tener claro que un proyecto CRM no debe quedar únicamente en manos de la tecnología y de las aplicaciones que pongamos a nuestra disposición.

Hay que tener claros la **estrategia,** los **recursos necesarios,** tanto materiales como humanos, y los **procesos** que se verán implicados.

Aquí entran tanto la formación del personal implicado como la adopción del medio de comunicación adecuado, desde la elección de un modelo de e-commerce, hasta la integración de todo el proyecto con redes sociales.

Así, podemos establecer cinco principios para tener éxito en esta nueva era de la relación.

1. **Conocer los objetivos**. Todos los participantes del proceso deben tenerlos claros y estar involucrados.

2. **Comprometerse a una relación sostenible**. Crear confianza no es lo mismo que ganar dinero. Este último es inmediato mientras que el primero pretende afianzar en el tiempo la relación, lo que, a la larga, redundará en un mayor beneficio económico.

3. **Vincularse con la autenticidad**. Cumplir los compromisos transmite credibilidad, confianza y congruencia a los clientes.

4. **Tratar a los clientes como si fueran socios**. Conceder importancia a sus decisiones y comunicarse con ellos para profundizar la relación.

5. **Involucrarse con los consumidores de forma que lleguemos a comprenderlos.**

5.2.   Social media marketing

5.2.1.   Marketing viral: comunicación, participación, viralidad

A)   Introducción

El **marketing viral** es un término empleado para referirse a las **técnicas de marketing** que intentan explotar redes sociales y otros medios electrónicos para producir incrementos exponenciales en "reconocimiento de marca" *(brand awareness)*, mediante procesos de autorreplicación viral análogos a la expansión de un virus informático. Se suele basar en el boca a boca mediante medios electrónicos; usa el efecto de "red social" creado por Internet y los modernos servicios de telefonía móvil para llegar a una gran cantidad de personas rápidamente.

También hace referencia a **campañas de marketing** más o menos encubiertas, basadas en lo anterior. El objetivo de estas campañas es aumentar exponencialmente su cobertura a través de los medios sociales.

La viralidad se basa en la idea de que serán los mismos potenciales consumidores los que harán difusión y compartirán aquellos contenidos que les resulten relevantes. Es publicidad que se transmite a sí misma.

B) Claves de su éxito

Su éxito se basa en:

⇨ **La facilidad de ejecución**: una vez diseñada, no hay que afrontar grandes retos de ejecución ni de distribución. Solo hay que tener en cuenta los límites de distribución del material generado: por su tamaño, formato, o por la desconfianza que pueda generar en los destinatarios.

⇨ **Ahorro de costes**: el alcance de una campaña de marketing viral siempre superará al presupuesto de una campaña tradicional.

⇨ **Buena segmentación**: los propios consumidores serán los que hagan ese trabajo de segmentación, compartiendo el contenido con afines.

⇨ **Alta respuesta**: si la campaña gusta, la respuesta de los usuarios es mucho más elevada a la hora de compartirla.

Ralph Wilson elaboró un análisis de cuáles son los elementos que deben estar presentes en toda campaña viral:

1. **Ofrecer un producto o servicio de valor**: y si es gratis, mucho mejor. Atrae a la gente con algo gratuito y luego ofrece servicios que sí serán de pago.

2. Debe ser un medio de difusión **sencillo, fácil de transmitir y compartir.**

3. Debe ser un medio **escalable rápidamente**: es decir, que no falle cuando la gente lo empiece a usar, como un servidor que se cae por exceso de tráfico. Los mismos que ayudaron a difundir la idea, la van a criticar y eso redundará en publicidad en contra.

4. Explotar las motivaciones comunes y comportamientos humanos, de pertenencia, estatus social, popularidad...

5. Utilizar las **redes de comunicación existentes**: las redes humanas y las redes sociales.

6. Lograr tu cometido **utilizando los recursos de terceros**: si permites que tus artículos, vídeos, imágenes... sean reproducidos libremente por otros conseguirás mucha más difusión que si restringes el acceso a los contenidos.

5.2.2. La estrategia: el marketing social dentro del marketing mix

A) Definición

El marketing mix se puede definir como el uso combinado (mezcla-mix) de las diferentes herramientas de marketing para alcanzar los objetivos empresariales. Fue McCarthy quien, a mediados del siglo XX, lo denominó la teoría de las "4 P's", ya que utiliza cuatro variables, cuyas iniciales en inglés empiezan por p:

1. *Product*: **Producto.**

2. *Place*: **Distribución - Venta.**

3. *Promotion*: **Promoción.**

4. *Price*: **Precio.**

Sin embargo, como ya hemos visto anteriormente, **el marketing relacional ha transformado las "4 P's" en "4 C's"** como se puede ver en el siguiente tabla:

Marketing de masas			
Producto	Precio	Promoción	Punto de venta
Cliente	Características	Comunicación	Comercialización
Marketing relacional			

Para ello debemos tener en cuenta que el marketing social no debe considerarse como un fragmento del marketing tradicional, sino como un elemento nuevo que añadir al plan de marketing. Y para explotar sus beneficios y obtener resultados debemos tener en cuenta una serie de herramientas y tecnologías inherentes al marketing social basado en Internet:

a) **Sitios especializados**: genera contenidos y servicios en Internet que apoyen las campañas de publicidad, tanto si estas son offline o exclusivamente online o una mezcla de las dos.

b) **Actualidad**: los contenidos que generes deben estar actualizados y destinados tanto a los clientes como a la propia empresa.

c) **Eventos online**: explora nuevos formatos que le hagan aparecer dentro de las tendencias actuales: entrevistas, seminarios web, conferencias...

d) **Respuestas**: establece una herramienta de respuestas online para los clientes y usuarios.

e) **Enlaces**: busca enlaces con otras empresas o colaboradores en busca de sinergias. Si sabes algo de SEO sabrás de la importancia de los enlaces.

f) **Email marketing**: un uso adecuado de esta herramienta puede ser muy beneficioso a la hora de transmitir información relevante.

g) **Redes sociales**: explora y explota las posibilidades que ofrecen las redes sociales.

B) Consultoría en red

Para finalizar, veamos lo que dicen desde la consultoría en red respecto a Internet y el marketing mix tradicional.

Comienza explicando los cambios que Internet supone para las **4 P's del marketing mix**:

Marketing online			
Macrosegmentación. Personalización.	Menor número de agentes. Comparación rápida.	Abaratamiento de los costes. En manos del propio fabricante.	Interactividad. Mayor control.
Producto	Precio	Distribución	Promoción
Una de las direcciones hacia las que avanza Internet es hacia los sitios comercialmente inteligentes. El futuro se orienta hacia un contenido único por usuario y situación (entorno, ánimo, ...) del mismo. No obstante, sí que pueden ya ponerse en práctica pequeñas acciones en esta línea, como personalizar una página de aterrizaje en función de la campaña y/o los términos clave por los que el usuario haya llegado al sitio, por ejemplo.	Desaparecen intermediarios de la cadena de distribución de los productos/ servicios. Aparecen sitios de subastas donde es el propio cliente el que comercializa a otro cliente. Los precios tienden a disminuir. Y todo ello aderezado con la posibilidad de comparar el precio con los productos/servicios de la competencia de manera rápida y cuasi-inmediata (lo que hace necesario captar al cliente de una forma diferente al mero escaparate).	El coste derivado de la distribución tiende a reducirse debido a que el propio fabricante tiene ahora la posibilidad de comercializar su producto (añadiendo simplemente el coste neto del transporte).	Y, por último, la comunicación empresa-cliente. Ahora con una interactividad que permite preguntar y responder de manera ágil. Y con un mayor control de las acciones puestas en práctica gracias a la analítica web.

Y termina con las siguientes conclusiones:

"Si estamos ante un canal que ejerce influencia sobre cada una de las variables que definen una estrategia de marketing, ¿no debería tener en cuenta este canal y planificar de manera inteligente mis acciones en él?

Internet configura un nuevo canal de actuación para una empresa. Pero ya pasó la etapa embrionaria de llevar a cabo acciones online sin objetivos prestablecidos.

Ahora toca pararse a reflexionar, definir unos objetivos, crear un cuadro de mando con unos indicadores determinados, diseñar las acciones que se pondrán en marcha en Internet (de acuerdo con los objetivos y en base a los indicadores) y ponerse manos a la obra (ahora sí, después de todo el trabajo previo de planificación y siempre con una actitud proactiva ante el feedback recibido de los propios usuarios y de las herramientas de analítica web)".

El innegable impacto de Internet y de los canales 2.0 en el marketing mix pone de manifiesto la necesidad de evaluar los cambios que Internet puede provocar en las políticas de precio, producto, comunicación y distribución del negocio.

El avance de Internet ha provocado importantes cambios en la estructura de la mayoría de los sectores empresariales. Así, las empresas deben conocer y evaluar el impacto de Internet en su sector para poder definir una estrategia de implantación gradual en sus procesos y en los servicios que ofrecen a sus clientes.

A lo largo de esta unidad:

a) Se ha explicado el origen de la Web 2.0 para entender en qué consisten sus contenidos.

b) Por otro lado, se ha explicado, brevemente y con nociones generales, cómo crear un sitio web y un blog, que son herramientas indispensables en la creación de contenidos sociales.

c) Se concluye la unidad explicando cómo es el nuevo marketing, en función de esos contenidos sociales, y cómo hay que gestionar el social media marketing.

UNIDAD DIDÁCTICA 3

SMO

Contenido & Objetivos

Introducción

1. Herramientas básicas

2. Herramientas de gestión

3. Herramientas de multiposting

4. Herramientas de gestión integral

5. Herramientas de monitorización integral

6. Nuevo consumidor

7. Detectar tendencias

8. Publicidad en los medios sociales

9. Cómo medir acciones online

Resumen

Los **objetivos** de esta unidad son:

1. Conocer las herramientas básicas y de gestión.

2. Conocer las herramientas de monitorización.

3. Detectar necesidades y tendencias en la publicidad en medios sociales.

Introducción

Además de lo que estamos viendo en unidades anteriores, existen multitud de herramientas más para que la estrategia de social media marketing funcione. Las veremos en esta unidad.

1. Herramientas básicas

Es fundamental conocer lo que los usuarios dicen o no dicen de nosotros. Para ello, lo primero es crear unos **parámetros o palabras clave a analizar**, que son las que buscaremos a través de las diferentes herramientas.

Analizaremos aquí los diferentes tipos de herramientas que existen. Empezaremos por las más básicas. De todos modos, la mejor herramienta somos nosotros mismos, es decir, somos nosotros los que enfocaremos nuestra estrategia en base a nuestros conocimientos y los que utilizaremos estas herramientas para analizar, monitorizar, moderar y participar con el fin de conseguir los objetivos marcados.

Las herramientas básicas dependerán del tipo de red social que queramos medir. Pongamos algunos ejemplos basados en información de AERCO-PSM:

1. **Redes sociales generalistas**: se recomienda usar Facebook, pero también X.

2. **Redes sociales verticales**: como, por ejemplo, TripAdvisor, Minube...

3. **Redes sociales profesionales**: por supuesto, se recomienda LinkedIn.

4. **Herramientas de creación y gestión de blogs**: Blogger y WordPress.

5. **Para vídeos**: YouTube y Vimeo.

6. **Para imágenes**: recomiendan Flickr o Instagram.

7. **Buscadores**: por supuesto, Google.

8. **Herramientas de analítica web**: se recomienda Google Analytics.

2. Herramientas de gestión

El community manager usa a lo largo de su vida profesional muchas herramientas para **gestionar, programar y monitorizar**, en función del número de comunidades que gestiona y las redes sociales en las que trabaja.

Sin duda quizá porque **facilitan su trabajo o ayudan a realizar tareas** que de manera manual serían impensables, muchos gestores de comunidades ya tienen sus herramientas favoritas para que su rutina diaria sea más sencilla.

Algunas herramientas de gestión con las que puede contar, a rasgos generales, son:

⇨ **Hootsuite**: es una plataforma web y móvil para gestionar redes sociales. Permite utilizar redes sociales como Facebook, X, LinkedIn, Instagram o YouTube. Permite la gestión colaborativa, la visualización a través de pestañas y columnas y el uso de informes avanzados con integración de Google Analytics y Facebook Insights.

⇨ **Buffer**: es una aplicación de software para dispositivos móviles destinada para administrar publicaciones en las redes sociales. Es compatible con Facebook, X, Pinterest y LinkedIn. En todas las versiones de Buffer, se puede asignar, corregir o eliminar los intervalos de tiempo de publicación. Muestra estadísticas de publicaciones: el número de clics, reposts, me gusta, favoritos, menciones y vistas posibles de cada mensaje. En las versiones pagadas, estas estadísticas se amplían.

⇨ **Sprout Social**: es un software de gestión de redes sociales, promoción de marca y análisis para empresas. Ayuda a comunicarse con clientes por canales sociales, colaborar entre equipos y medir la efectividad de sus esfuerzos. Ofrece la posibilidad de integrar X, Facebook, LinkedIn, Instagram, UserVoice, Feedly y Google Analytics.

A lo largo de la unidad iremos desglosando más estas herramientas. Hay también herramientas de pago para estos servicios. Estas herramientas ahorrarán muchas horas de trabajo.

3. Herramientas de multiposting

El multiposting es una de las herramientas más utilizadas en los departamentos de selección de las empresas. Se basa en publicar de forma múltiple las ofertas de trabajo en diferentes portales de empleo, canales, universidades y redes sociales. Permite segmentar cada vez más, tanto nuestras búsquedas como nuestras publicaciones. Por eso, publicar ofertas de trabajo en diferentes canales, con diversas características, incrementará las posibilidades de encontrar a los candidatos que necesitas.

Principales canales para realizar multiposting:

⇨ **Web o intranet**

Los primeros canales a lo que acudir son los propios; es decir, la web o intranet de tu empresa. Si incorporas a tu web un panel de empleo, podrás recibir candidatos directamente a las posiciones que has publicado. En vez de recibir todos los candidatos a una cuenta de correo, la eficiencia se multiplica.

Si tu empresa no es muy conocida, o no estás haciendo una buena estrategia de branding, es posible que al principio no recibas una gran cantidad de candidatos. Pero a la larga, si tu prestigio y presencia en Internet mejora, conseguirás que los candidatos lleguen a tu propia web y ahorrarás gran cantidad de recursos que actualmente inviertes en pagar por publicaciones en fuentes externas.

Si tienes un panel de empleo propio en tu intranet, puedes hacer allí multiposting y estarás incentivando la promoción interna en tu empresa.

⇨ **Portales de empleo**

Los portales de empleo son otros de los recursos con los que contamos a la hora de hacer multiposting. Lo ideal es contar con un portal de empleo generalista y uno o varios verticales.

De esta manera, si amplías tu multiposting a agregadores de empleo, conseguirás un posicionamiento destacado en las búsquedas de Google. Puedes hacer tú mismo la prueba: haz una búsqueda del perfil que más te cueste encontrar para tu empresa en Google, y luego le añades la palabra "empleo". Verás cómo en la primera página de resultados del buscador te aparecen siempre resultados de agregadores de empleo, como Indeed, Talent o Google for jobs.

⇨ **Redes 2.0**

Ya hemos hablado de la eficacia de las redes sociales actualmente. Las redes 2.0 permiten aumentar la posibilidad de encontrar candidatos, sin tener que pagar un importe adicional, ya que la mayor parte de las acciones en redes son gratuitas. Por ejemplo, en LinkedIn, la red profesional más conocida, en la que hacer multiposting en tu perfil o en grupos sin necesidad de pagar nada.

Como puedes ver, existen gran cantidad de fuentes y canales donde publicar tus ofertas de empleo. Lo ideal es que escojas aquellos que te aporten los candidatos más adecuados en el menor tiempo y coste posible, para que tu inversión al hacer la difusión tenga el mejor retorno.

4. Herramientas de gestión integral

4.1. Herramientas para X

De la misma manera que Facebook y Google nos proporcionan información útil acerca de nuestras publicaciones, X dispone de una completa herramienta de analítica que, de forma gratuita, ofrece estadísticas a los usuarios. Al principio este servicio solo estaba disponible para anunciantes, pero ahora cualquiera que tenga curiosidad o interés en conocer la repercusión de sus tuits puede acceder a dichos datos.

El propio X ofrece de entrada el número de seguidores y permite ver de forma rápida las interacciones que se han producido con nuestro perfil: nuevos seguidores, menciones, reposts...

Pero existen numerosas **herramientas que usan los datos de X** y que nos proporcionan más datos:

⇨ **Audiense**

Es la herramienta perfecta para hacer crecer tu audiencia en redes sociales. Permite analizar de forma íntegra los seguidores para conocer sus horas de mayor actividad y así poder alinear el plan de contenidos con las horas de más audiencia. Además, permite obtener informes de nuevos seguidores afines a los que seguir, planificar el envío de mensajes directos de forma masiva, el reconocimiento de influencers y la monitorización de URLs y hashtags con el fin de poder tener un estudio completo de la estrategia online. Además, permite crear reglas estandarizadas para emitir respuestas, por ejemplo, a quienes eligen como favorito uno de tus posts o te mencionan en su perfil. Todo un conjunto de prestaciones que convierten a Audiense en una herramienta hipercodiciada en la actualidad.

⇨ **ZoomSphere**

Permite consultar estadísticas a distintos niveles sobre las principales redes: Facebook y X. Gratuita. Permite tener una comparativa de dos páginas.

⇨ **Twitonomy**

Es perfecta para conocer la repercusión, la difusión y el contenido visual que tiene un post, ya que nos permite analizar cuentas en X, gracias a que tiene un panel de control donde poder ver las menciones, los reposts, los followers, las listas...

Nos crea un perfil donde podemos ver en forma de porcentaje los datos de nuestros posts y seguidores.

⇨ **Mentionmapp**

Se trata de una herramienta que viene fenomenal para ver las conexiones entre usuarios. Nos genera un mapa interactivo que nos viene perfecto para monitorizar el seguimiento de los usuarios, temas, menciones, hashtags, etc., y generar un informe completo.

De un simple vistazo, podemos ver con qué usuarios interactuamos más, las menciones que nos hacen y los posts más importantes y que más repercusión han tenido.

4.2. Herramientas para Facebook

La analítica de Facebook es imprescindible a la hora de medir los datos y comprobar si nuestras acciones en redes sociales son las más adecuadas y nos acercan a nuestros objetivos o no.

Las limitaciones de Facebook con respecto a X en temas de analítica son una realidad. El motivo es que hay muchos comentarios o posts que no son visibles para las herramientas de monitorización, lo que hace imposible conocer todas las menciones de su marca en Facebook. Sin embargo, hemos seleccionado algunas de las principales herramientas que te ayudarán con tu analítica de Facebook:

a) **Socialbakers**

    Esta herramienta de pago se ha convertido en uno de los referentes en cuanto a la monitorización y analítica de Facebook. Hay que asociar tu página o páginas de Facebook a Socialbakers y el software mostrará estadísticas sobre la página en sí y sobre los fans más importantes. También existe la posibilidad de comparar nuestra página con la de nuestros competidores más cercanos. Todas sus gráficas son exportables en formato .csv y PDF.

b) **Brandwatch**

    Brandwatch analiza todo lo que ocurre públicamente en Facebook. El usuario debe crear una búsqueda o query de los términos que quiere analizar y la herramienta los clasificará según su procedencia, nivel de influencia del usuario y otras muchas variables. Aunque es de pago, merece la pena probarla si eres una empresa con gran volumen de menciones.

c) **Welovroi**

    Los puntos fuertes de esta herramienta, de origen español, son la visualización de métricas y la creación automática de informes. Además, funciona para otras redes sociales. Welovroi es muy visual, ya que en el dashboard podemos ver todas las métricas que hayamos considerado relevantes.

d) **Estadísticas de Facebook**

    Es una de las herramientas más potentes, ya que puedes analizar prácticamente todas las métricas y el comportamiento de tus usuarios con la página. Es el software de Facebook que recoge todas las estadísticas asociadas a una página. La cantidad de métricas que ofrece es mayor a otras herramientas, aunque, en su caso, el usuario será el que juegue con los números para obtener las métricas a analizar, utilizando Excel o PowerPoint para presentarlas de una forma visual. La principal ventaja es que es gratuita y que se accede a través de nuestro panel de administración de Facebook.

e) **AgoraPulse**

    Esta plataforma permite programar publicaciones, crear concursos de todo tipo, manejar mensajes privados y ver diversos datos sobre tus fans y publicaciones. La funcionalidad más destacable es el análisis del rendimiento medio de cada una de tus publicaciones. Además, cuenta con barómetro que permite saber si tu página rinde de manera adecuada o no. Esto lo hace comparando las métricas de tu página con las del resto de páginas. Tiene versión de pago con analíticas más detalladas y otra gratuita. Si quieres una plataforma de gestión completa que incluya analítica, Agorapulse es una buena opción.

f) **Fanpage Karma**

Al crearte una cuenta en Fanpage Karma, durante 14 días podrás acceder a todas sus funcionalidades y obtener datos como qué temas provocan más interacciones y los días y las horas a las que conviene publicar.

g) **Quintly**

Su versión gratuita te presenta de forma gráfica los aspectos positivos y negativos de tu fan page. Quintly da información detallada de los fans para optimizar tus acciones y mejorar los resultados. Al igual que la anterior, te da la opción de probar todas sus funcionalidades durante 14 días.

4.3. Herramientas para Pinterest

Lo mismo que las redes anteriores, Pinterest cuenta con herramientas que permiten medir el uso y poder extraer datos de uso.

En nuestro propio perfil se pueden extraer datos sobre la actividad en la plataforma: número total de "likes", acumulado de "pines" y "repines", ver nuestra comunidad, etc. También podemos medir la interacción de estos con, entre otras, estas herramientas:

⇨ PinReach.

⇨ Pinerly.

⇨ Repinly.

⇨ Pingraphy.

4.4. Herramientas para Instagram

En el caso de Instagram, existe una opción en el menú para cambiar a perfil de empresa, en el caso de tenerlo, y tener acceso a algunas métricas visibles. Pero también puedes usar algunas de estas herramientas, tanto gratuitas como de pago:

⇨ Hashtracking.

⇨ Hootsuite.

⇨ Metricool.

⇨ Seekmetrics.

⇨ Iconosquare.

5. Herramientas de monitorización integral

5.1. Las estadísticas de Facebook

Estadísticas de Facebook permite analizar las interacciones de los usuarios para poder mantener o modificar nuestra estrategia de marketing.

Se trata de la herramienta nativa de Facebook que se ha posicionado como una de las mejores en cuanto a cantidad de documentación que podemos extraer de ella para facilitarnos la lectura de los datos.

Es una herramienta muy poderosa que te permite realizar un seguimiento de la interacción que tienen los usuarios con tu página. Esta herramienta puede ser vista únicamente por los administradores de la página y se puede utilizar para dar seguimiento a la cantidad de usuarios activos y comprender mejor el rendimiento de la página.

Gracias a las estadísticas de Facebook tienes la oportunidad de determinar el mejor momento del día o de la semana para publicar o compartir tu contenido, así como el tipo de contenido más popular. Algo importante a considerar es que esta herramienta se actualiza constantemente para reflejar la evolución de tu página y los patrones que se pueden formar.

Las estadísticas de las páginas de Facebook te ayudarán a comprender qué parte de tu público es el que más interactúa con tu página. Observa, a continuación, las diferentes secciones y qué información te proporcionan.

⇨ **Cómo ver las estadísticas de Facebook**

Para ver las estadísticas de la página:

1. Inicia sesión en Facebook y haz clic en la foto del perfil.

2. Haz clic en **Ver todos los perfiles** y selecciona la página a la que quieras cambiar.

3. Haz clic en **Estadísticas** en el menú de la izquierda.

⇨ **Me gusta**

Para consultar las estadísticas de los Me gusta de tu página:

1. Inicia sesión en Facebook y haz clic en la foto del perfil en la parte superior derecha.

2. Haz clic en **Ver todos los perfiles** y selecciona la página a la que quieras cambiar.

3. Haz clic en **Meta Business Suite** en el menú de la izquierda.

4. Haz clic en **Estadísticas** en el menú de la izquierda.

5. Haz clic en **Resultados** en el menú de la izquierda.

6. Desplázate hacia abajo hasta **Nuevos Me gusta y seguidores**.

⇨ **Visitas**

Para saber cuántas personas visitaron tu página:

1. Inicia sesión en Facebook y haz clic en la foto del perfil en la parte superior derecha.

2. Haz clic en **Ver todos los perfiles** y selecciona la página a la que quieras cambiar.

3. Haz clic en **Meta Business Suite** en el menú de la izquierda.

4. Haz clic en **Estadísticas** en el menú de la izquierda.

5. Haz clic en **Resultados**.

6. Desplázate hacia abajo hasta **Visitas a la página y al perfil**.

⇨ **Publicaciones**

Las estadísticas de las publicaciones de tu página están disponibles desde el momento en que se realiza una publicación. En la sección Estadísticas de tu página, podrás ver información como el alcance de la publicación y la interacción.

Para ver estadísticas sobre las publicaciones de tu página:

1. Inicia sesión en Facebook y haz clic en la foto del perfil en la parte superior derecha.

2. Haz clic en **Ver todos los perfiles** y selecciona la página a la que quieras cambiar.

3. Haz clic en **Meta Business Suite** en el menú de la izquierda.

4. Haz clic en **Estadísticas** en el menú de la izquierda.

1. En Contenido, haz clic en **Resumen**. Desde aquí, puedes ver las estadísticas de tus publicaciones e historias.

⇨ **Personas**

Para ver los datos demográficos sobre las personas que siguen tu página o indicaron que les gusta:

1. Inicia sesión en Facebook y haz clic en la foto del perfil en la parte superior derecha.

2. Haz clic en **Ver todos los perfiles** y selecciona la página a la que quieras cambiar.

3. Haz clic en **Estadísticas** en el menú de la izquierda.

4. Haz clic en **Público** en el menú de la izquierda.

5.2. Las estadísticas de X

Podemos activar las estadísticas de nuestra cuenta de X desde esta página *https://analytics.twitter.com/about*, haciendo clic en el botón Activar estadísticas Se muestra, de forma gráfica y detallada, el número de impresiones, las interacciones y la tasa de interacción de todos tus posts.

Pero no solo eso, también puedes obtener datos como los repost, los clics en enlaces, las respuestas, los favoritos o el número de veces que los seguidores han abierto un post para ver más detalles. Por si esto fuera poco, es posible conseguir información de tus seguidores que te servirá para conocerlos mejor y ofrecerles exactamente lo que buscan. Además, tienes estadísticas relacionadas con tus campañas.

Otro servicio muy práctico de la herramienta es que permite exportar los reportes del período que tú elijas a través de archivos CSV o en un documento Excel.

⇨ **Actividad**

Si haces clic en la pestaña superior que dice tienes mucha información sobre tu estrategia. Podrás tener un gráfico con el número total de impresiones del período que has marcado, las impresiones conseguidas cada día y la media de impresiones por día. Te permite saber de una manera muy visual el impacto logrado en el espacio temporal elegido.

También, ofrece datos globales sobre la interacción de tus posts en el período elegido. En concreto, muestra los siguientes gráficos: tasa de interacción, clics en el enlace, reposts, favoritos y respuestas. Si pasas el cursor por las gráficas te dice exactamente qué día tienes más interacción y los datos obtenidos ese día. Esta información es estupenda para conocer rápido las fechas que mejor han funcionado tus publicaciones.

⇨ **Audiencias**

Si entras en la pestaña que dice "Audiencias" accedes a una nueva página que te ofrece una visión global de cómo es tu comunidad. Aquí puedes explorar los intereses, la ubicación y el género de tus seguidores. La herramienta saca toda la información contenida en este apartado de los perfiles de los usuarios. Lo primero que encuentras es un gráfico con el nivel de crecimiento de tus seguidores desde la creación de la cuenta hasta la actualidad. Es posible mirar el número de seguidores cada día moviendo el ratón por la gráfica.

⇨ **Intereses**

Puedes consultar los 5 intereses más singulares y los 10 destacados de los usuarios que te siguen. Si te posas sobre cada uno de los temas te dice el número exacto de tus seguidores atraídos por ese contenido. Esto te sirve, por ejemplo, para usar esas palabras en las etiquetas o hashtags.

5.3. Google Analytics

5.3.1. Introducción

Google Analytics es un servicio de la compañía Google Inc. orientado a dar solución a las necesidades de información y estadística del proceso de análisis web. Actualmente es la **plataforma de analítica web más extendida en su uso a nivel mundial,** por encima incluso de opciones de pago. Esta herramienta ofrece posibilidad de mostrar mucha información sobre el sitio, siendo la más relevante:

1. Tráfico del sitio web.

2. Análisis de navegación (también histórico de navegación de los usuarios).

3. Seguimiento y segmentación de usuarios.

4. Resultados de la campaña de marketing.

5. Marketing de motores de búsqueda.

6. Rendimiento del contenido.

7. Objetivos y proceso de redireccionamiento.

8. Rendimiento de los parámetros de diseño web.

Es una herramienta orientada a webs de pequeño y gran tamaño. Por tanto, es apta para sitios como blogs, tiendas de comercio electrónico, webs corporativas, institucionales, etc. Para poder utilizar la herramienta, únicamente es necesario un navegador web compatible (prácticamente todos los existentes en el mercado lo son) y acceso a Internet.

Google anunció el lanzamiento de Google Analytics 4 (GA4) el cual se implementará en marzo de 2023 y es la evolución de la actual Universal Analytics que dejará de procesar datos el 1 de julio de 2023, por lo que en este curso veremos directamente GA4.

Google Analytics 4 es la nueva versión predeterminada de la herramienta gratuita de análisis web de Google, con enormes cambios en la interfaz y el modelo de datos respecto a Universal Analytics (UA), así como informes multidispositivo y la incorporación de características de Firebase para unificar la medición de varias apps y páginas web simultáneamente.

La nueva generación de Analytics es una solución de análisis avanzada diseñada para adaptarse a un futuro sin cookies, usando el aprendizaje automático para brindar una comprensión más profunda de la experiencia de los usuarios extrayendo patrones sin utilizar datos personales, respetando la privacidad de los usuarios.

En esta versión, diseñada para mejorar el retorno de la inversión de la publicidad con Google Ads, centra la medición en las interacciones de los usuarios usando inteligencia artificial y reorganizando los informes para analizar el recorrido del cliente durante su ciclo de vida, desde su adquisición e interacciones hasta la conversión y la retención.

Junto a Google Analytics podemos utilizar varias herramientas relacionadas o que pueden potenciar nuestra experiencia a la hora de recopilar y analizar datos o de generar eventos o acciones para luego analizarlas.

5.3.2. ¿Cómo utilizar Google Analytics?

El uso de Google Analytics es relativamente sencillo e intuitivo, no supone grandes conocimientos técnicos, aunque la cantidad de posibilidades de información hace que su uso vaya siendo más sencillo a medida que se aumenta su utilización.

Para poder usar Google Analytics, es necesario tener una cuenta en Google. Es importante destacar que solo se puede usar Google Analytics sobre el sitio propiedad del usuario registrado, aunque también se puede acceder a otros sitios mediante la concesión de permisos por parte del propietario del mismo.

Pasos básicos para el uso:

1. Acceder a Google Analytics.

2. Registrar una cuenta.

3. Introducir la URL del sitio web que se va a gestionar.

4. Obtención del código JavaScript: mediante este código, que se debe insertar en el sitio web, Google Analytics empezará a recopilar toda la información del sitio.

Una vez realizado este proceso, el sitio ya estará en disposición de ofrecer los principales datos.

5.3.3. Principales funcionalidades de Google Analytics

A) Panel principal

> A continuación, vamos a analizar con más detalle las principales funciones de la herramienta, dando un repaso por el contenido mostrado en la pestaña principal, así como por las diferentes opciones del menú.

El panel principal al que accedemos cuando ingresamos en Analytics se corresponde con la visión general de la pestaña página principal y permite visualizar un panel resumiendo y mostrando toda la información global sobre nuestro sitio web y las principales métricas, estadísticas y consejos de configuración de todos los principales apartados del menú.

La navegación se agrupa por colecciones en el panel de la izquierda, en el que encontrarás las siguientes secciones:

⇨ **Informes**: contiene el Resumen de Informes y la Vista general en tiempo real, además de las antiguas secciones de Ciclo de Vida y de Usuario, agrupadas por colecciones. Puedes usar las colecciones predeterminadas y también existen editores de propiedades para crear colecciones personalizadas de informes.

⇨ **Explorar**: antes era el Centro de Análisis, permite consultar preguntas específicas sobre tus datos usando técnicas avanzadas (embudos de conversión, cohortes, etc.), compartir tus resultados y crear audiencias directamente a partir de esos resultados.

⇨ **Publicidad**: contiene los informes de atribución Rutas de conversión y Comparación de modelos, para obtener información sobre el recorrido de compra de los clientes, el rendimiento de las conversiones y el impacto de tus acciones publicitarias.

⇨ **Configurar**: permite consultar eventos, conversiones, audiencias y propiedades de usuario, además de crear y gestionar métricas y dimensiones personalizadas.

B) Informes

En la parte superior derecha de cada informe encontrarás el nuevo selector de fechas y las opciones de editar comparaciones, compartir informes, estadísticas y personalizar informes.

⇨ **Informes de adquisición**

El apartado de adquisición ofrece tres informes:

- El **informe de resumen** de la procedencia de nuestros usuarios ofrece una panorámica de las tendencias de cambios en las métricas de usuarios y nuevos usuarios, además de módulos con información sobre usuarios por medio, por sesiones y por campañas así como el valor del tiempo de vida del cliente.

- El **informe de adquisición de usuarios** ofrece gráficas con el detalle de los datos de usuarios nuevos por medio y su evolución en el tiempo, a lo que se añade una tabla que especifica número de usuarios, sesiones con interacción, porcentaje de interacciones, sesiones con interacción por usuario, tiempo de interacción medio, número de eventos, conversiones y total de ingresos.

- El **informe de adquisición de tráfico** contiene gráficas que reflejan los usuarios por fuente/medio de la sesión a lo largo del tiempo y los usuarios por fuente/medio de la sesión, con una completa tabla a continuación especificando datos de usuarios, sesiones, interacciones, eventos, conversiones e ingresos.

⇨ **Informes de interacción**

El apartado de interacción ofrece cuatro informes: resumen, eventos, conversiones y páginas y pantallas. Aquí encontraremos destacada la información de las tendencias sobre el tiempo de interacción medio, sesiones con interacción por usuario y el tiempo de interacción por usuario medio, así como el número de usuarios que han interactuado en los últimos 30 minutos y dónde lo han hecho. En general, en estos informes veremos cuánto tiempo emplean los usuarios en nuestras páginas, qué eventos realizan, su actividad a lo largo del tiempo y las estadísticas de fidelización. Al medir las vistas de una pantalla, puedes descubrir qué contenido es el que más ven los usuarios en una aplicación y cómo navegan entre las distintas partes del contenido.

⇨ **Informes de monetización**

El apartado de monetización ofrece estos informes: resumen, compras de comercio electrónico, compras en la aplicación, anuncios del editor y retención. Monetización es el nuevo nombre para los informes de comercio electrónico de Universal Analytics en GA4. Sus informes ofrecen una descripción de los ingresos que recibe una tienda, información sobre las características de los compradores, los artículos más populares, visitas al carrito, ingresos, etc. Esta información aparece desglosada en función si se realiza en el e-commerce o en una aplicación, y también incluye datos sobre ventas de anuncios del editor.

⇨ **Informes de retención**

El apartado de retención ofrece un informe de resumen en el que se muestra la tendencia de retención de usuarios nuevos y recurrentes a lo largo del tiempo, la retención de usuarios por cohorte, datos de retención e interacción de los usuarios y el valor del tiempo de vida del cliente.

C) Informe panorámico

En un primer caso nos aparecerá el informe panorámico dentro de que es un panel básico y resumido de las principales métricas, como:

Usuarios	Consejos	Tendencia de usuarios activos
Usuarios nuevos	Estadísticas destacadas	Retención de usuarios
Tiempo de interacción medio	Adquisición de usuarios	Páginas más vistas
Total de ingresos	Adquisición de tráfico	Eventos principales
Número de usuarios últimos 30 minutos	Usuarios por país	Conversiones principales
Productos más vendidos	Productos más vendidos	

Y un largo etcétera, ya que dependerá de nuestra configuración del sitio, si tenemos servicios conectados a GA4, si medimos aplicaciones móviles, campañas, ventas, etc., y, sobre todo, de la configuración que hayamos establecido en cada panel.

Si se pulsa el icono de editar comparaciones, podremos añadir más dimensiones para poder comparar entre ellas y así afinar mejor el filtrado de los datos.

Para entender mejor el concepto de las dimensiones, todos los informes de Google Analytics se componen de dimensiones y métricas.

⇨ **Dimensiones**

Las dimensiones son atributos de los datos. Por ejemplo, la dimensión "ciudad" indica la ciudad (como Madrid o Nueva York) desde la que se origina una sesión. La dimensión "página" indica la URL de una página vista.

En las tablas de la mayoría de los informes de Analytics, los valores de dimensión se organizan por filas y las métricas por columnas.

⇨ **Métricas**

Las métricas son dimensiones cuantitativas. La métrica Sesiones es el número total de sesiones. La métrica Páginas/sesión es el número medio de páginas vistas por sesión.

No todas las métricas pueden combinarse con todas las dimensiones. Cada dimensión y cada métrica tiene un alcance: de usuario, de sesión o de hit. En la mayoría de los casos, lo más lógico es combinar dimensiones y métricas con el mismo alcance. Por ejemplo, Sesiones es una métrica de sesión, por lo que solo puede usarse con dimensiones de sesión, como fuente o ciudad. No sería lógico combinar Sesiones con una dimensión de hit, como página.

D) El panel de resumen

El Resumen en tiempo real nos muestra un mapamundi central que muestra de una forma muy gráfica la localización actual de los usuarios conectados y cuántos lo han hecho en los últimos 30 minutos. A continuación, verás tarjetas con información de usuarios por fuente o por audiencia, las visitas recibidas por título de página y nombre de pantalla (en las aplicaciones) así como el número de eventos, conversiones y propiedades de usuario, todo en tiempo real.

⇨ **Adquisición**

El panel de resumen dentro de adquisición es el más básico y permite visualizar los principales parámetros del sitio, que tienen que ver con nuestros visitantes, clientes y plataforma.

⇨ **Fechas**

En la parte superior derecha de cada informe, encontrarás el selector de fechas, y las opciones de editar comparaciones, compartir informes, estadísticas y personalizar informes.

⇨ **Selector de comparaciones**

En la parte superior izquierda de cada informe, debajo del nombre del informe, encontrarás el selector de comparaciones que por defecto estará seleccionado en "Todos los usuarios" y a su lado un botón para "añadir comparaciones", "añadir filtros" o "añadir dimensión" que abre el panel lateral derecho para editar comparaciones.

⇨ **Estadísticas**

Si pulsamos el icono superior derecho, Estadísticas, se nos abrirá un asistente que, mediante preguntas prestablecidas, nos mostrará un panel específico de los datos que deseamos ver en formato rápido.

E) Life cycle

⇨ **Adquisición de usuarios**

En el panel de Adquisición de usuarios y tráfico, dentro de Adquisición, podremos encontrar la información relativa a la procedencia y acceso de los usuarios de la web.

⇨ **Resumen de la interacción**

Este panel nos muestra los tiempos empleados por los usuarios en la web, las páginas donde han estado interactuando, las visitas, eventos y todo lo referente a la interacción entre el usuario y la web.

⇨ **Eventos**

Podemos ver los eventos definidos y sus métricas generadas.

⇨ **Conversiones**

En este panel podremos ver los eventos correspondientes a las conversiones definidas.

⇨ **Páginas y pantallas**

En este panel podremos ver las métricas correspondientes a las métricas pertenecientes a las páginas visitadas.

⇨ **Página de destino**

En este panel de página de destino podremos ver la página web a la que llegan los usuarios al hacer clic en el anuncio. La URL de esta página suele ser la misma que la URL final de tu anuncio.

F) Usuario

⇨ **Resumen de datos demográficos**

Esta sección ofrece los Informes de resumen y de detalles demográficos.

El Informe de resumen contiene datos de los usuarios en distintos formatos de visualización: por país, ciudad, sexo, intereses, idioma y edad; además del número de usuarios en tiempo real durante los últimos 30 minutos.

En el Informe de detalles demográficos aparecen otras gráficas de usuarios por navegador y una tabla con información específica de cada una de las métricas disponibles: número de usuarios, sesiones con interacción, porcentaje de interacciones, sesiones con interacción por usuario, tiempo de interacción medio, número de eventos, conversiones y total de ingresos.

⇨ **Informes de tecnología**

La sección de tecnología nos ofrece los Informes de descripción general y de detalles de la tecnología.

El de descripción general contiene información sobre las plataformas utilizadas, dispositivos, navegadores, sistemas operativos y versiones de aplicaciones que utilizan los usuarios para interactuar con los contenidos, además del número de usuarios en tiempo real y las plataformas usadas durante los últimos 30 minutos.

En el de detalles de la tecnología aparecen otras gráficas de usuarios por país y una tabla con información específica de usuarios, sesiones, interacciones, eventos, conversiones e ingresos.

⇨ **Tecnología**

En este informe se muestra el tráfico del sitio web o aplicación desglosado por la tecnología que usa cada visitante, como la plataforma, el sistema operativo, la resolución de pantalla o la versión de la aplicación.

De los paneles, en cada métrica podremos expandir la información si hacemos clic en ver la métrica que nos interesa, abajo a la derecha de cada tarjeta, por ejemplo, pulsando en "ver sistemas operativos".

G) Exploraciones

El menú Explorar permite gestionar las opciones de la herramienta Análisis para crear informes específicos con diversas opciones de visualización de los segmentos, dimensiones o métricas que elijas.

Puedes empezar con un lienzo en blanco o usar las plantillas y, también, ver el análisis que otros usuarios han compartido contigo.

De forma predeterminada, los análisis son privados. Si eres la persona que los ha creado, solo tú puedes verlos y editarlos, a menos que decidas compartirlos con otros usuarios.

La herramienta de análisis incluye dos paneles laterales en los que se encuentran las variables y la configuración de pestañas, y un espacio central en el que se visualizan los datos del informe. En la parte superior derecha hay una barra de herramientas que permite rehacer y deshacer cambios, exportar los datos y obtener información adicional.

El **panel de variables** permite seleccionar el periodo de tiempo que se quiere analizar y contiene una lista de variables que puedes usar, divididas en segmentos, dimensiones y métricas.

Para seleccionar los datos que quieres analizar, puedes arrastrar y soltar las variables en el panel de configuración de pestañas, o hacer doble clic para activarlas.

⇨ Segmentos como Tráfico orgánico te permiten filtrar los datos que se van a mostrar en el informe y que pueden ser predefinidos o crearlos tú mismo.

⇨ Dimensiones como Ciudad son las características o atributos de los datos. Habitualmente aparecen en las filas de las tablas.

⇨ Métricas como Usuarios nuevos, que se pueden medir o expresar con números y suelen mostrarse en las columnas de las tablas.

Los datos se visualizarán de forma instantánea en el espacio central con el formato de informe que hayas seleccionado, pudiendo crear varias pestañas de análisis y tenerlas abiertas a la vez.

Si lo prefieres, las variables también se pueden seleccionar directamente desde el panel de configuración de la pestaña, por lo que puedes minimizar este panel para dejar más espacio al informe.

El **panel de configuración de la pestaña** permite seleccionar el método de análisis y elegir los datos que se usarán y contiene las siguientes secciones:

⇨ **Técnica**: desplegable en el que se puede seleccionar un análisis de la galería de plantillas.

⇨ **Visualización**: formato de presentación de datos incluyendo tablas, gráficos de anillos, líneas o barras, diagrama de dispersión o mapa geográfico.

⇨ **Desglose, valores y opciones de configuración**: en función de la técnica de análisis seleccionada, es el lugar en el que se seleccionan las variables.

⇨ **Filtros**: permite filtrar los datos seleccionados por dimensiones y métricas.

5.4.   Google Optimize

5.4.1. Introducción

Google Optimize es una herramienta gratuita de optimización de sitios web que ayuda a aumentar las tasas de conversión de visitantes y la satisfacción general de los visitantes probando continuamente diferentes combinaciones de contenido de sitios web.

Google Optimize puede probar cualquier elemento que exista como código HTML en una página, incluidas las llamadas a la acción, fuentes, titulares, garantías de puntos de acción, copia de productos, imágenes de productos, reseñas de productos y formularios. Permite probar versiones alternativas de una página completa, llamadas pruebas

A/B, o probar múltiples combinaciones de elementos de la página, como encabezados, imágenes o texto del cuerpo, conocido como prueba multivariante. Se puede utilizar en varias etapas del embudo de conversión.

Actualmente, se ha integrado dentro de Google Marketing Platform.

5.4.2. Cómo usar Google Optimize

1. Iniciar sesión y seleccionar una cuenta.

2. Haz clic en **Etiquetas > Nueva**.

3. Haz clic en **Configuración de la etiqueta > Google Optimize**.

4. Para Universal Analytics selecciona **Anular nombre de función global** para cambiar el nombre del objeto global en Universal Analytics mediante una variable de configuración de Google Analytics. La variable de configuración de Google Analytics de la etiqueta de Optimize debe coincidir con el nombre de función global de la etiqueta de Universal Analytics.

5. Habilitar la secuenciación de etiquetas:

    a) Abrir la etiqueta Google Analytics: Universal Analytics o Google Analytics: configuración de GA4 de la propiedad de Analytics vinculada con su conte-nedor de Optimize.

    b) Hacer clic en **Configuración de la etiqueta > Configuración avanzada> Secuenciación de etiquetas**.

    c) Marcar la casilla para que se active otra etiqueta antes que esta. En Etiqueta de configuración, hacer clic en el menú y seleccionar la etiqueta de Optimize que quieras.

    d) Configurar la etiqueta de Optimize de forma que se active una vez por página y guardar.

6. Publicar el contenedor de Tag Manager para que se apliquen los cambios.

5.5. YouTube Analytics

Con Analytics, los usuarios de YouTube pueden acceder a las estadísticas claves sobre quiénes están observando los vídeos.

Estamos viendo que es importante tener un control de las estadísticas, tráfico, búsquedas, consultas, etc., que se hacen en nuestra web.

Por eso son tan necesarias estas herramientas en los negocios.

Con ellas, se puede poner el foco en las últimas ideas, tendencias, anuncios... y todo lo que podamos necesitar para promocionarnos.

YouTube es una plataforma para esto y con esta herramienta consigue tenerlo todo registrado: se generan informes trimestrales que reflejan perspectivas de consumidores, estudios de caso...

5.6. LinkedIn Talent Insights

Como en el caso de las anteriores, LinkedIn Talent Insights es una solución que hace uso de la inteligencia artificial para el **análisis de datos** con el fin de ayudar a **tomar decisiones complejas**.

Permite acceder a los datos de la plataforma LinkedIn, tanto los que aporta el usuario cuando se crea un perfil como aquellos que se generan a partir del uso que hace de la red social.

Permite la **búsqueda de perfiles especializados**, como los relacionados con la ciberseguridad, o respaldar con datos decisiones como la **ubicación de una nueva sede**.

Su objetivo, como han indicado desde LinkedIn, es ayudar a las empresas a **planificar sus necesidades y decisiones de contratación actuales y futuras**.

6. Nuevo consumidor

6.1. Value management: prepararse para el marketing

Este apartado se refiere a la importancia que el cliente tiene en el negocio y el valor que hay que dar a la relación entre negocio y clientes para lograr el mayor número de satisfacción posible por su parte. Por lo tanto, como empresa, debemos centrar nuestra estrategia de marca en el cliente.

¿Qué hay que hacer para conseguirlo?

1. Generar una buena imagen de marca, intentando tener en cuenta al cliente y cómo reacciona ante ello para crear una imagen adaptada a él.

2. Aprovechar las ventajas de Internet para generar demanda. Utilizar correctamente las nuevas tecnologías ayuda a aumentar las ventas.

3. Conocer a nuestros clientes para así poder orientar bien la estrategia.

4. Estar abiertos a renovar la marca cuando quede obsoleta o queramos dar un aire nuevo a la empresa.

6.2. Co-creation: el cliente como creador del producto

La palabra prosumidor, o también prosumer, es un acrónimo formado por la fusión original de las palabras en inglés *producer* (productor) y *consumer* (consumidor). Igualmente, se le asocia a la fusión de las palabras en inglés *professional* (profesional) y *consumer* (consumidor).

El uso de la expresión comenzó en los años 70 tras observarse el nuevo papel que el consumidor estaba tomando en la relación con la producción de la industria. Era la época del consumidor pasivo, cuya única función era comprar y pagar. Si encontraba algo bueno o malo en un producto lo más que podía hacer era utilizar el "boca a boca" para contárselo a un grupo reducido de amigos o familiares.

Actualmente, los usuarios sirven como **canales de comunicación humanos** (pueden opinar sobre un producto en las redes sociales o webs especializadas), lo que significa que, al mismo tiempo de ser consumidores, son a su vez productores de contenidos. Un **prosumer** no tiene fines lucrativos, solo participa en un mundo digital de intercambio de información.

El nuevo consumidor:

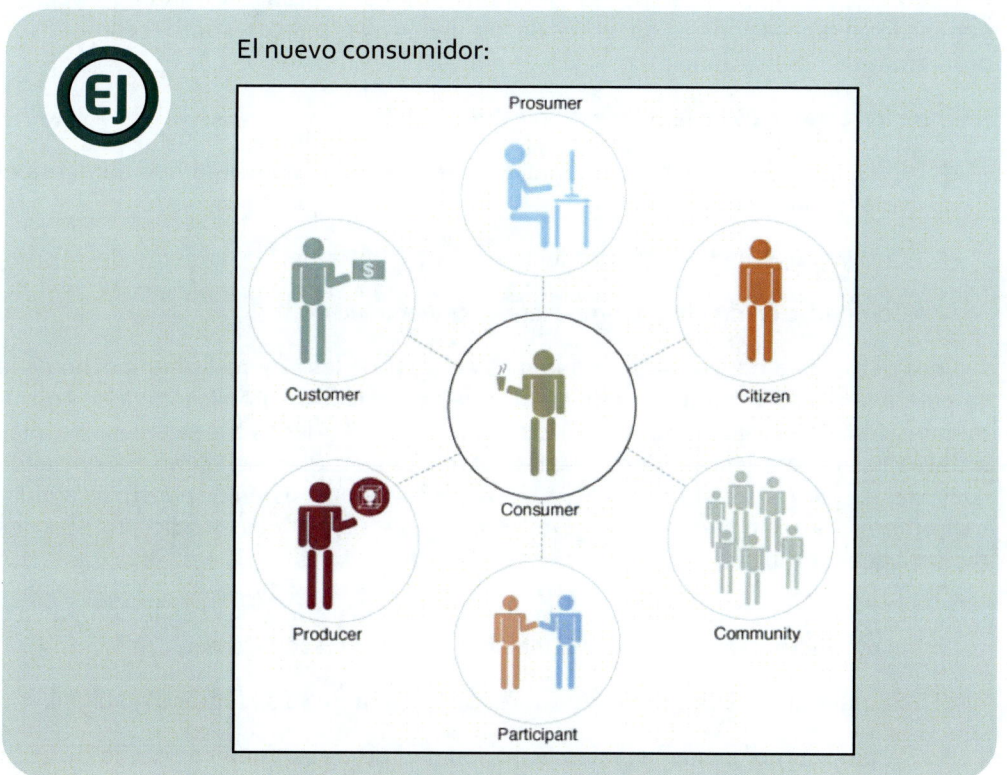

Ganar al consumidor como colaborador y no considerarlo un usurpador puede conllevar consecuencias positivas para las marcas. Todo esto ha llevado a una nueva etapa en el marketing, la etapa de **co-creation**.

Ya no es un secreto que en esta nueva etapa del marketing las organizaciones ya no son las que deciden "qué" hacer o qué "debemos" comprar. Ahora nosotros, los clientes, somos los que realmente decidimos y "decimos", de acuerdo a nuestras necesidades, qué es lo que las organizaciones deben de hacer para satisfacernos. Un proceso muy importante en la consolidación de las marcas es que los clientes participen con sus ideas en el proceso de crecimiento y reingeniería del producto o servicio. Podemos definir la co-creation como una estrategia de negocio o una **tendencia empresarial** que se centra en l**a experiencia del cliente y las relaciones interactivas**.

Así, un **co-creador** sería un profesional que desarrolla, en conjunto y en colaboración productiva con el usuario final, el proceso continuo de diseño de un producto, servicio, experiencia, marca y/o herramienta de marketing y todo lo que involucre el proceso hasta el lanzamiento. Por ejemplo: lluvias de ideas, crowdsourcing (externalización de tareas que anteriormente realizaban los propios empleados o proveedores a un grupo grande de personas o comunidad), conceptualización del producto y gamificación (aplicación de conceptos de los juegos a las marcas, como recompensas, programas de fidelización, integración de aplicaciones móviles, etc.).

Entre los beneficios de la co-creation están:

⇨ Creación de una fuerte comunidad alrededor de la marca, lo que aumenta el valor de la misma.

⇨ Críticas constructivas del producto o servicio antes del lanzamiento del mismo.

⇨ Compartición de ideas (competencia y diversidad).

En la actualidad podemos decir que más del 50% de las empresas han hecho de la co-creation una parte integral de su estrategia de innovación, implicando a los consumidores como co-creadores del producto y afianzando los lazos que se crean con ellos a través de su experiencia. La co-creation se ha convertido en una parte esencial de cualquier estrategia, de marketing o no. Los consumidores están dispuestos a ayudar a las empresas en la creación de valor, puesto que, según algunos estudios, tres son los factores que los mueven a hacerlo:

⇨ El primero es un sentimiento de altruismo, la identificación con la compañía o el producto y las ganas de ayudar a hallar nuevas innovaciones.

⇨ El segundo es la posibilidad de aprender algo nuevo o de lograr algo difícil.

⇨ Y, por último, incide también la posibilidad de trabajar en compañía de otras personas.

6.3. Comunidades: comunicación cliente-cliente

Las nuevas tecnologías han supuesto un gran cambio en las relaciones entre empresas y clientes, modificándose la forma que tienen las empresas de comunicarse, promocionarse, comprar y vender. Atrás ha quedado la comunicación unilateral y en un solo sentido. Hoy la comunicación viaja en dos direcciones. Cada vez es más necesario aportar valor a nuestros productos o servicios, dado que en los tiempos que corren el cliente puede tener una información detallada incluso antes de recibir o consumir un producto.

Algunas herramientas que permiten la comunicación cliente a cliente son:

⇨ **Comunidades** dedicadas en exclusiva a las opiniones sobre productos (por ejemplo, *https://www.ciao.es*).

⇨ **Plataformas comerciales** con funcionalidad de comentarios y discusiones en grupo (por ejemplo, *https://www.tripadvisor.es* o *https://www.minube.com*).

⇨ Los **foros en línea**.

⇨ Los **comentarios de los blogs**.

⇨ Las **salas de chat**, etc.

Asimismo, como ya hemos visto, las **redes sociales** (como Facebook, YouTube, Instagram, o Pinterest) se han convertido en un punto de encuentro donde plasmar las experiencias vividas y, por supuesto, en otra herramienta para **manifestar nuestras opiniones y criterios**. Además en estas redes sociales aparecen **líderes de opinión** *influencers* que son personas que cuentan con cierta credibilidad sobre un tema concreto y por su presencia e influencia en redes sociales pueden llegar a convertirse en un prescriptor interesante para una marca.

Todas estas herramientas y plataformas permiten ofrecer información generada por los usuarios o clientes que, a su vez, sirven a otros como referencias en la toma de decisiones a la hora de elegir un producto, un servicio, un destino, etc. Si queremos apostar seriamente por nuestro producto o servicio tenemos que ser claros y concisos con la información que aportamos, la transparencia y una certera comunicación irremediablemente nos llevará a la **fidelización** de nuestros clientes y a una mejora de la **reputación online** que al fin y al cabo no es otra cosa que nuestra imagen como empresa.

7.   Detectar tendencias

7.1.   Agencias de medios y analítica web

Las agencias de medios y analítica web son importantes en lo que a analítica web se refiere. Es casi imposible controlar nuestra repercusión en las redes sociales o en Internet sin ayuda. Por eso, surgen las agencias de medios.

Un aspecto esencial es la monitorización, de la que ya hemos hablado, en tiempo real de Internet para estar al tanto de ataques potenciales contra la reputación.

Con este fin surgen las agencias especializadas, que utilizan herramientas que permiten conocer todos los contenidos generados en buscadores, blogs, redes sociales, etc.

En España, la creciente importancia del control de la reputación online se refleja en la creación de departamentos específicos para la gestión de la reputación y la monitorización online.

7.2.   Cuándo recurrir a las agencias de publicidad online

Al empezar en el mundo del marketing online hay que tener en cuenta muchos factores, el mundo digital es muy amplio: SEO, SEM, analítica web, redes sociales, etc.

Según vas creando tu estrategia de marketing y tu negocio, tienes que controlar si funciona, si está teniendo el resultado que esperabas, si está llegando al público objetivo... Si la respuesta no es la esperada, existe la opción de recurrir a la ayuda de **agencias de publicidad online**. ¿Por qué necesitas su ayuda?

1.   Para ayudarte a crear un equipo de marketing online más profesional.

2.   El marketing online requiere de completa dedicación y, de esta forma, tendrás ayuda para ello.

3.   Te ayudará con el posicionamiento e incrementará la atracción de nuevos clientes y la fidelización.

4.   Te proporcionará ideas nuevas para poder potenciar tu producto y tu marca.

5.   Te podrás beneficiar de su profesionalidad en este campo para relanzar tu negocio.

6.   Te ayudarán con el análisis y medición de resultados.

8. Publicidad en los medios sociales

8.1. Conceptos y formas

8.1.1. Introducción

En un escenario cambiante, donde la relación anunciante-marca-consumidor es totalmente distinta a la de hace pocos años, donde la estrategia, creatividad y presencia en medios han de ser más innovadoras que nunca, donde las necesidades cortoplacistas de los anunciantes imperan sobre el pensamiento a largo plazo, ¿cómo se determina la eficacia? ¿Por repercusión obtenida? ¿En ventas asociadas a una acción concreta? ¿Por el uso innovador de un soporte? ¿Por desarrollar una política de comunicación correcta en las redes sociales? Hablamos de un **nuevo escenario**, en el que la eficacia publicitaria debe adaptarse y redefinirse.

La eficacia publicitaria se podría, pues, definir como las soluciones adaptadas que permiten convertir a cada marca y cada anunciante en **únicos**. Ser eficaz en publicidad es ser especialista. La eficacia de un publicitario consiste en especializarse en las necesidades específicas de los clientes.

Es importante tener en cuenta que cada anunciante y cada marca son únicos, con unas necesidades específicas que pueden abarcar cualquier ámbito y que difieren de unos a otros. Hay que ser expertos en dar soluciones ad hoc para cada cliente y cada proyecto, porque solo así conseguimos el éxito de una campaña, llegando a ser capaces de crear un vínculo emocional entre la marca y el consumidor.

8.1.2. Concepto de publicidad online

Internet nos permite conocer las **preferencias y comportamiento** de nuestros posibles clientes y por tanto lanzar campañas más efectivas, además de hacerlas llegar a un público objetivo (o target) más concreto y definido.

La publicidad online consiste en la comunicación comercial digital destinada al cliente potencial de un anunciante. Es la publicidad que se realiza en los medios interactivos: Internet, televisión interactiva y aparatos móviles, a través de formatos interactivos.

 Actualmente existe un **auge de la publicidad online** frente a los medios publicitarios tradicionales.

8.2. Formas de publicidad online

La Red se ha convertido en el medio publicitario más rentable, con facilidad de seguimiento y control y que reporta más referencias a los profesionales y a las empresas que utilizan este medio en comparación con los medios tradicionales.

La publicidad online es una nueva forma de publicidad en formato digital especialmente promovida en los portales y sitios de Internet. Existen dos grandes categorías de publicidad online:

⇨ Publicidad gráfica (banners y demás formatos visuales).

⇨ Publicidad en buscadores.

La característica fundamental de la publicidad online es que está presente desde que uno ingresa a la página o correo donde se la publicita.

9. Cómo medir acciones online

9.1. Medir los resultados

Una vez lanzada nuestra **campaña de email marketing** es imprescindible que podamos medir los resultados económicos de la misma. La información mínima que necesitaremos conocer para no tirar nuestro dinero a la basura en cualquier acción comercial que emprendamos será:

⇨ Saber cuánto ha costado la acción (tanto en tiempo como en dinero).

⇨ Saber cuánto beneficio ha aportado la acción (en dinero, en clientes o en repercusión).

En el caso de una campaña de email marketing podemos concretar un poco los dos puntos anteriores en los siguientes tres puntos clave:

1. Cuántos de nuestros clientes **han recibido** la campaña.

2. Cuántos de nuestros clientes **han abierto** el mail de la campaña.

3. Cuántos de nuestros clientes **han dado un clic** a nuestra campaña.

 Los tres pasos anteriores tienen **forma de embudo**. Es decir, el paso posterior siempre es solo una parte de los anteriores, siendo más pequeño su número cada vez que se pasa al estadio posterior.

9.2. Resultados medios y análisis de los mismos

Aunque es complicado responder de una forma genérica a cuáles son buenos resultados para una campaña de email marketing, ya que depende del tipo de negocio, del tipo de campaña y de cómo se ha ejecutado esta, a partir de los datos que nos facilita la herramienta de email marketing Mailchimp podemos tener una idea general que nos sirva como guía.

Así pues, en el caso de que enviáramos una campaña a 1000 clientes podríamos esperar que abrieran el email un 25% (unas 250 personas). Asimismo, solo 30 personas de estas mil le darán clic a algún enlace del correo enviado. Y podrías esperar que 7 personas respondieran a tu campaña y se convirtieran en clientes.

A partir de que conozcas estos números, te resultará muy fácil poder saber si una campaña te ha resultado beneficiosa o no y qué retorno de inversión ha tenido para tu negocio.

Con el email marketing tienes la posibilidad de conocer, inmediata y fácilmente, las estadísticas de tu campaña y los resultados para tu empresa. Algunas de las **estadísticas** más importantes son:

1. **Tasa de recepción** (envíos/rechazos). Es el valor inverso a la tasa de rebotes (bounce rate). Si se enviaron 80 correos y se recibieron 75 la tasa de recepción es del 75/80= 94 por cien. En cierta forma es una medida de la calidad de la base de datos cuando el rebote se produce por correos inválidos. La tasa de rebote no suele sobrepasar el 3%.

2. **Tasa de apertura** *(open rate)*. Si se envían 150 emails y se abren 30 la tasa de apertura es del 30/150= 20 por cien. Se considera buena a partir del 20%.

3. **Tasa de clics (CTR)**. Porcentaje de usuarios que hicieron clic en alguno de los enlaces del newsletter sobre el total de recibidos. Si se recibieron 100 correos y 8 usuarios hicieron clic en algún enlace el CTR= 8 por 100. Todo CTR por encima del 2% se considera bueno.

4. **Tasa de visitas generadas en su sitio web profesional**. Porcentaje de usuarios que hicieron clic en algún enlace que apuntaba a una l*anding page*.

5. **Tasa de reenvío**. Porcentaje de usuarios que reenvían el email a otra persona sobre el total de abiertos.

6. **Tasa de acciones post-clic**. Inscripción, descargas, formularios llenados en su sitio web.

7. **Tasa de desafiliación**. Porcentaje de usuarios que se han dado de baja sobre el total de correos enviados.

Estos datos te permiten enfocarte específicamente en los destinatarios (eliminar las direcciones rechazadas, seleccionar los destinatarios que responden, etc.) y en el contenido (éxito de un tipo de oferta en particular después del envío de su email) para aumentar el **retorno de tu inversión** (ROI) de tus próximas campañas de email marketing. El **ROI** se calculará dividiendo el beneficio económico que ha generado la campaña (compra de productos, suscripciones, etc.) dividido por todos los costes ocasionados por la campaña (costes de la base de datos, del diseño del newsletter, del software de envío, etc.).

9.3. Interpretación de las estadísticas

Interpretar los resultados cuantitativos de las estadísticas de una campaña de email marketing es sencillo. Es obvio que hay métricas que cuanto más altas sean mejores resultados darán en términos de rendimiento (como la tasa de apertura o tasa de clics). Pero no todas las métricas tienen la misma importancia ni todas sirven a cualquier campaña. Estas dependen del objetivo de la campaña:

⇨ **La naturaleza del propio envío**

Tus contactos no se comportarán igual ante un tipo de contenido u otro, ya que no existen dos campañas iguales. Si tienes CTR´s bajos pregúntate si tus comunicados son realmente interesantes para los contactos de tu base de datos o si realizas envíos de una forma excesivamente frecuente.

⇨ **Fecha y hora del envío**

Es un dato clave, ya que las tasas de apertura varían en función de cuándo se hacen los envíos con carácter general. A nivel particular pregúntate cuándo es mejor realizar una campaña de email marketing en función del producto o servicio que ofreces: restauración, ocio de fin de semana, producto o servicio estacional, turismo, etc.

⇨ **Segmentación de tu base de datos**

Si ofreces productos o servicios a targets diferentes es conveniente que segmentes tu base de datos para dar una información lo más personalizada posible a cada usuario, eso sin duda incrementa de forma notable las estadísticas de tus campañas.

⇨ **Diseño y mensaje**

Tanto el contenido como el continente importa. El diseño es el envoltorio en el que viaja nuestro mensaje. Esfuérzate en crear newsletters atractivas, claras y visuales.

⇨ **Ensayo y error**

Aquí no existe una varita mágica ni una pócima secreta, a base de probar, combinar acciones y medir resultados iremos encontrando nuestra propia receta de éxito.

⇨ **Breve diccionario del email marketing**

- **ROI**

  Término inglés que mide el retorno de una acción. El ROI se mide en incremento de las ventas y/o incremento del tráfico dividido por el coste que ha tenido una campaña.

- **Clientes de correo o gestores de correo**

  Se trata de la herramienta que utiliza el usuario para leer su correo electrónico. Existen muchos clientes distintos, entre los cuales destacaremos:

  ▶ Outlook, Outlook Express.

  ▶ Yahoo! Mail.

  ▶ Hotmail.

  ▶ Apple Mail.

  ▶ iPhone.

  ▶ iPod touch.

  ▶ Gmail.

  ▶ ProtonMail.

  ▶ Lotus Notes.

  ▶ Thunderbird.

- *Forward to a friend* (FTF)

  También conocido como TAF *(tell a friend)*: se refiere a la herramienta de reenviar un email a varias personas. Se suele medir el número total de reenvíos realizados así como el número único de reenvíos, ya que una única persona puede reenviar varias veces un email a sus conocidos. Es un excelente indicador de la calidad del contenido, ya que mide la capacidad viral de la campaña.

- **Spam**

  Envío indiscriminado de un email sin autorización previa. No hay que hacerlo nunca. Las mejores prácticas de email marketing solo se basan en el principio del marketing permisivo: presupone recibir una autorización previa antes de cualquier envío. Prácticas asimiladas al spam:

▶ Comprar/alquiler una base de datos de emails e integrarla a la base de datos de la campaña, con o sin permiso previa (ya que el usuario no le habrá dado la autorización a usted sino al tercero).

▶ Contactos profesionales con quien no ha tenido ningún intercambio por email en los 2 últimos años.

▶ Copiar/Pegar de un listado de emails desde la web: no porque un email sea público se puede integrar en una base de datos.

• **Conversiones**

Se refiere a cualquier objetivo (vender un producto, rellenar un formulario, ver un vídeo, etc.) que se esperaba que el usuario hiciera después de haber hecho un clic en el email recibido.

• **Tasa de clics**

Se refiere al número de personas que han abierto el email y que han hecho al menos un clic, dividido por el número total de destinatarios de la campaña email menos los emails que han sido rebotados. Las tasas pueden variar de menos de un 3-4% a más del 50% según el tipo de comunicación y la industria donde se realiza la campaña.

• **Tasa de apertura**

Se refiere al número de personas que han abierto el email, dividido por el número total de destinatarios de la campaña email. Las tasas pueden variar de menos de un 10% a más del 50% según el tipo de comunicación y la industria donde se realiza la campaña.

• **ISP**

Término inglés que significa proveedor de acceso a Internet. Los grandes ISP (Yahoo!, AOL, Google, Hotmail) controlan la entrega de los correos electrónicos a sus usuarios, para combatir el spam.

• **Email HTML**

Se refiere a la capacidad que tiene un email de tener formatos e imágenes y a su lenguaje de programación. Existen muchos clientes de correo distintos y cada uno tiene una forma (a veces muy distinta) de mostrar elementos de código HTML. La compatibilidad de la plantilla HTML email es clave en el éxito de una campaña de email marketing.

- *Soft bounce* **o rebote blando**

  El *soft bounce* o rebote blando es una métrica que significa que un email no ha sido entregado a su destinatario esta vez, ya que, por ejemplo, el buzón de correo del destinatario estaba lleno o el servidor no estaba disponible en el momento de realizarse el envío. Los emails que sufran con un rebote blando no deben estar considerados como inútiles y por tanto, no deben ser incluidos en una lista de eliminados de la lista de correo. El soft bounce o rebote blando es un problema puntual que a lo mejor se verá solucionado en el próximo envío.

- *Hard bounce* **o rebote duro**

  El *hard bounce* o rebote duro es una métrica que significa que un email no ha sido entregado a su destinatario y no se entregará nunca, ya que por ejemplo el dominio ya no existe y/o ha cambiado. Los emails que figuran como hard bounce o rebote duro deben eliminarse de la lista de correo, ya que nunca generarán ninguna apertura/clics/conversiones.

- *Bounce* **o rebote**

  Métrica que nos indica que un email no ha sido entregado a su destinatario. Cuanto más baja es la tasa de rebote, más limpia es la base de datos y menos se gasta para nada.

- *Double opt-in*

  Acrónimo inglés que significa que el propio usuario tendrá primero que confirmar que realmente quiere activar el servicio antes de poder recibir boletines de información y/o promoción por email. Con una base de datos opt-in es posible que alguien registre a un tercero sin su consentimiento. Con una lista *double opt-in*, solo los usuarios confirmados recibirán los boletines por email. Las listas *double opt-in* suelen tener tasa de rebote mucho más bajas que las listas *opt-in*, a la vez que suelen tener menos registros, ya que -según qué listas- de un 10% a un 50% de usuarios no suelen confirmar la activación del servicio.

- *Opt-out*

  Acrónimo inglés que significa darse de baja de la base de datos de un proveedor, con el fin de dejar de recibir boletines de información y/o promoción por email.

- *Opt-in*

  Acrónimo inglés que significa dar la autorización para enviar boletines de información y/o promoción por email.

- *Call to action* o CTA

    Se refiere a una frase enfocada a motivar los lectores para que completen una acción. Algunos ejemplos de *call to action* podrían ser: enviar una consulta vía un formulario, comprar un producto físico, darse de alta a un congreso, comprar un e-book.

9.4. ¿Cómo calcular el ROI en social media marketing?

9.4.1. La medición en redes sociales. Del ROI al ROR

Después de todo lo que estamos viendo, es el turno de explicar cómo medir los resultados de todo ese mundo que las redes sociales abren. Es necesario que el community manager realice mediciones de los resultados de sus webs, blogs, redes, etc., con el fin de saber el tráfico que tienen y las visitas. Empezaremos explicando los conceptos de ROI y ROR.

El ROI es el retorno de la inversión.

Es la pieza clave de la analítica. Se trata de establecer cuánto hemos ganado por cada euro invertido.

$$ROI = (Beneficio – Inversión) / Inversión \times 100$$

Avinash da **un buen consejo**.

▶ "Las empresas deben invertir el 10% del presupuesto (de social media, se entiende) en **herramientas** y el 90% en conseguir **gente capaz** de analizar los datos que esas herramientas ofrecen. Ninguna herramienta puede hacer lo que hace el cerebro humano: unificar y dar sentido a la tremenda cantidad de datos que tenemos a nuestra disposición".

El community manager debe medir correctamente el ROI de cada acción planteada y ejecutada para poder evaluarla y presentar resultados.

En el caso del social media, esta medición es compleja porque las conversiones no son directas, ni a corto plazo, ni son directamente monetizables.

Pero sí podremos establecer valores que contemplen las variables de participación, interacción, tiempo en el sitio... Estas variables también ofrecerán resultados interpretables como ROI.

Aumento de...			
Visitas	Seguidores	Interacciones	Menciones

Por eso se empieza a hablar de **ROR, retorno de las relaciones**.

ROR = (Beneficio – Inversión) + aumento de la percepción de marca / Inversión x 100

9.4.2. La analítica en redes sociales

A) Introducción

Teniendo en cuenta que las redes sociales han potenciado enormemente los canales para llegar a nuestros clientes es importante tener una **metodología correcta** para medir la interacción de nuestra marca con la comunidad que gestionamos.

Las empresas son cada día más conscientes de algunos conceptos:

1. Diálogo bidireccional.

2. Escucha activa.

3. Imagen de marca.

A la hora de analizar la presencia en redes sociales, tenemos que hablar de **métricas cuantitativas** y de **métricas cualitativas.**

Las métricas cuantitativas nos aportarán una idea de la extensión y el impacto que tienen las redes sociales en el negocio.

Las métricas cualitativas indicarán el rendimiento que las redes sociales aportan al negocio, el interés que generan en los usuarios y hasta qué punto contribuyen a la adquisición de tráfico cualificado.

B) Métricas para monitorizar la actividad

Cada empresa debe escoger las métricas que utilizará para monitorizar la actividad en redes sociales en función de sus objetivos. Algunas de las más habituales son:

Cobertura	Implicación	Acción
• Número de fans/ seguidores/contactos por perfiles corporativos. • Número de menciones. • Número de actualizaciones por fans/ seguidores. • Impresiones de anuncios.	• Número de temas de debate. • Número de post en perfiles corporativos. • Número y tono de comentarios. • Cantidad de contenido u ofertas compartidas.	• CTR de anuncios. • Número de respuestas a sorteos o concursos. • Número de aplicaciones descargadas. • Acciones offline dirigidas por cupones u ofertas especiales. • Tráfico web generado. • Usuarios de aplicaciones.

Las principales redes sociales tienen sus propias herramientas de estadísticas.

La analítica web es muy importante para saber si todo lo que estamos haciendo funciona. Por eso, en esta unidad hemos visto:

- Cómo hacer un análisis web y con qué herramientas.

- Además, hemos explicado qué se consigue con la analítica web y los indicadores importantes para que funcione.

- Se explica Google Analytics como herramienta más accesible y sencilla para gestionar la analítica.

UNIDAD DIDÁCTICA 4

Posicionamiento en buscadores

Contenido & Objetivos

Introducción

1. Conceptos generales sobre SEO

2. Cómo funciona un buscador

3. Factores *on page*

4. Factores *off page*

Resumen

Los **objetivos** de esta unidad son:

1. Aprender qué es el marketing en buscadores y el SEO.

2. Saber posicionarse bien.

3. Conocer los factores que influyen para el correcto posicio- namiento.

Introducción

Lo siguiente que hay que conocer para que todo lo que estamos viendo funcione es el posicionamiento en buscadores. Es muy importante estar bien posicionados en buscadores para que todo el trabajo empresarial tenga su recompensa. Por ello, en esta unidad, se darán pautas para saber posicionarse bien.

1. Conceptos generales sobre SEO

1.1. Definición

> El SEO, o *Search Engine Optimization*, es un conjunto de técnicas y estrategias que se utilizan para mejorar la visibilidad y el posicionamiento de un sitio web en los resultados de los motores de búsqueda, como Google, Bing, Yahoo!, entre otros. El objetivo principal del SEO es aumentar la cantidad y calidad del tráfico orgánico que recibe un sitio web, es decir, aquel que proviene de búsquedas realizadas por usuarios en los motores de búsqueda.

El SEO abarca una amplia variedad de aspectos técnicos, de contenido y de diseño, que se orientan a mejorar la relevancia y autoridad de un sitio web ante los motores de búsqueda. Algunas de las prácticas comunes de SEO incluyen la optimización de palabras clave, la creación de contenido de calidad y original, la mejora de la estructura del sitio y la experiencia del usuario, la construcción de enlaces de calidad y la optimización técnica del sitio web.

El método de trabajo que seguiremos en la exposición está basado en responder a las preguntas:

⇨ **Qué**: concretamente, qué quiero conseguir (ventas, suscriptores, registros en mi web, donaciones...).

⇨ **Cómo**: qué estrategia voy a seguir o cómo debería comunicarme con mi público y con qué herramientas o recursos cuento.

⇨ **Cuándo**: en Internet el cuándo es clave, la rapidez con la que se distribuyen los mensajes en la red es sorprendente, por lo que actuar en tiempo es esencial.

⇨ **Dónde**: qué formatos voy a incluir en mi estrategia, no solo existe el factor interno (mi propia web), además de comunicar a través de nuestra web, podemos relacionarnos con otras webs del sector, foros de opinión y otra serie de espacios donde damos a conocer nuestro producto o servicio.

⇨ **Por qué**: como en cualquier estrategia, es importante tener claro por qué se está trabajando en esa línea, es decir, tener unos objetivos numéricos, alcanzables y definidos, que a nivel digital son mucho más medibles y controlables gracias a herramientas que nos muestran datos concretos. Es decir, hay que tener claros nuestros KPIs digitales.

⇨ **Quién**: definir el público objetivo es clave para comunicar en la dirección y en el código correcto. No es lo mismo un eslogan para millennials que para mayores de 60 años o un artículo en nuestro blog corporativo que dirigimos a compradores de una determinada zona geográfica que para otra.

A través de ellas, y de la adecuada reflexión a que nos obliga cada una, podremos optimizar nuestro trabajo y las técnicas y recursos necesarios, tanto materiales como humanos.

Existe un proceso de comunicación, que casi todo el mundo conoce, que es el que representa este esquema. Este proceso de comunicación tradicional influye en la comunicación vía Internet, que es lo que nos atañe en el curso, es decir, que la comunicación 2.0 se basa en este proceso.

En el caso del SEO, los elementos que cambian son fundamentalmente el código, el canal y el contexto. Pero para que el SEO funcione debe cumplir con estos requisitos.

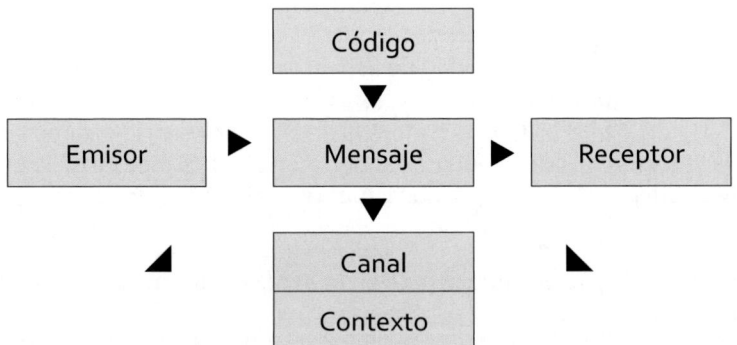

⇨ El c**anal orgánico en SEO** hace referencia a aquel tráfico que llega a un sitio web de forma natural, es decir, a través de los resultados de búsqueda en los motores de búsqueda, sin que se haya pagado por publicidad o algún otro tipo de promoción.

⇨ Cuando un usuario realiza una búsqueda en un motor de búsqueda, esta muestra una lista de resultados que se consideran relevantes y de calidad en relación a la búsqueda realizada. Los resultados que aparecen de forma orgánica, es decir, sin que se haya pagado por aparecer en ellos, son aquellos que cumplen con ciertos criterios de relevancia y calidad establecidos por el motor de búsqueda.

 Es importante destacar que el SEO es una disciplina en constante evolución, ya que los motores de búsqueda están en constante cambio y actualización de sus algoritmos para mejorar la relevancia y calidad de los resultados que muestran a los usuarios. Por lo tanto, para estar al día en las mejores prácticas de SEO, es necesario mantenerse informado y actualizado sobre las tendencias y novedades en esta materia.

1.2. ¿Por qué Google?

 En el ámbito del SEO se trabaja principalmente con Google porque este motor de búsqueda es el más utilizado a nivel mundial y, por lo tanto, el que genera la mayor cantidad de tráfico orgánico hacia los sitios web.

Según las estadísticas de StatCounter Global Stats, en enero del paado año, Google tenía una participación de mercado global del 92,13% en el ámbito de los motores de búsqueda, lo que indica que es el motor de búsqueda más popular y utilizado por los usuarios de todo el mundo.

Además, Google es conocido por tener uno de los algoritmos de búsqueda más sofisticados y complejos, que permite mostrar a los usuarios los resultados más relevantes y útiles para sus búsquedas. Este algoritmo utiliza una variedad de factores de clasificación y posicionamiento, como la relevancia, la autoridad y la calidad, entre otros, para determinar qué sitios web son más relevantes para una búsqueda en particular.

Google actualiza su algoritmo de búsqueda de forma constante y regular para mejorar la calidad y relevancia de los resultados que muestra a los usuarios. En promedio, Google realiza entre 500 y 600 actualizaciones de su algoritmo cada año, lo que se traduce en más de una actualización diaria.

Por lo tanto, en el ámbito del SEO, se trabaja principalmente con Google porque es el motor de búsqueda que tiene un mayor impacto en la generación de tráfico orgánico hacia los sitios web y, por lo tanto, es fundamental para cualquier estrategia de marketing digital exitosa. Además, al entender y seguir las mejores prácticas de SEO para Google, es posible mejorar la relevancia y autoridad del sitio web ante otros motores de búsqueda, lo que puede tener un impacto positivo en la generación de tráfico y, por lo tanto, en la rentabilidad y éxito de un negocio en línea.

Que los resultados de las búsquedas sean relevantes depende de **qué** buscamos, **cómo** lo buscamos, **para qué** y, sobre todo, de **cómo** esté realizada la página web y cómo la indexa el buscador.

Las búsquedas en los navegadores han evolucionado con los años y se han hecho más complejas. Ya no se busca un único criterio o palabra, sino que se introducen frases o conjuntos de palabras.

A medida que Internet se ha ido desarrollando, el aprendizaje tanto para empresas como para usuarios y buscadores es mayor. Si bien muchos años atrás, quien quería ver ofertas de zapatos hubiera puesto la palabra "zapatos" en el buscador, actualmente es probable que la persona realice una búsqueda más concreta dado que la experiencia nos ha enseñado que si deseas obtener una respuesta concreta, debes realizar una pregunta concreta. En este caso la dirección en la que avanzan las búsquedas sería "comprar zapatos de tacón black Friday".

 El buscador recibe del usuario las palabras introducidas en la caja de búsquedas: las que describen su necesidad de información. A partir de ahí, realiza una serie de consultas en el índice para identificar las páginas en las que están presentes dichas palabras, así como términos relacionados con las mismas y que tienen mayor autoridad para esa temática.

Por eso, la página debe estar optimizada para facilitar el trabajo al buscador. Además, hay que tener en cuenta que Google realiza una inversión de muchos miles y millones de euros para ordenar la información mundial; por ello, cuanto mejor ordenada, entendible, rápida y optimizada está una web, menor es la inversión que su algoritmo debe de realizar para comprender y ordenar dicha web en su índice y mejor será la puntuación que obtengamos y las opciones de posicionar bien.

 Un **buscador web** es un sistema informático que devuelve a sus usuarios listas con referencias a páginas que contienen información sobre los términos que estos introducen.

1.3. ¿Qué es el SEO?

1.3.1. SEO y SEM

El SEO persigue ayudar al buscador a encontrarnos e indexarnos adecuadamente para que nuestra web aparezca en los resultados de búsqueda.

Concretamente, consiste en obtener las mejores posiciones en el buscador para los resultados orgánicos, para las palabras claves rentables para nuestro negocio, que si se han definido de la forma correcta en cuanto a objetivos, mensaje y público deben ser también los mejores resultados para el usuario que hace dicha búsqueda y por tanto generarán conversiones.

El buscador presenta dos **bloques de resultados**:

⇨ **Búsquedas pagadas**: el primero son las búsquedas pagadas, es decir, anuncios o resultados que están los primeros porque la empresa que se muestra paga a Google para que así sea. Estos no se consideran respuestas de búsqueda orgánica o posicionamiento natural que es a lo que llamamos SEO u optimización de los motores de búsqueda. En este caso, estaríamos hablando de SEM.

⇨ **Resultados orgánicos**: los siguientes a las búsquedas pagadas son los resultados orgánicos y para ello es para lo que trabajamos optimizando nuestra página, para poder aparecer en este bloque.

También es posible que, en función de la búsqueda, se incluyan otros resultados antes o justo al principio de los resultados orgánicos, como un mapa, imágenes, vídeos, productos de Google Shopping, etc. Por esta razón, conseguir posicionar un término en la parte superior de los resultados es cada vez más difícil.

 La diferencia entre el SEO y el SEM es clara: el SEM se consigue mediante el pago por aparecer en los mejores resultados y generalmente pagas por cada clic que se realiza en tu web una cantidad, y el SEO es, sin embargo, la optimización web para que el buscador, sin obtener una cuantía monetaria, ofrezca tu web como el mejor resultado para una búsqueda determinada.

Como vemos en la imagen, en los resultados que salen en primer lugar (resultados pagados) aparecerá la palabra "Anuncio":

1.3.2. Optimización interna

La optimización para buscadores afecta únicamente a los resultados de búsqueda orgánicos, no a los resultados pagados o patrocinados.

Google ha reiterado en numerosas ocasiones que el hecho de realizar campañas de anuncios a través de Ads no afecta a los resultados naturales que ofrecen las búsquedas. Pero esto no quiere decir que una campaña de anuncios eficaz no consiga influir en un mejor posicionamiento posterior; o que no haya que tener en cuenta las técnicas de SEO a la hora de generar los anuncios y optimizar la campaña.

Google no ve la página: lee el código.

⇨ Si bien es cierto que Google no es un humano, sino un robot y que, por tanto, no ve la página, aunque sí lee el código, hay que tener en cuenta que el robot está cada vez más "humanizado" y detecta perfectamente patrones que realizan los humanos y conductas, por lo que es capaz de poder intuir ciertos aspectos visuales.

⇨ Por ello, cada vez van más de la mano el SEO y la experiencia de usuario. Detalles que apuntan a ello son, por ejemplo, que Google no puede ver si el botón del carrito de la compra de una tienda u otro es más atractivo, pero sí que puede analizar cuántas veces hace clic un usuario en uno frente al otro e incluso, en el código, puede saber de qué color es cada botón, por lo tanto, no la ve, pero es como si la viera.

⇨ Además, Google es cada vez más semántico: el algoritmo de búsqueda de Google ha evolucionado para comprender mejor el significado detrás de las palabras y frases que se utilizan en las búsquedas de los usuarios. En otras palabras, el algoritmo de Google ya no solo busca palabras clave específicas, sino que también intenta entender el contexto y la intención detrás de ellas.

El SEO se divide en dos bloques: el *on page* y el *off page*. El *on page* se basa en las técnicas de optimización internas, es decir, la arquitectura web, los contenidos, imágenes, colores, estructura, títulos... Es decir, en hacer lo más legible y comprensible nuestra web para un robot.

Existen varios elementos importantes a considerar en la optimización SEO *on page* de un sitio web. A continuación, se presenta una lista de algunos de los elementos más relevantes:

1. Título de la página y descripción.

2. URL amigable.

3. Encabezados (H1, H2, H3, etc.).

4. Palabras clave en el contenido.

5. Contenido de calidad y original.

6. Imágenes optimizadas con texto alternativo.

7. Enlaces internos y externos de calidad.

8. Estructura del sitio web fácil de navegar.

9. Velocidad de carga de la página.

10. Compatibilidad móvil.

11. Seguridad del sitio web (HTTPS).

12. Optimización técnica.

Es importante destacar que la importancia de cada elemento puede variar según el sitio web y la industria en la que se encuentre. Por lo tanto, es fundamental realizar un análisis y evaluación detallados del sitio web para identificar los elementos más importantes a optimizar en términos de SEO *on page*.

1.4. Breve historia sobre el SEO

La publicidad es muy importante tanto para reforzar nuestra imagen de marca (branding) como para alcanzar nuestros objetivos comerciales e incrementar nuestras ventas. Son tantos los soportes, formatos y medios que podemos emplear para publicitar nuestra empresa o producto que una de las decisiones más importantes a menudo es en qué forma vamos a invertir los recursos destinados a publicidad.

Internet ya no es un recién llegado al mundo de la publicidad. Las empresas ya se han dado cuenta del potencial que tiene y sus ventajas con respecto a la publicidad tradicional: visibilidad, efectividad, bajo coste e interactividad. Y actualmente es el formato con un mayor crecimiento (pese a la crisis) y con un futuro más prometedor.

Tan solo la televisión parece superar en cuota de mercado e inversión publicitaria al marketing online (en algunos países como Reino Unido las estadísticas ya dan ventaja a la publicidad online). Sin embargo, crece considerablemente el consumo de contenido televisivo vía Internet. Poder ver el contenido sin el obligatorio corte publicitario es un factor que anima al consumidor a cambiar la tele por el ordenador. Y hasta las propias cadenas de televisión recurren al soporte online cuando se trata de impulsar o incrementar el impacto de una determinada campaña. Buscan el **contacto directo con el usuario o cliente final** con la intención de implicarse con él y aportarle más información.

Ya existen empresas para las cuales Internet es el pilar de sus actividades económicas. Empresas que necesitan la red para existir, que se crearon con una baja inversión y están retornando grandes beneficios.

2. Cómo funciona un buscador

2.1. Los buscadores o motores de búsqueda

 Un buscador es un sistema en el que escribiendo una o varias palabras en su cuadro de texto se devuelve como resultado un listado de direcciones web que estima pueden interesar al usuario al tratar temas relacionados con los términos que ha empleado en su consulta. Hoy en día, los buscadores son utilizados por los usuarios a diario, tanto en el trabajo como en casa.

Con más de 1.000 millones de páginas web (y aumentando considerablemente cada día) no podríamos encontrar la información si no fuera gracias a los buscadores.

Existen multitud de buscadores (algunos temáticos especializados en un sector o tipo de web) pero algunos de los más utilizados en España son Google, Yahoo! y Bing.

Aunque hay que destacar que Google no es el líder en todos los países del mundo, por lo que si deseamos posicionar una web en otro país deberemos comprobar cuál es el buscador más utilizado en el mismo (por ejemplo, Yahoo! en Japón, Baidu en China o Yandex en Rusia).

Los buscadores:

⇨ Recopilan información de las páginas que encuentran.

⇨ La almacenan.

⇨ La catalogan en sus índices.

⇨ Y aplican un algoritmo (fórmula) para ordenar los resultados cuando un usuario realiza una búsqueda.

Si nuestra web aparece en el resultado 86 para una determinada búsqueda **(está indexada en la posición 86)** concluiremos que la web **está mal posicionada,** porque es difícil que un usuario no encuentre la información que necesita en los 85 resultados anteriores. De modo que nunca, o muy pocas veces, llegará hasta nuestra página y la visitará.

Es esencial, por tanto, si queremos recibir visitas desde los buscadores estar **bien posicionado** y eso quiere decir: estar entre los 20 e incluso entre los 10 primeros resultados de una búsqueda.

Google además organiza los resultados de la búsqueda en **bloques de 10 resultados,** por lo que deberemos intentar estar entre los 10 primeros resultados, es decir, en la primera página de resultados.

A diario se realizan millones de consultas en buscadores. Si logramos estar entre los primeros resultados con los términos que describen nuestro producto o servicio multiplicaremos la posibilidad de captar nuevos clientes. Es más fácil conseguir un cliente que ha realizado una búsqueda en Internet, que a uno que ha visto nuestro anuncio en la parte trasera de un autobús, puesto que el cliente que realiza una búsqueda está realmente interesado en ese momento en un determinado producto o servicio.

2.2. ¿Qué mira el usuario al realizar una búsqueda?

En 2005 se realizaron estudios (por Enquiro, Eyetools y Did-it) sobre la actividad y seguimiento ocular de los usuarios al consultar los resultados de una búsqueda. Mediante un mapa de calor se pudo conocer en qué zonas de la página de resultados pasaba más tiempo concentrada la atención de los usuarios y el resultado fue una zona en forma de F o de triángulo a la que se llamó triángulo de oro.

Básicamente lo que nos indica el estudio es que el triángulo delimita una posición estratégica comprendida entre la primera y la quinta posición de resultados en la que debería aparecer nuestra web para tener una presencia efectiva en la Red.

Esto se traduce en que solo los **tres primeros resultados** tenían un alto porcentaje de clics, mientras que los restantes tenían porcentajes mucho más bajos. La razón a esto se debe a la manera en que los usuarios consultan la página de resultados: leen el título completo y la descripción de los tres primeros resultados, y luego el título y una parte de la descripción de los resultados próximos. De los últimos resultados en ocasiones no llegan ni a leer el título completo.

Si el usuario encuentra la información que busca dentro de estos primeros resultados, ya no tendrá necesidad de seguir buscando y nunca llegará a leer los resultados del final. Es más, la mayoría de los usuarios que realizan una búsqueda solo miran la primera página, y si no encuentran lo que buscan en esta primera página, modifican la consulta y vuelven a buscar en lugar de pasar a la segunda página.

2.3. SEM o marketing para motores de búsqueda

El **marketing en buscadores web** (**SEM**, por sus siglas en inglés, *Search Engine Marketing*) es una forma de marketing en Internet que busca promover los sitios web mediante el aumento de su **visibilidad** en los resultados de las búsquedas en buscadores (**SERPS**, *Search Engine Results Page* o página de resultados del buscador).

Son métodos SEM:

⇨ La optimización de la web para obtener un buen posicionamiento natural (o SEO).

⇨ El pago por la colocación de anuncios en los resultados de búsqueda (en el caso de Google esto equivale a realizar **campañas de Ads** de pago por clic). A estos anuncios pagados también se les denomina **enlaces patrocinados**.

 Aunque no es del todo correcto, cada vez se utiliza más el término **SEM** solamente para indicar las estrategias de posicionamiento basadas en el pago por clic, en contraposición a la estrategia de **posicionar la web de forma natural u orgánica** (según los resultados naturales que ofrece la fórmula de Google) que recibe el nombre de **SEO**.

Los resultados de un buscador (SERP) son el listado de páginas web devuelto por un motor de búsqueda en respuesta a una consulta de palabras clave. Los resultados normalmente incluyen una lista de páginas web con los títulos, un enlace a la página y una breve descripción mostrando dónde las palabras clave buscadas han igualado el contenido de la página. El término SERP puede hacer referencia a una página de enlaces devueltos o para el conjunto de todos los vínculos devueltos por una consulta de búsqueda.

Casi todos los buscadores tienen una zona de enlaces patrocinados donde se puede contratar la aparición de tu empresa estableciendo unos costes por cada clic que los usuarios hagan en tu enlace y que les llevará a la web de tu empresa o a una página de aterrizaje *(landing page)* con una oferta o campaña de tu empresa.

Además de establecer un coste por cada clic que te hagan y la participación en una subasta con otras empresas por situar tu enlace más visible (a mayor pago por clic el enlace aparece más visible) también podrás establecer un **presupuesto máximo diario**.

De forma que si los usuarios del buscador han realizado tantos clics en tu enlace como para consumir tu presupuesto, simplemente no aparecerás más en los resultados del buscador hasta el día siguiente.

Google también te ofrece la oportunidad de que tus anuncios aparezcan no solamente en los resultados del buscador, sino en sitios web con los que tienen acuerdos. A este conjunto de sitios web donde se muestran los anuncios patrocinados de Google Ads (webs, foros, blogs, etc.) se le llama **red de contenido**.

La red de contenido de Google se encuentra en constante crecimiento a través de los programas en línea Google AdSense y Google Marketing Platform. Los sitios web que participan deben cumplir con las normas de Google AdSense.

⇨ **Ventajas y desventajas del pago por clic (Google Ads)**

▶ **Ventajas**:

- Los resultados son inmediatos. A las pocas horas de configurar una cuenta de Ads nuestros anuncios ya son visibles.

- Se puede segmentar la campaña con precisión, sobre todo para localizarla geográficamente de una forma específica.

- Puedes medir con mayor precisión los resultados (clics, visitas, conversión, etc.).

- Puedes hacer cambios en tu estrategia de marketing de una forma más fácil y rápida (variando el contenido de los anuncios, eliminando los anuncios que no están dando resultados, etc.).

- Puedes empezar por comenzar tu campaña con un presupuesto bajo y conforme veas resultados ir aumentando este presupuesto.

▶ **Desventajas**:

- El coste por clic en función del término y la competencia, puede ser demasiado elevado como para obtener rentabilidad.

- Siempre tenemos que estar invirtiendo, en cuanto dejamos de pagar, el anuncio desaparece.

- Existe una tendencia por parte del usuario del buscador a hacer clic en los resultados naturales por encima de los resultados de pago.

⇨ **Ventajas y desventajas del posicionamiento natural u orgánico (SEO)**

▶ **Ventajas:**

- No tendrás que pagar por los clics que hagan los usuarios. Aparecerás siempre en los resultados de búsqueda sin tener que preocuparte de si se ha acabado tu presupuesto diario.

- Los usuarios utilizan más los resultados naturales al proporcionarles una mayor confianza que los de pago por clic (PPC) ya que cualquiera puede estar en el pago por clic sea cual sea la calidad del contenido que ofrece.

 No confundamos calidad del contenido con calidad de la empresa. Las primeras posiciones en los resultados naturales no tienen por qué indicar que las empresas que aparecen sean las mejores por sus productos o servicios, sino que el contenido que ofrece su web es el mejor en base a los principios de Google, o bien que muchas otras webs enlazan con ella (o una combinación de ambas).

- Si tenemos nuestra web bien optimizada podremos mantener la posición un tiempo duradero (especialmente si estamos posicionados para unas palabras clave poco competidas).

▶ **Desventajas:**

- Los resultados no son inmediatos, requieren mucho tiempo y dedicación. Para sectores competidos el tiempo se mide en meses. Para sectores muy competidos se podría medir en años y un esfuerzo económico muy importante.

- Nadie te puede garantizar (para posicionamientos competidos) resultados basados en una posición determinada que vas a alcanzar o un tiempo determinado en que lo vas a conseguir. Mucho menos si te ofrecen *"Tu web en la primera posición de Google por 100 € en 30 días"*. A no ser que quieras posicionar *"Cultivo de caracoles de monte rayados en Calatayud"*, en cuyo caso no hace ni falta que hagas SEO porque bastaría comprar el dominio *www.caracolesmonterayadoscalatayud.com* para posicionarse, debes comprender que el posicionamiento natural conlleva un trabajo, que no se realiza de un día para el otro, que el trabajo del SEO depende de un algoritmo de Google que no es totalmente conocido, que varía con el tiempo y que la única forma de garantizarnos aparecer rápidamente en los resultados de Google es pagarle a Google una campaña de Ads.

Hay que comprender que para aparecer en los primeros resultados de la búsqueda "fachadas Madrid" hay que desbancar a muchas empresas que antes que tú han apostado por realizar un trabajo de posicionamiento (SEO) y han gastado unos recursos en tiempo y en dinero para ello.

2.4. ¿Cómo ve Google nuestra página?

2.4.1. ¿Qué ve Google?

Google no ve lo que vemos nosotros al visitar una página. Google ve el código interno en HTML que el servidor manda a nuestronavegador y que este renderiza para mostrar la página.

Podemos visualizar el dódigo de nuestra web accediendo a la misma con el navegador pulsando la combinación de letras Ctrl + U. Cuando Google visita una web, realmente esto es loq eu ve (o algo similar):

```html
<!DOCTYPE html>
<html lang="es">
<head>
    <meta charset="UTF-8" />
    <title>Diseño Web Valencia. Diseño Tiendas Online Valencia | Daclub</title>
    <meta name="description" content="Diseño web Valencia. Estudio profesional de diseño de pági
    Emprendedores.">
    <meta name="keywords" content="diseño web valencia, apps para moviles valencia, publicidad
    <meta name="viewport" content="width=device-width,initial-scale=1,user-scalable=no">
    <link rel="profile" href="https://gmpg.org/xfn/11" />
    <link rel="pingback" href="https://www.daclub.es/xmlrpc.php" />
```

Como podemos comprobar, aparecen códigos de programación y comandos. Esto no significa que la labor del diseñador gráfico de la web no sea tan importante como el programador o el SEO, puesto que al final su trabajo es lo que el usuario ve; pero, hoy en día, prima que una web sea legible para el buscador, frente a que sea más atractiva visualmente. Por supuesto, ambos conceptos no son exclusivos y se puede crear una web que sea, al mismo tiempo, atractiva y optimizada.

2.4.2. ¿Qué aspectos de la web ve Google?

Junto al código fuente que hemos visto anteriormente, Google se centrará en aspectos como:

⇨ **A nivel de sitio**

- **Autoridad/confianza**: basado tanto en los enlaces de tu sitio hacia otros como, sobre todo, de los enlaces de otros sitios a tu web. Se premian los enlaces desde sitios de confianza y se castiga el spam de enlaces desde granjas o redes sociales. El nivel de confianza es difícil de construir, pero fácil de perder.

- **Clasificación del contenido**: o una buena arquitectura de la información.

- **Proporción de enlaces internos**: se debe mostrar a Google la importancia de las páginas de nuestro sitio. Las páginas más importantes deben estar más enlazadas que las menos importantes.

- **Historia del dominio**: hasta cierto punto, Google puede potencialmente mirar el historial del dominio para clasificar un sitio web.

- **Contenido duplicado**: el contenido duplicado puede ser penalizado por los motores de búsqueda y afectar negativamente el posicionamiento y la visibilidad del sitio web.

- **Seguridad del sitio web**: la implementación de HTTPS puede mejorar la seguridad y la visibilidad del sitio web en los resultados de búsqueda.

- **Velocidad de carga**: los sitios web con tiempos de carga más rápidos suelen ser favorecidos en los resultados de búsqueda.

⇨ **A nivel de página *(on page)***

- **Contenido**: Google valora la buena ortografía, la redacción correcta, el análisis reflexivo del texto escrito y la especialización del autor del artículo. Esto incluye la creación de contenido de valor, la optimización de palabras clave y la publicación regular de nuevo contenido.

- **Experiencia del usuario**: Google valora la experiencia del usuario en el sitio web. Esto incluye la facilidad de navegación, la velocidad de carga de la página, la compatibilidad con dispositivos móviles y la seguridad del sitio web.

- **Metadatos**: los más importantes son, por supuesto, los datos de cabecera, desde el título a las meta descripciones o las etiquetas canónicas. Aunque no son un factor fundamental de clasificación, pueden decir a Google cómo tratar la página.

- **Señales temporales**: como la edad del documento, tasas de actualización del contenido o consultas históricas y de clics.

- **Señales semánticas**: las páginas web tienen palabras y a los motores de búsqueda les encantan las palabras. Por tanto, debemos asegurarnos de que realizamos algún tipo de análisis semántico para la página, incluyendo la categorización del contenido, las proporciones de palabras clave, las citas y más.

- **Entidades**: las entidades tienen cada vez más importancia en los resultados de búsqueda de Google. Para Google, una entidad es una **unidad de conocimiento concreta**.

- **Factores de prominencia**: aquí, entran en juego los encabezamientos (h1... h6), negritas, listas y posiblemente cursivas. No es probable que tengan un peso importante, pero sí que vale la pena considerarlos.

⇨ **Fuera de la página** *(off page)*

El SEO *off page* se enfoca en las acciones y factores que influyen en el posicionamiento de un sitio web en los motores de búsqueda fuera de su propio sitio web.

- **Enlaces entrantes**: los enlaces entrantes *(backlinks)* son un factor importante en el SEO *off page*. Google valora los enlaces de calidad que apuntan hacia el sitio web, ya que indican la relevancia y autoridad del sitio web en el contexto de su industria.

- **Calidad de los enlaces**: la calidad de los enlaces entrantes es más importante que la cantidad. Los enlaces de sitios web con alta autoridad y relevancia tienen un mayor impacto en el posicionamiento y la visibilidad del sitio web.

- **Anchor text**: el texto de anclaje *(anchor text)* que se utiliza en los enlaces entrantes es un factor importante en el SEO *off page*. El texto de anclaje relevante y natural puede mejorar la relevancia y el posicionamiento del sitio web en los resultados de búsqueda.

- **Presencia en redes sociales**: la presencia en redes sociales puede ser un factor importante en el SEO *off page*. Las redes sociales pueden ayudar a difundir el contenido del sitio web, generar enlaces entrantes y aumentar la visibilidad en línea.

- **Señales sociales**: las señales sociales, como los *likes, shares* y comentarios en las publicaciones del sitio web en redes sociales, pueden tener un impacto en el posicionamiento del sitio web en los resultados de búsqueda.

- **Citas o menciones**: las citas o menciones del sitio web en otros sitios web, aunque no incluyan enlaces entrantes, pueden tener un impacto positivo en el posicionamiento y la visibilidad del sitio web en los resultados de búsqueda, PageRank o valoración relativa de los enlaces externos.

2.5. Errores comunes en SEO

Igual que a los buscadores hay "cosas" que les gustan mucho a la hora de indexar las páginas y mostrarlas en los resultados de búsquedas, hay "cosas" que no les gustan nada.

⇨ **Contenido duplicado**. Ya hemos visto en los redireccionamientos que conviene que no haya contenido duplicado. Eso puede confundir al buscador.

Y si, además, plagias a otros, Google lo puede llegar a saber.

⇨ **Piensa en los usuarios, no en buscador**. Genera buenos contenidos y asegúrate de que son accesibles para el buscador, pero:

- No insertes excesivas palabras clave, y menos si no son relevantes para el tema del que hablas.

- Ni introduzcas bloques de texto que no ofrezcan valor.

⇨ *Cloaking*. **No engañes al buscador**.

Cloaking es un término inglés para denominar ciertas técnicas ilícitas de posicionamiento web con el fin de engañar a los motores de búsqueda y mejorar la posición en los resultados.

- **Cuidado con los colores**. A los robots no les gustan los colores poco contrastados. Pueden indicarles que quieres engañarles introduciendo palabras o textos poco visibles pero indexables.

- No pongas **texto escondido,** invisible a los usuarios pero visible para los buscadores. Detectarán la treta.

- **Enlaces ocultos**.

- **Abuso de palabras clave**.

- **Spam** en comentarios, blogs, foros, etc.

- **Compraventa de enlaces**.

2.6. Herramientas

2.6.1. Browseo

Hay varias herramientas que nos permiten ver una web como la ve Google Browseo, MozBar y otros plug-ins e Inspección de URLs de Google Search Console.

Vamos a empezar con la primera de ellas.

Una de las que recomendamos por su facilidad de uso es **Browseo**, donde tan solo introduciendo la URL, podemos ver y navegar a través de la página como lo haría cualquier buscador. Veamos como ejemplo el análisis de la página de *https://www.artepesebre.com/* con **Browseo**:

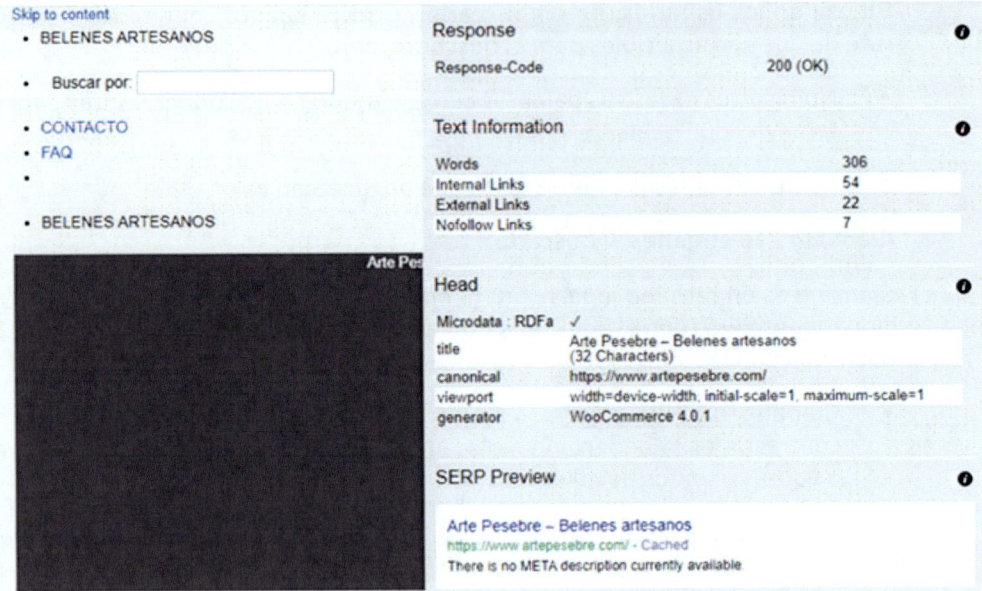

Browseo nos ofrece el resultado dividido en dos columnas. En la columna de la izquierda, vemos la información de nuestra web que está leyendo Google. Observamos, por ejemplo, que las imágenes no ofrecen ninguna información a Google a no ser que contengan un texto alternativo mediante la etiqueta alt. La información aparece formateada por defecto por el navegador, sin el diseño que proporcionan las hojas de estilo. Aun así, podemos ver cómo los titulares (H1, H2...) son más grandes que el texto normal, o los enlaces de la página.

En la columna de la derecha, Browseo nos ofrece mucha información que nos puede ayudar en nuestro trabajo de indexación o posicionamiento. Así, tenemos, por ejemplo, los códigos de respuesta del servidor; la información textual de nuestra página con el número de palabras, número de enlaces internos o número de enlaces externos; información de la cabecera de la página que nos dice, por ejemplo, si la web está preparada para verse en dispositivos móviles; el número de titulares que hay y de qué tipo son (H1, H2...) y mucha más información interesante.

2.6.2. MozBar y otros plug-ins

Otra herramienta que nos puede servir para analizar una web tal y como lo haría Google es la barra de herramienta **MozBar** que la podemos instalar como un plug-in de Chrome. Una vez instalada, navegamos a la web que queremos analizar y aparecerá una barra en la parte superior del navegador con varias opciones. Para poder acceder a las herramientas tendremos que crear una cuenta gratuita en Moz Community.

Pulsando el botón de **Análisis de la página**, la herramienta nos dará información sobre:

1. Los elementos *on page*

   Como URL, título de la página, meta descrip-tion, meta palabras clave, H1, H2, negritas, cursivas, texto alternativo de las imágenes, etc. Es una forma rápida de observar qué tipo de contenido ha utilizado la competencia, así como sus palabras clave.

2. Atributos generales

   Como Meta Robots, Rel="canonical", el tiempo de carga de la página, la direc-ción de la caché de Google (que nos informa de la última vez que Googlebot pasó por la página y la indexó), la dirección IP y el país.

On-Page Elements	General Attributes	Link Metric
Tag/Location	Content	
Meta Robots	Not found	
Rel="canonical"	https://www.inboundcycle.com/	
Page Load Time	12.458 seconds	
Google Cache URL	http://google.com/search?q=cac	
IP Address	104.17.128.180	
Country		

3. Métricas de los enlaces de la página.

4. Microformatos o entidad Open Graph Protocol, etc.

Pulsando sobre el icono del lápiz obtendremos información sobre los distintos tipos de enlaces que hay en la web (internos, externos, follow, etc.).

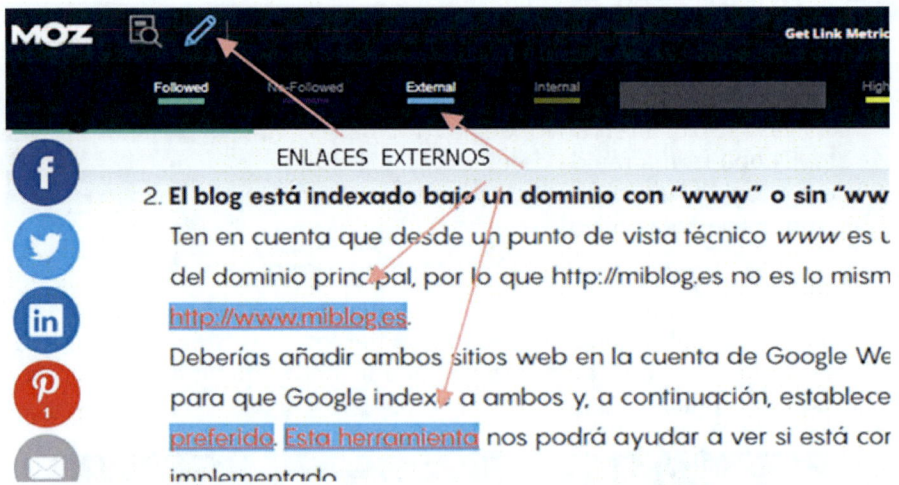

Aunque ponemos aquí los enlaces para Chrome, la mayoría también están disponibles para otros navegadores, además, existen multitud de plug-ins para navegadores similares a MozBar que también puedes probar. Algunos de ellos pueden ser:

⇨ SEO META in 1 click

⇨ Ahrefs SEO Toolbar.

⇨ SEOquake.

⇨ SEO Minion.

Cada uno de ellos tiene ciertas diferencias en la información que presentan y cómo la muestran, por lo que es recomendable probar varias y utilizar la que mejor se adapte a tus preferencias y necesidades.

2.6.3. Inspección de URLs de Google Search Console

La **inspección de URLs** es la nueva versión de **"Explorar como Google"**. Aunque desde la nueva versión, podemos acceder más fácilmente a mayor cantidad de datos, tales como el código fuente, solicitar la indexación, fecha del último rastreo, etc., tenemos, también, la opción de probar la URL publicada, en caso de no estar indexada, para ver si existe algún problema con esta URL.

Para usar Google Search Console debemos ir a *https://search.google.com/search-console/* y darnos de alta de forma gratuita con una cuenta de Gmail. Además, para poder ver la información y gestionar un sitio web, deberemos demostrar que somos los propietarios de dicho sitio web, siguiendo las instrucciones de la herramienta. De este modo, nadie puede ver información o interferir en la gestión de sitios webs de otras personas. Veremos más información sobre Search Console más adelante.

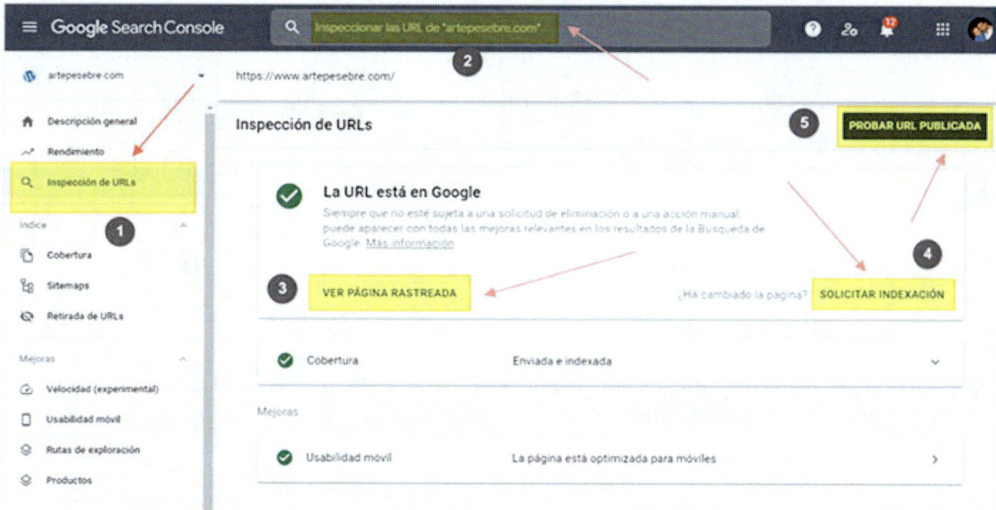

Una vez dentro de la herramienta Google Search Console, hacemos clic en la opción **Inspección de URLs** (1) de la barra lateral izquierda. La herramienta nos pedirá que introduzcamos la URL de la página que queremos analizar en el campo de texto de la barra superior (2). En este caso lo probamos con *"artepesebre.com"*. Tras realizar el análisis la herramienta ya nos informa de:

1. **Si la URL está indexada o no por Google.** Nos permite, además, **Solicitar indexación** (4) en caso de que no esté indexada o bien haya cambiado su contenido. Esta indexación, aunque no es inmediata, es también una forma rápida de indexar una web recién creada.

2. Nos informa, también, de la **cobertura** de la página con información sobre si la página ha sido detectada gracias a un sitemap, la fecha del último rastreo del robot de Google y el nombre del bot, etc.

3. Si la web es **usable para móviles**. No hace falta recordar la gran importancia que tiene este hecho para que Google posicione una web en los primeros lugares.

4. **Probar la URL publicada** (5). Haciendo clic en esta opción la herramienta hace un rastreo en tiempo real de la página. Si posteriormente hacemos clic en "Ver página probada" (3), la herramienta nos muestra:

143

5. El código HTML de la página

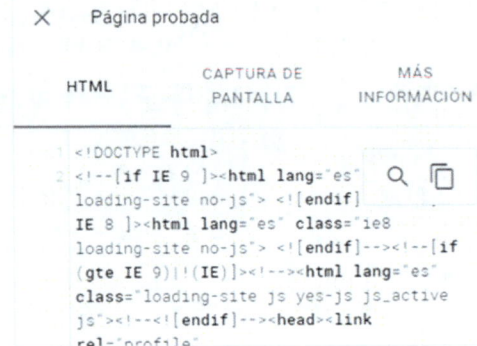

6. Una captura de pantalla

Lo que ha visto Google, no tiene por qué coincidir con lo que ves tú al ver esa página en el navegador:

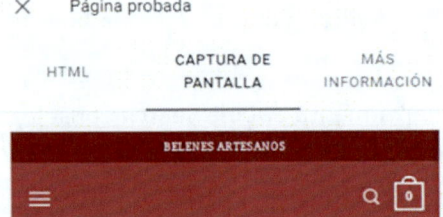

7. Una pestaña de Más información

Con la respuesta del servidor, errores de carga de la página y posibles mensajes de error de JavaScript (el lenguaje de programación que usan las páginas).

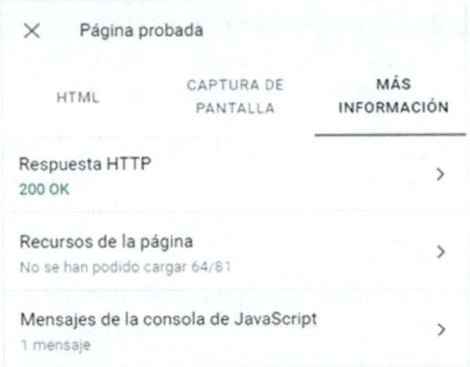

Si la página que estamos analizando ya ha sido indexada anteriormente, además de ver la página probada, podemos **Ver la página rastreada** (3).

3. Factores *on page*

3.1. Elección de herramientas

En la elección de herramientas para la optimización interna de una web, ya sea programada a medida o desarrollada con WordPress, debemos tener en cuenta las necesidades básicas y funcionalidades que debe contener para que nos permita una optimización interna de forma sencilla.

Si se trata de un desarrollo a medida, es posible que, si no tiene un gestor de contenidos accesible, sea el programador quien necesite incluir ciertos títulos, subtítulos y meta descripciones a través del código. Sin embargo, si se desarrolla a través de un gestor de contenido como PrestaShop o WordPress, por ejemplo, suelen venir ya correctamente configurados para poder incluir estos datos.

De nuevo hay que hacerse algunas preguntas con el cliente para ajustar lo más posible la herramienta al objetivo.

⇨ **¿QUÉ necesitamos?**

- Tienda virtual.
- Base de datos.
- Blog.
- Perfiles sociales.

⇨ **¿PARA QUÉ lo necesitamos?**

- No todo lo que es posible hacer hay por qué hacerlo: widgets, gadgets, extensiones... deben estar al servicio del objetivo de la página. Si no, estorban.
- Es necesario adaptar la web a las necesidades reales del sitio.
- La web no es un fin en sí misma. Es un medio.
- La decisión que tomemos influirá en las herramientas necesarias.

En base a esto, determinaremos si se requiere programación a medida o si de lo contrario podemos optar por un sistema más sencillo para usuarios que ya venga prediseñado. Generalmente en la mayoría de las ocasiones se puede hacer a través de estos. De hecho, más del 40% de los sitios webs del mundo usan WordPress.

3.2. Web semántica

"Se basa en la idea de añadir metadatos semánticos y ontológicos a la World Wide Web. Esas informaciones adicionales (que describen el contenido, el significado y la relación de los datos) se deben proporcionar de manera formal, para que así sea posible evaluarlas automáticamente por máquinas de procesamiento. El objetivo es mejorar Internet ampliando la interoperabilidad entre los sistemas informáticos usando `agentes inteligentes´. Agentes inteligentes son programas en las computadoras que buscan información sin operadores humanos".

Básicamente, ayudar a los robots a identificar desde la propia URL el contenido y significado de lo que una web alberga.

Para ello, tanto las URLs, como los títulos, como el contenido que tiene la página en cuestión, deben ir enfocados a lo que el usuario va a encontrar dentro de la misma, de forma que tanto Google como el lector, antes de entrar en dicha página, sean capaces de intuir de qué tratará su contenido y para qué respuestas de usuario es relevante.

Veremos qué es importante para el SEO.

3.3. Etiquetado

3.3.1. Introducción

Un sitio web debe estar bien etiquetado: **títulos, descripciones, palabras clave, metaetiquetas...**

Los buscadores leen código. A través de ese código, debemos darles pistas y facilitar el trabajo al buscador para que sepa de qué hablamos y cuál es la información relevante que queremos transmitir.

```
<!DOCTYPE html
    PUBLIC "-//W3C//DTD XHTML 1.0 Transitional//EN"
    "http://www.w3c.org/TR/xhtml1/DTD/xhtml1-transitional.dtd">

<html xmlns="http://www.w3.org/1999/xhtml" xml:lang="en">
<head>
        <title>EL PAÍS: el periódico global en español</title>
        <meta name="Description" content="Noticias de última hora y en español sobre la actualidad
        <meta name="Keywords" content="actualidad,noticias,informacion,ultima hora, eskup,videos,fo
        <meta name="Generator" content="EDICIONES EL PAIS, S.L." />
        <meta name="Origen" content="El Pais" />
        <meta name="Author" content="EDICIONES EL PAIS, S.L." />
        <meta name="Locality" content="Madrid, España" />
        <meta name="Lang" content="es" />
        <meta name="Viewport" content="maximum-scale=10.0" />
        <meta name="revisit-after" content="1 days" />
        <meta name="robots" content="INDEX,FOLLOW,NOODP" />
        <meta name="verify-v1" content="Ivaarr4hwfhA2UCMBc/Pa0zJBbNUEzFF1pRxD2ZWudY=" />
        <meta http-equiv="Content-Type" content="text/html;charset=iso-8859-15" />
```

El **snippet** es el conjunto de elementos (enlace + texto + URL) que forman un resultado en la página de resultados de Google. Un snippet es lo que hay bajo la caja de búsqueda.

Las etiquetas deben ir orientadas al usuario de la web. Te encontrarán en los buscadores a través de ellas. Ofrece lo mejor de tu web a través de ellas.

Como vemos en el ejemplo mostrado en la imagen, es lo que un usuario de Google ve antes de hacer clic dentro de tu web como respuesta a una consulta; son, asimismo, parte de los factores del SEO *on page* más relevantes.

En la imagen observamos:

⇨ Consulta realizada por el usuario: "el país".

⇨ Mejor respuesta encontrada: web inicial del periódico "El País", es decir, la url *www.elpais.com*

⇨ Título SEO de esa página: "EL PAÍS: el periódico global en español".

⇨ Descripción SEO: la descripción que aparece debajo "Noticias de última hora y en español...".

La URL, el título SEO y la *meta description* deben contener nuestras palabras principales cuanto más al principio mejor.

3.3.2. Etiquetas más habituales

A) <title>

<title> define el título de cada página.

Indica el contenido principal de la página. Utiliza uno específico para cada página de tu web. Es el texto que devolverá el buscador en la primera línea del resultado.

Además, aparecerán en negrita si coinciden exactamente con el criterio de búsqueda realizado.

Escribe para los buscadores: el título debe ser muy parecido a una búsqueda en Google, y este será además, como vimos en el ejemplo anterior, el que aparecerá en el buscador, por lo que debe contener un número de caracteres determinado para que cuando aparezcas en Google como resultado el título se lea completo.

Escribe también para los lectores: es importante que el título describa el contenido que hay dentro, de forma que el usuario al acceder no se sienta engañado y salga rápidamente de tu web ya que Google también mide el tiempo en página de cada usuario y esto podría tener un efecto negativo. Asimismo, ten en cuenta que el título hará que alguien se decante por hacer clic en tu web como resultado en vez de en otra, por lo que además de coincidir con el contenido que muestra, debe ser atractivo.

⇨ **¿Qué debemos incluir en el título?**

Depende de qué quieras transmitir: por lo general, palabras clave, principales servicios, ubicación física de la empresa...

Indica claramente de qué va la página.

⇨ **¿Qué no debemos incluir en el título?**

- Títulos irrelevantes.

- Títulos predeterminados: sin título, página nueva...

- Símbolos extraños, guiones...

- Títulos muy largos. Google los cortará. El orden de las palabras importa.

B) <description>

Es un resumen de la página. Puede ser más largo que el title.

Esta descripción puede ser utilizada por Google para mostrar en los resultados de búsqueda. Puede que utilice un fragmento del texto si le parece que concuerda más. Facilítale el trabajo.

Agrega una descripción específica y única para cada página.

⇨ **¿Qué debemos incluir en la description?**

- Un resumen que dé información exacta del contenido.

- Crear interés por visitar la página.

⇨ **¿Qué debemos evitar?**

- Descripciones irrelevantes.

- Descripciones excesivamente genéricas.

- Usar solo una sucesión de palabras clave.

- Texto excesivamente largo.

- Usar la misma descripción en todas las páginas del site, es decir, cada página de aterrizaje, o *landing page* de nuestra web, debe tener descripciones y títulos diferentes que respondan al contenido que en ella se muestra.

<META NAME="description" CONTENT="Descripción en 12 o 15 palabras de tu web y su contenido general.">

Ayúdate de herramientas como los contadores de palabras y caracteres online para revisar cómo va a quedar el título, la meta description y la URL de tu página y poder ver una "vista previa", saber el número de caracteres que caben y demás.

Los gestores de contenidos, como WordPress, disponen de funcionalidades integradas o a través de plug-ins (como Yoast SEO), que permiten introducir fácilmente estas etiquetas y además te avisan si el contenido es muy largo o muy corto, entre otras opciones.

C)   <keywords>

En un principio, estas etiquetas eran elementos muy relevantes para el posicionamiento SEO, ya que proporcionaban información valiosa sobre las palabras clave y la temática de una página web. Sin embargo, debido al abuso que se empezó a hacer de estas etiquetas, Google decidió dejar de tenerlas en cuenta para el posicionamiento SEO.

A pesar de que ya no son útiles para el posicionamiento SEO, todavía hay sitios web donde se pueden encontrar estas etiquetas en sus códigos.

Algunas personas las utilizan como un listado de palabras clave que quieren introducir en su sitio web o para rellenar el código HTML de la página para que no queden espacios en blanco.

Sin embargo, en general, las meta keywords ya no tienen ningún valor en el SEO y no deben ser consideradas como una estrategia efectiva para mejorar el posicionamiento de un sitio web.

Ten en cuenta además que al rellenar las meta keywords puedes estar dando información valiosa a tus competidores, sin obtener ningún beneficio a cambio.

 <META NAME="keywords" CONTENT="palabra clave 1, palabra clave 2, palabra clave 3, etc.">

3.3.3.   Otras etiquetas a tener en cuenta

⇨ **Social Media Tags**

Open Graph fue introducido inicialmente por Facebook para permitir controlar cómo se veía una página al compartirla en las redes sociales. Actualmente, LinkedIn también reconoce Open Graph. Las tarjetas de X ofrecen mejoras similares, pero son exclusivas de X.

Aquí están las principales etiquetas de Open Graph:

• og:title: aquí se coloca el título que se desea mostrar al enlazar la página.

• og:url: la URL de la página.

• og:description: la descripción de la página. Recuerda que Facebook solo mostrará alrededor de 300 caracteres de la descripción.

• og:image: aquí se puede colocar la URL de una imagen que se desea mostrar al enlazar la página.

Utiliza las etiquetas meta específicas de las redes sociales para mejorar cómo se ven tus enlaces por parte de tu audiencia.

Código fuente de una página que incluye múltiples etiquetas Open Graph (og:).

```
<!doctype html>
<html lang="en-US">
<head>
    <meta charset="UTF-8">
        <meta name="viewport" content="width=device-width, initial-scale=1">
    <link rel="profile" href="https://gmpg.org/xfn/11">
    <meta name='robots' content='index, follow, max-image-preview:large, max-snippet:-1, max-vi

    <!-- This site is optimized with the Yoast SEO plugin v20.1 - https://yoast.com/wordpress/p
    <title>Rambox | Workspace Simplifier to Boost your Productivity</title>
    <meta name="description" content="The best app that helps you to simplify your workspace. O
    <link rel="canonical" href="https://rambox.app/" />
    <meta property="og:locale" content="en_US" />
    <meta property="og:type" content="website" />
    <meta property="og:title" content="Rambox | Workspace Simplifier to Boost your Productivity
    <meta property="og:description" content="The best app that helps you to simplify your works
    <meta property="og:url" content="https://rambox.app/" />
    <meta property="og:site_name" content="Rambox" />
    <meta property="article:publisher" content="https://facebook.com/ramboxapp" />
```

⇨ **<robots>**

Le indica al buscador si debe o no indexar una determinada página y si debe seguir o no los enlaces que contiene. Por ejemplo, <meta name="robots" content="noindex, nofollow">.

Algunas de las principales opciones que se pueden indicar en el meta robots son:

• **Index/noindex**. La indica al buscador si debe o no indenxar una determinada página.

• **Follow/nofollow**. (Lo usan páginas como Facebook, menéame...). Impide que el robot del buscador siga enlaces de esta página, sin embargo, los usuarios sí pueden visitarlas al hacer clic sobre ellas.

Asimismo, el buscador también suele seguirlos o contabilizarlos, la diferencia es, por decirlo de forma sencilla:

- **Enlace no follow**: la página que pone un enlace hacia otra con este código no follow está indicando a los buscadores que la recomienda porque aporta, en cierto modo, valor al contenido y para que los lectores accedan más rápidamente a ella, pero no indican que sea una página de muy buena calidad y, por tanto, el valor de los enlaces no follow es menor que el de los follow.

- **Enlace follow**: indicas al buscador que la página que estás enlazando es tan buena que quieres darle parte de tu linkjuice o fuerza. Este punto del linkjuice lo explicaremos en el siguiente punto.

3.3.4. Estructura de la URL

Seguimos dando pistas a los buscadores, en este caso a través de la URL de las páginas. La URL es una dirección web que apunta a un sitio web específico, una página web o un documento en Internet.

El formato básico de las URL es el siguiente:

1. **Protocolo**: normalmente será http o https. Es el formato de comunicación para las páginas web. La diferencia entre ambas es que https establece comunicaciones cifradas (seguras), por lo que es hoy en día la más habitual. Google además prefiere las páginas seguras, por lo que es importante que tu web lo sea. Para ello puedes incluir en tu alojamiento un certificado web SSL (los hay gratuitos, consulta a tu proveedor).

2. **Subdominio**: en el pasado la mayoría de las páginas incluían el subdominio "www" para indicar que era una página web. Hoy en día ya no es necesario y mucha gente prefiere no incluirlo para hacer la URL más corta y fácil de recordar. Habitualmente las webs incluyen una redirección para que tanto www. mipagina.com como mipagina.com dirijan al mismo sitio. Se puede utilizar cualquier otro subdominio para organizar nuestro sitio web o gestionar varios sitios vinculados, en función de nuestras necesidades, como "blog" o "tienda". Ejemplos: blog.mipagina.com o tienda.mipagina.com.

3. **Dominio**: se compone de un nombre y una extensión, como "mipagina.com". Lo veremos más adelante.

4. **Ruta**: la ruta del recurso es la parte que se encuentra a la derecha del dominio. Una ruta al recurso proporciona información adicional a un servidor web, permitiéndole llevar a los usuarios a una ubicación específica. Una serie de rutas a los recursos puede apuntar a una página, una entrada o un archivo específico.

Es importante crear una estructura que añada información sobre el contenido de la página.

Lo podemos ver con la estructura del siguiente ejemplo: https://mipagina.com/categorias/01x/page34.html

¿Crees que alguien puede saber con esa URL que es lo que va a encontrar en esa página? Esta URL resulta extraña y confusa y no aporta nada. No da al usuario ni a Google ninguna pista sobre el contenido de esa página. Además, es difícil de copiar y contiene caracteres que pueden hacer que alguien que enlace a nuestra página termine haciéndolo incorrectamente.

La estructura de la URL aporta información sobre el contenido y debe reflejar el contenido de la página.

Una correcta elección de las palabras clave en la ruta ayudará al buscador y a los usuarios a establecer si el contenido es relevante respecto a la búsqueda realizada.

De nuevo, la URL aparecerá en los resultados de búsqueda. Así que no es irrelevante su estructura, aunque se pueda acceder a la página a través de un simple clic.

Una URL con una estructura más adecuada podría ser: https://mipagina.com/servicios/consultoria-seo.html

¿Qué debemos incluir en la URL?

⇨ Palabras clave.

⇨ Estructura de directorios simple.

⇨ La URL debe ser única para cada página.

¿Qué debemos evitar?

⇨ URL largas.

⇨ Números.

⇨ Nombres genéricos: página 1, sin título.

⇨ Exceso de palabras clave que dificulten la lectura.

⇨ Nombres de directorios sin relación con el contenido: dir1, carpeta...

⇨ Mayúsculas o símbolos extraños.

3.4. Etiquetas de texto

 Las **etiquetas de texto** son elementos HTML que se utilizan para estructurar el contenido de una página web. Estas etiquetas no solo ayudan a los usuarios a entender el contenido, sino que también son importantes para el SEO, ya que los motores de búsqueda utilizan estas etiquetas para comprender la relevancia del contenido de la página.

Las etiquetas más importantes para el SEO son las etiquetas de encabezado, como h1, h2, h3, etc. Estas etiquetas indican al motor de búsqueda cuáles son los encabezados y subencabezados de la página, lo que ayuda a determinar la estructura y jerarquía del contenido. Es importante que cada página tenga una única etiqueta h1 que describa el tema principal de la página.

Además de las etiquetas de encabezado, también es importante utilizar etiquetas de énfasis, como negritas o cursivas, para resaltar las palabras o frases importantes. Las palabras o frases que se resaltan de esta manera indican a los motores de búsqueda que son importantes y relevantes para el contenido de la página.

También se pueden utilizar otras etiquetas, como etiquetas de párrafo, listas y enlaces, para estructurar y organizar el contenido de la página de manera clara y coherente.

En la mayoría de los casos, si utilizas un gestor de contenidos como WordPress para crear tu web, añadir estas etiquetas es muy sencillo, ya que estos editores tienen editores de texto similares a los de Word con los que puedes dar formato de un modo sencillo.

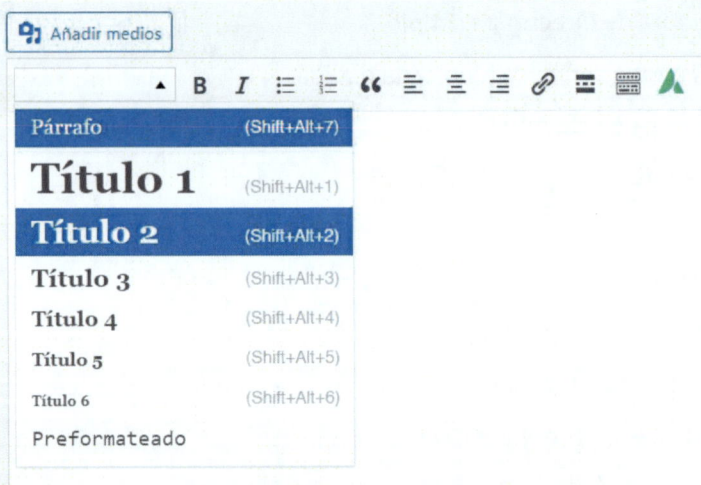

En resumen, utilizar etiquetas de texto correctamente es esencial para el SEO, ya que ayuda a los motores de búsqueda a entender la relevancia y estructura del contenido de la página. Utiliza etiquetas de encabezado únicas y claras, etiquetas de énfasis para resaltar palabras y frases importantes, y otras etiquetas de texto para estructurar y organizar el contenido de manera clara y coherente.

3.5. Etiquetas de imágenes

Tan importante como el etiquetado del texto es el de las imágenes. Un correcto etiquetado ayudará al posicionamiento de nuestra web a través de las búsquedas de imágenes que todos los buscadores incluyen.

La sequía sin precedentes amenaza el Amazonas

La sequía sin precedentes amenaza el Amazonas
Dos equipos de la NASA observan la reducción de las áreas verdes en la selva

Cada imagen debe ir acompañada de sus etiquetas identificativas:

El atributo **alt** es el texto que se mostrará en vez de la imagen. Recuerda que los buscadores no ven las fotos, leen el código. Ese atributo explicará el contenido de la imagen.

Recomendaciones:

1. Evita nombres de imágenes genéricos: foto1, imagen1...

2. Evita nombres muy largos.

3. Evita un exceso de palabras clave.

4. Usa un directorio específico para las imágenes.

5. Utiliza formatos de archivo estándar: jpg, gif...

3.6. Cómo conseguir visitas en 7 pasos

El **SEO *on page*** es una técnica de optimización de motores de búsqueda que se enfoca en mejorar el contenido y la estructura de una página web para que sea más fácil de encontrar y clasificar por los motores de búsqueda.

Aquí hay algunas tácticas importantes que debes tener en cuenta para mejorar tu SEO *on page*:

⇨ **Investigación de palabras clave**: antes de crear cualquier contenido, debes realizar una investigación de palabras clave para identificar las palabras y frases que la gente utiliza para buscar información relacionada con tu contenido. Utiliza estas palabras clave en el título, la descripción y el contenido de tu página. Antes de crear cualquier contenido, debes realizar una investigación de palabras clave para identificar las palabras y frases que la gente utiliza para buscar información relacionada con tu contenido. Utiliza estas palabras clave en el título, la descripción y el contenido de tu página.

⇨ **Optimización del título y la descripción**: el título y la descripción son los primeros elementos que los usuarios ven en los resultados de búsqueda, por lo que es importante que sean atractivos y descriptivos. Utiliza tus palabras clave en el título y la descripción para que los usuarios y los motores de búsqueda entiendan de qué se trata tu página.

⇨ **Contenido de calidad**: el contenido es la parte más importante de tu página y debe estar bien estructurado y escrito. Incluye tus palabras clave en el contenido y asegúrate de que el contenido sea útil, informativo y de alta calidad.

⇨ **Optimización de la estructura de la página**: la estructura de tu página web debe ser fácil de navegar para los usuarios y para los motores de búsqueda. Utiliza encabezados y subencabezados (h1, h2, h3) para organizar tu contenido y asegúrate de que tu sitio web sea fácil de navegar para los usuarios.

⇨ **URL amigable**: las URL de tu sitio web deben ser fáciles de leer y comprender. Incluye tus palabras clave en la URL y utiliza guiones para separar las palabras.

⇨ **Optimiza tus imágenes**: las imágenes son una parte importante del contenido de una página y también son una oportunidad para optimizar el SEO *on page*. Asegúrate de que tus imágenes tengan un tamaño y una calidad adecuados y utiliza palabras clave relevantes en el nombre del archivo y en el texto alternativo de la imagen.

⇨ **Enlaces internos**: los enlaces internos son importantes para el SEO on page porque ayudan a los usuarios a navegar por tu sitio web y también ayudan a los motores de búsqueda a comprender la estructura de tu sitio. Asegúrate de incluir enlaces internos relevantes en tu contenido para mejorar la experiencia del usuario y ayudar a los motores de búsqueda a clasificar tu sitio web.

4. Factores *off page*

4.1. Introducción

Los factores *off page* para el posicionamiento son los que no dependen de la estructura, etiquetas o contenido de la página pero que afectan **considerablemente** a su posicionamiento en buscadores. De hecho, a menudo, encontraremos posicionados websites que no cumplen prácticamente ningún criterio de los vistos anteriormente pero cuyos factores externos están perfectamente optimizados.

Los factores externos tratan de lo **importante o popular** que es la página web. Y Google colocará más arriba tu sitio cuanto más "popular" sea.

 Y no se trata de intentar conseguir enlaces a lo loco. Será más importante conseguir enlaces de páginas que nos beneficien, es lo que se llama **enlaces de calidad**.

El valor del PageRank, que representa un valor numérico del 0 al 10, indica la importancia en Internet de una página (obviamente, según Google). El valor del PageRank es logarítmico, lo que significa que cuesta menos pasar de un PageRank de 1 a 2, que pasar de uno de 4 a 5.

Si queremos conocer el PageRank de nuestro sitio web existen muchos servicios online que lo ofrecen, así como extensiones para los principales navegadores.

 Si utilizamos el navegador Google Chrome tendremos a nuestra disposición extensiones para conocer el PageRank, los enlaces entrantes a la web y para el trabajo de SEO en *https://chrome.google.com/webstore/search/pagerank?hl=es*.

4.2. PageRank

Google asigna el valor de PageRank a una página en función del **número de enlaces** que recibe y de la **popularidad de las páginas que le enlazan**. Así pues, para conseguir popularidad **debemos conseguir muchos enlaces de páginas con un elevado Page-Rank**.

Además hay que tener presente que no todo el PageRank de una página se transmite a otra. Existe un factor de debilitamiento a tener en cuenta. Además el PageRank se divide entre todos los enlaces salientes de la web. Todo esto quiere decir que cuantos más enlaces salientes tenga una web menos PageRank transmitirá a las páginas con las que enlaza. Dicho de otra forma:

>  **Debemos conseguir muchos enlaces de páginas con un elevado PageRank que, además, nos enlacen a nosotros solos, o en su defecto a nosotros y a otras pocas web.**

Antiguamente, tener un PageRank alto significaba, inmediatamente, estar bien posicionado, pero con el auge de los blogs y directorios y la posibilidad de conseguir fácilmente gran cantidad de enlaces **Google primó la calidad de los enlaces sobre la cantidad**.

>  De todas maneras, el valor del PageRank puede dar siempre una idea aproximada de si estamos realizando correctamente la labor de SEO *off page*.
>
> Si después de realizar, durante meses, un *linkbuilding* (búsqueda de enlaces que enlacen con nuestra web), el PageRank sigue siendo o, algo se está haciendo mal, o no se han conseguido enlaces de calidad o se ha sufrido algún tipo de penalización por parte de Google.

Popularidad = Número de enlaces + calidad y relevancia de los mismos que enlazan desde web externas a tu web.

A Google (aparte de que le contraten campañas de Ads) le interesa que nuestra página se haga popular de forma natural, por la calidad de su contenido. Si el contenido es muy bueno pero a las demás web no se lo parece y no nos enlazan, no nos queda más remedio que emplear una estrategia de *linkbuilding*, es decir, tratar de **conseguir enlaces para mejorar nuestro posicionamiento**.

4.3. *Linkbuilding* y *linkbaiting*

4.3.1. Aspectos generales

Uno de los factores que más pueden llegar a influir en el posicionamiento de nuestra web son los enlaces que consigamos hacia nuestro sitio.

El *linkbuilding* es cualquier idea o sistema llevado a la práctica con el único objetivo de ser enlazado desde varios sitios para mejorar el posicionamiento y la relevancia de la web, creando una estrategia en base al algoritmo del buscador para evitar ser penalizados.

Las prácticas que se realizaban hace años no tienen nada que ver con las que actualmente se llevan a cabo, debido a que el algoritmo de Google ha creado actualizaciones muy enfocadas a la penalización por la manipulación de enlaces no naturales para adquirir mejor posicionamiento.

Cada vez son más los factores que influyen en que la estructura de enlaces de nuestro sitio sea natural y óptima de cara a los requisitos a tener en cuenta.

El *linkbaiting* es la técnica de crear un buen contenido y promocionarlo adecuadamente para conseguir el mayor número de enlaces posible de forma natural en un corto periodo de tiempo.

Tanto los enlaces como su calidad son importantes y necesarios para el SEO. No es suficiente con tener enlaces que apunten a nuestro sitio web, sino que debemos asegurarnos de que sean de calidad.

Para conseguir enlaces de calidad, existen varias opciones, como hacerlo manualmente, ya sea pagando o mediante solicitudes gratuitas, o crear contenido y campañas virales que animen a otros sitios web a enlazar nuestro contenido. Lo ideal es combinar ambas opciones para obtener los mejores resultados.

4.3.2. *Linkbuilding*

A) Aspectos a valorar antes de incluir un enlace hacia mi site

Si ya tenemos una web bien estructurada, optimizada y preparada según los conceptos vistos anteriormente, solo falta aumentar nuestra popularidad en la web. Y eso se logra consiguiendo enlaces que apunten a nuestra web, lo que mejorará nuestra posición en los buscadores, aumentará las visitas al sitio y, eventualmente, redundará en la consecución de los objetivos propuestos: vender nuestro producto o servicio, sean estos los que sean.

Con el *linkbuilding* seremos nosotros mismos los que podremos construir esos enlaces. Si bien, años atrás, Google se basaba más en la medición de cuántos enlaces o *backlinks* recibe tu site, y cuantos más tuviera mejor, actualmente, el buscador ha creado parámetros de calidad en los que ni todo vale ni a cuantos más mejor. Estamos en la era del *linkbuilding* de calidad y ello requiere o bien mucho tiempo o recursos económicos.

Aunque en la estrategia de *linkbuilding* tenemos cierto grado de control ya que somos nosotros mismos quienes creamos los enlaces, en el *linkbaiting*, por lo general, es impredecible. En este sentido, debemos recordar que los enlaces que recibimos gratuitamente no están sujetos a nuestros estándares de calidad, y por lo tanto, no podemos garantizar su calidad o relevancia.

¿Qué aspectos valorar antes de incluir un enlace hacia mi site en otra web?

Los factores más relevantes actualmente de un enlace son:

⇨ **Diversidad de enlaces**

Tener un buen número de enlaces no es relevante si todos proceden de un mismo sitio o red de sitios. Es decir, para Google no es lo mismo que te enlacen 1.000 veces desde un mismo dominio, a que te enlacen 1.000 veces desde 1.000 dominios diferentes. El número de *backlinks* es el mismo pero el número de personas/web que deciden votar/enlazar tu web define la credibilidad de los mismos. La diversidad de enlaces es esencial para un buen posicionamiento. Para ello, hemos de controlar el número de IPs/dominios que nos enlazan y el número de dominios diferentes que lo hacen. Recordamos que varios dominios de un mismo propietario pueden estar alojados en el mismo servidor y por tanto tendrían IPs similares, lo cual tampoco es símbolo de diversidad.

⇨ **Idioma y procedencia**

El idioma y país de la web que te enlaza es también relevante. Si tu negocio está en España, lo lógico sería que te recomendaran en España mayoritariamente y puntualmente en otros lugares del mundo y viceversa. Un símbolo claro de SEO negativo son webs que venden en España pero reciban muchísimos enlaces de India, China o Serbia por ejemplo. No es natural para el buscador y podría detectarlo como una compra masiva de enlaces de bajo coste.

⇨ **Autoridad de página y dominio**

Como hemos visto, para determinar si una página tiene una buena autoridad de página y de dominio, podemos utilizar herramientas especializadas como Moz, Ahrefs o SEMrush. Estas herramientas proporcionan una calificación numérica basada en varios factores, incluyendo el número de enlaces entrantes, la calidad de los contenidos, la antigüedad del dominio, entre otros. Cuanto más alta sea la calificación, mayor será la autoridad de página y de dominio de la página. También podemos utilizar la herramienta gratuita de Moz, MozBar, que muestra la autoridad de página y de dominio de una página en tiempo real mientras navegamos por ella.

⇨ **Credibilidad**

La credibilidad de una web en relación con los enlaces depende de la calidad y relevancia de los enlaces entrantes que apuntan hacia ella. Google valora los enlaces entrantes de sitios web de alta calidad y relevantes, ya que indican que el sitio web es una fuente de información valiosa y confiable. Por otro lado, los enlaces de baja calidad o no relevantes pueden ser considerados como spam y afectar negativamente la credibilidad del sitio web.

⇨ **Exclusividad**

Si una web enlaza a muchas web con enlaces follow, el *link juice* o valor de esta se repartirá entre todas, por lo que el trocito que le toque a tu web será menor. Si una web no suele añadir enlaces y, menos aún, follow, Google entenderá que si te enlaza es porque de verdad tienes una web de alto valor.

⇨ **Métricas de analítica**

Visitas, visibilidad, tasa de rebote... Estas son métricas que influyen en el posicionamiento, es decir, cuantas más visitas mejor te valorará Google, por tanto, si recibes un enlace de una web con mucho tráfico será más valioso que de una sin lectores, siendo además obvio que esta última aportará más clics hacia tu web. De igual forma, si te enlazan pero nadie hace clic sobre dicho enlace, Google podría entender que es un enlace sin interés real para el lector y manipulado, por ello webs con mejores métricas de analítica siempre serán *backlinks* de mayor calidad.

⇨ *Landing page*

No existe un porcentaje exacto y universalmente aceptado de enlaces a la página principal (home) y a otras páginas de un sitio web que sea considerado el más natural para el SEO. Sin embargo, en general, se recomienda que los enlaces internos se distribuyan de manera equilibrada y que no se centren únicamente en la página principal. Es decir, los enlaces deben dirigirse a las páginas relevantes y valiosas para el usuario, independientemente de si son páginas principales o secundarias. La distribución de los enlaces también debe ser coherente con la estructura y jerarquía del sitio web.

⇨ *Anchor text*

Es el texto que ancla el enlace, es decir, el texto que se ve al hacer clic. Existen diferentes denominaciones y formas de texto ancla:

- *Brand text*: se trata de enlazar sobre el nombre de la marca. Un ejemplo para la web https://adams.es sería enlazarla con términos como Academia ADAMS o Adams.

- **URL**: se trata de poner el enlace directamente con la URL, por ejemplo, *https://adams.es* .

- **Palabra clave**: por ejemplo, si enlazáramos el apartado de oposiciones de la web *https://www.adams.es/oposiciones*, pondríamos el enlace sobre *preparar oposiciones*, o *en academia online para preparar oposiciones*, es decir, bajo la palabra clave concreta a posicionar.

- **Sinónimos**: por ejemplo, en el caso anterior podría ser *preparar exámenes de acceso a empleado público*.

- **Frase**: variantes o frases que incluyen el término, como por ejemplo *"muchas personas se están preparando para las próximas oposiciones al estado"*.

- **Otros**: palabras que no tienen mucho que ver como puede ser *"ver aquí"* o *"hacer clic aquí"*.

La estructura más natural de enlaces depende del contexto y del objetivo de cada enlace en particular. Sin embargo, en general, se recomienda que los enlaces con anchor *text branded* (nombre de la marca) sean utilizados con moderación y no de manera excesiva, ya que pueden ser considerados como sobre-optimización. En cuanto a los enlaces con URL, estos deben ser utilizados para enlazar a páginas internas o externas que tienen una URL clara y descriptiva. Los enlaces con texto deben ser utilizados para proporcionar contexto y descripción del contenido al que se está enlazando, lo que puede ayudar a los motores de búsqueda y a los usuarios a entender de qué se trata el contenido vinculado.

⇨ *Link juice*

Tal como comentamos anteriormente hay que tener en cuenta si el enlace es follow o no, puesto que si no lo es el valor será mucho menor a nivel de SEO, pues no recibiremos el *link juice* del mismo. En cualquier caso debemos tener ambos pero para los enlaces de mayor calidad o los que compramos en caso de hacerlo lo ideal es adquirir *follow links*.

⇨ **Ubicación del enlace/número de enlaces recibidos**

En función del lugar en el que pongamos en enlace, obtendremos un solo enlace o varios (a pesar de que visualmente sea solo uno), es decir, por ejemplo si recibimos un *backlink* de un blog y este está situado en el footer (pie de página) o *sidebar* (menú lateral), a pesar de que a nuestra vista sea un único enlace, este se está multiplicando por el número de páginas de esa web que muestran el mismo *footer* o *sidebar*, ya que estos componentes de la web suelen ser estáticos y mostrarse iguales para todas las páginas de la web.

Esto puede desequilibrar de forma considerable la diversidad de nuestros enlaces, ya que procederían muchos de un mismo dominio. Por ello, siempre es recomendable que los enlaces dentro de blogs se realicen en un artículo de blog o contenido uno, y se muestren dentro del contexto de forma que haya un único enlace dentro de un texto que tiene relación con dicho enlace.

B) ¿Cómo y dónde puedo conseguir enlaces?

No todos los enlaces se crean exclusivamente con motivos de posicionamiento. Si una determinada web puede aportarnos mucho tráfico de usuarios potenciales podría interesarnos estar en la misma, pese a que no cumpla con otros estándares o factores de calidad mencionados anteriormente.

Este es el caso de las redes sociales: en su mayoría o son enlaces *no follow*, por lo que no nos traspasan el jugo, o incluso son de registro, por lo que si no tienes acceso a tu perfil no puedes verlo desde fuera como es el caso de Facebook. Este tipo de enlaces interesa tenerlos, pero a nivel de SEO de forma directa no reporta beneficios, aunque indirectamente sí, puesto que aumentarían las visitas y ello tendría efecto haciendo que Google nos valore más.

Para conseguir enlaces podemos utilizar:

⇨ **Vídeos y fotografías** (Pinterest, YouTube, Vimeo, Flickr, Picasa).

⇨ **Presentaciones** en PowerPoint y publicarlas en SlideShare o sistemas similares.

⇨ Agregadores de **Noticias** (Menéame, Digg, etc.).

⇨ Blogs y buscadores de blogs.

⇨ **Foros** y servicios de preguntas y respuestas respuesta (Quora, Reddit, etc.).

⇨ **Geolocalización** (Google Maps, etc.).

⇨ Darse de alta en directorios. Seleccionar los más relevantes de nuestro sector.

⇨ Crear campañas de *linkbaiting* invitando a la participación con encuestas, ofertas, promociones, sorteos, colaboraciones en las que uno de los requisitos para participar sea enlazar tu web.

⇨ Realizar colaboraciones con otros bloggers haciendo artículos de invitado en su web y pidiendo que pongan como fuente de referencia la tuya.

⇨ Conseguir enlaces dentro de artículos en periódicos o blogs del sector o bien contactando con ellos o bien adquiriéndolos en plataformas como *https://www.publisuites.com/* que es una herramienta a través de la cual conseguir publicaciones en medios diversos a precios más asequibles.

C)   La compra de enlaces

La compra de enlaces es un tema delicado.

Como comentábamos anteriormente para el algoritmo de Google prima la calidad sobre la cantidad. Pero conseguir enlaces de calidad es complicado sin pagar por ello, es decir, es casi imposible que un periódico como 20minutos o una web como Vogue me enlace sin pagar nada por ello.

Debido a esto, ha surgido un sector económico en la actualidad cuya función es la venta de espacios publicitarios en periódicos y blogs de mucha calidad; estos enlaces están integrados dentro de un texto que habla sobre un tema relacionado con el tema de tu negocio y de interés para el lector. Se puede decir que a día de hoy son los enlaces mejor valorados por el buscador.

A pesar de ello, la mayoría de los *linkbuilder* compran enlaces o contenido pagado ya que las probabilidades de que una campaña de *linkbaiting* tenga éxito son reducidas, además del tiempo que requieren.

En definitiva, comprar enlaces no está permitido en la política de Google, por lo que es algo que se debe hacer con cautela y siempre siguiendo unos parámetros de calidad muy medidos para que no salten las alarmas del algoritmo y nos penalicen por ello.

D)   ¿Qué es una penalización y cómo la evito?

La mayoría de las penalizaciones de *linkbuilding* vienen dadas por falta de cautela. Las penalizaciones algorítmicas son aplicadas por un robot, sin embargo, las penalizaciones manuales las ejecuta una persona haciendo una revisión de tu web, estas son menos habituales y más sencillas de eliminar.

Al ser un robot, se rige por parámetros que considera naturales. La naturalidad viene dada por los factores que explicamos sobre la estructura de enlaces con anterioridad, el ratio de diversidad que tiene la estructura, de credibilidad, el número de *backlinks*, % de cada tipo *anchor text*...

La naturalidad no es una verdad absoluta, depende del sector en cuestión, es decir, que para el sector moda es posible que la estructura natural no sea la misma que para el sector tecnología donde probablemente la cantidad de *backlinks follow* sea diferente, ya que hablamos de un sector más puesto en este terreno.

La actualización más importante en referencia a los enlaces que Google ha desarrollado ha sido Penguin, que ha penalizado a muchísimas web y modificado la forma de hacer *linkbuilding* en comparación con años atrás.

Para evitar ser penalizado recuerda:

1. Controla la estructura de tus *backlinks* y equilíbrala si es necesario para que sea natural. Descubre cuál es el perfil de enlaces natural y ganador de tu sector revisando las páginas que mejor ranking tienen y su perfil y haciendo la media.

2. Trata de crear una estructura de enlaces similar a los competidores que mejor rankean y recuerda que las alertas de Google saltarán siempre que tu patrón se salga de la media. Aun saliéndose de la media, tenemos un margen de acción para corregir siempre y cuando nos encontremos dentro de un área de seguridad que se calcula haciendo la desviación típica sobre la media. En cualquier caso, estas fórmulas no se usan a diario, para ello tenemos herramientas que nos ayudan, pero es bueno entender cómo funcionan las penalizaciones.

3. Piensa con naturalidad y actúa como lo haría un usuario que enlaza a tu web, es decir, no sigas patrones como por ejemplo poner 2 enlaces semanales o hacerlos siempre a la misma hora o día.

4. Si vas a comprar enlaces, adquiérelos en plataformas seguras y discretas. Dentro del sector existen varias, recomendamos el uso de *http://leolytics.com* ya que es la única cerrada y no permite acceso a usuarios de los que no disponen de suficiente información.

Cuidado con...

Las firmas en libros de visitas, comentarios en blogs sin sentido, post en foros solo para poner el enlace, etc.

Estos enlaces a la larga pueden no valer para nada, sobre todo porque pueden ser calificados como spam y "marcar" negativamente nuestra página.

El spam. El abuso de búsqueda de enlaces puede ser contraproducente en agregadores de noticias o redes sociales. **Mesura**.

4.3.3. *Linkbaiting*

A) Que otros nos enlacen

Esta parte es la más apetitosa, pero también la más complicada. Pero no debemos olvidar el *linkbuilding*, que es, en el fondo, la primera herramienta con la que contamos para darnos a conocer.

Si tenemos nuestra página orientada, aunque sea en parte, a generar contenidos de calidad, diferenciados, que aporten valor, actualizados... serán los demás los que generarán enlaces hacia nuestra web. Y lo harán en todos los lugares antes mencionados, pero además lo harán en sus propias páginas, blogs...

⇨   Perfiles y grupos de **redes sociales** (X, Facebook, LinkedIn, etc.).

⇨   **Vídeos y fotografías** (Pinterest, YouTube, Vimeo, Flickr).

⇨   Sindicación y servicios de gestión RSS.

⇨   Agregadores de **páginas favoritas**.

⇨   **Agregadores de noticias** (Menéame, Digg, etc.).

⇨   **Foros** y servicios de preguntas y respuestas (Quora, Reddit, etc.).

⇨   **En blogs**.

B)   ¿Cómo crear contenidos virales?

Tenemos herramientas para detectar ideas de tipos de contenidos que han tenido éxito entre los usuarios y que más se comparten en las redes. De esta forma podemos realizar artículos sobre dichos temas siempre teniendo cuidado con el contenido duplicado, recabar ideas no significa copiar. Para esto, podemos recomendar la herramienta: Buzzsumo en su versión gratuita.

Una de las mejores herramientas para esto es BuzzSumo. También podemos utilizar Google Trends u otras herramientas similares.

En en el apartado "content reseach" tenemos un buscador mediante el cual incluimos términos o temas de los que queremos hablar, y nos muestra los artículos con mayor efecto a nivel social sobre ese tema en el periodo y lenguaje que estimemos. Así, podemos extraer ideas.

Nos puede ayudar:

1.   Elaborar directorios temáticos sobre nuestro sector, divulgar recursos, comentar novedades...

2.   Informar de cualquier novedad de nuestro producto o servicio, acuerdos de colaboración, perspectivas, tendencias...

3.   Elaborar guías o manuales sobre temas concretos en los que somos expertos: tutoriales, listados.

4.   Artículos de investigación o divulgación. Nadie como la propia empresa conoce su sector para poder analizar e informar sobre él.

5.   Comentar temas de actualidad.

6. Generar debate o controversia. Hay quien escoge la opción de polemizar sobre algún tema candente para asegurarse cierta repercusión. Si decidís hacer esto, antes hay que estar bien seguro y afrontarlo de forma seria y rigurosa.

7. No olvides incluir tu dirección web en tu imagen corporativa si realizas acciones offline (prensa, folletos, radio, TV, tarjetas...).

C) Herramientas de Google

Sabiendo la importancia que tiene el *linkbaiting* (búsqueda de enlaces hacia nuestro sitio web) para el posicionamiento en buscadores, son muchas las empresas *(backlink checker)* que han creado excelentes herramientas que nos facilitan este trabajo. Sin embargo, las mejores, al principio gratuitas o con precios asequibles, ahora tienen precios mucho más elevados sobre todo si no somos una agencia SEO que las rentabiliza y las necesitamos solamente para controlar el SEO de nuestra empresa.

Por ello, empezaremos con las **herramientas gratuitas de Google**, que nos pueden servir para saber quién nos enlaza. Aunque no son tan potentes como las herramientas de pago ni ofrecen tantos datos, nos pueden servir para una primera aproximación.

⇨ **Google Search Console**

Mediante la herramienta Google Search Console podemos ver quién nos enlaza y, también, con qué búsquedas acceden los visitantes a nuestro sitio. Dentro del panel escogeremos la opción **Enlaces** de la barra lateral izquierda.

Los resultados aparecen en dos columnas, una para los enlaces externos de la web y otra para los enlaces internos. A nosotros nos interesa la columna izquierda con los enlaces externos, en especial, la tarjeta **Sitios web con más enlaces**.

Esta tarjeta muestra las páginas web que nos enlazan y la cantidad de enlaces que tienen hacia nuestra web. Podemos pulsar el enlace **Más información** para encontrar la información de enlaces completa.

Otra información interesante que nos da esta herramienta es el **texto de enlace** con el que nos enlazan. Es conveniente que los textos de los enlaces de otras web a la nuestra contengan las palabras clave que queremos posicionar y aparecen en nuestro contenido. **Siempre de una forma natural**. Si Google comprobara que la inmensa mayoría de los enlaces a nuestro sitio web tienen la misma palabra clave que queremos posicionar, podría inferir que estamos haciendo trampa y comprando enlaces y nos podría sancionar en nuestro posicionamiento.

Otra información interesante de esta herramienta es la de **páginas más enlazadas** de nuestro sitio web. Esto nos sirve para conocer aquellas páginas de nuestro website que les parecen más interesantes a otras web. Siempre podremos poner en estas páginas llamadas a la acción que nos interesen, puesto que en ellas recibiremos visitas desde otras web.

Por último, y aunque no tenga que ver exactamente con los enlaces de otras web, es conveniente estudiar dentro de la herramienta Google Search Console el **rendimiento**. Se accede a él haciendo clic en el enlace **Rendimiento** de la barra lateral izquierda.

En la ventana de Rendimiento podremos abrir el **informe de rendimiento** y uno de los muchos datos interesantes que nos ofrece este informe es el de **Consultas**. El informe nos muestra cuáles son las consultas en el buscador que más visitas nos traen (número de clics) y el número de impresiones (número de veces que nuestra web se ha mostrado) de esas consultas. Si vemos que, para una consulta que nos trae bastantes visitas, la relación entre clics e impresiones es pequeña, es porque no tenemos nuestra web optimizada para las palabras clave de esa búsqueda. Tendremos que utilizar el *linkbaiting* y buscar enlaces que nos hagan subir de posición en esa búsqueda, con el fin de obtener más visitas.

⇨ **Google Analytics**

Mediante la herramienta de analítica web **Google Analytic**s podemos ir conociendo aquellas web que nos enlazan a través de las visitas que recibimos desde ellas *(Referral)*. Para ello, debemos ir a **Adquisición > Todo el tráfico > URLs de Referencia**.

Si configuramos los resultados para un intervalo grande (3 meses) conoceremos algunos *referrals* que nos han enviado visitas porque contienen algún enlace a nuestra web. Si este proceso lo repetimos cada cierto tiempo podremos hallar nuevas web que nos enlazan y nos traen visitas.

En la nueva versión de Google Analytics (GA4), podemos encontrar esta información en el apartado Adquisición de Tráfico, investigando sobre el tráfico de referencia (referral) el parámetro fuente/medio.

D) Otras herramientas

A continuación, veremos otras herramientas *backlink checkers* que nos muestran los enlaces externos de nuestro sitio. La gran mayoría son de pago y algunas ofrecen resultados parciales de forma gratuita. Nos pueden servir tanto para saber quién nos enlaza como para saber los enlaces externos que ha conseguido la competencia (siempre podremos encontrar enlaces de la competencia que nosotros podemos conseguir). Probaremos algunas de estas herramientas para el dominio "artepesebre.com".

Antes de conocer otras herramientas sería conveniente familiarizarse con los términos que se utilizan en la industria del SEO, como autoridad del dominio, autoridad de la página, etc.

Casi todas las herramientas que vamos a estudiar a continuación son suites SEO con muchísimas opciones, pero solamente nos fijaremos en su capacidad para obtener información sobre los *backlinks* a nuestra web.

⇨ **Ahrefs**

Es en la actualidad el rey de los *backlink checkers*. Además, ofrece muchísimas otras herramientas de posicionamiento que la convierten en indispensable para las agencias SEO. Su índice tiene casi 1000 millones de páginas y cada día rastrean 2 millones de páginas nuevas. Se accede a esta herramienta en ahrefs. com y una prueba con *"artepesebre.com"* nos ofrece los siguientes resultados (recuerda que los datos pueden cambiar cuando pruebes tú):

La herramienta ha encontrado casi 50.000 enlaces desde 121 dominios. De forma gratuita, nos muestra unos 100 enlaces. De cada enlace nos muestra:

- La página de referencia.

- La importancia/calidad del dominio de referencia (Domain Rating o DR) sobre una escala máxima interna de 100.

- La importancia/calidad de la página de referencia (UR). Los resultados se ordenan por esta métrica.

- El tráfico estimado que proviene de la página de referencia.

- El texto del enlace de referencia.

⇨ **Majestic**

Majestic lanzó un servicio de comprobación de *backlinks* en 2008. Esto lo convirtió en una de las primeras herramientas de SEO independientes de los motores de búsqueda para monitorear los *backlinks. Flow Metrics (trust flow y citation flow)* fueron inventados por Majestic y se han convertido en puntos de referencia estándar de la industria para conocer la autoridad de los sitios que nos enlazan. Se accede a la herramienta a través de *majestic.com*. Podemos suscribirnos gratuitamente y consultar un pequeño informe de *backlinks* (debemos registrarnos con el dominio que queremos consultar pues solamente nos dará el informe de ese dominio).

Con la herramienta de pago podemos revisar la siguiente información de cualquier web:

- Quién nos enlaza y cuántos enlaces nos apuntan desde su página.

- Cuáles son las URLs más enlazadas de nuestro site.

- Cuáles son los anchor text más enlazados.

- De qué país proceden los enlaces.

- Qué relación tienen con la temática del site.

- Qué trust flow y citation flow tiene cada enlace.

- Si son follow o no, etc.

⇨ **Moz**

Moz, con su herramienta **moz.com**, nos ofrece un completo informe de *backlinks* para cualquier dominio, subdominio o página de nuestro site. Podemos probar la herramienta creando una cuenta en la misma. Estos son algunos de los datos que obtenemos con la prueba gratuita entre otros:

- Autoridad de nuestro dominio (DA, que es el estándar actual en la industria de las métricas de SEO).

- Dominios que nos enlazan (también nos ofrecen los nuevos enlaces que se han descubierto en los dos últimos meses y los que se han perdido). Dentro del apartado **Discovered and Lost** de la herramienta podremos conocer exactamente qué enlaces hemos perdido y qué enlaces nuevos han aparecido.

- Enlaces entrantes (número de páginas únicas que nos enlazan).

- *Ranking keywords*, o número de palabras clave para las que estamos posicionados en el top 50.

Nos ofrecerá también un listado de los 50 principales enlaces entrantes (para obtener todos los enlaces tendremos que suscribirnos) con los siguientes datos de cada uno:

- La URL del enlace entrante.

- El texto del enlace entrante.

- La importancia de la página que nos enlaza (PA).

- La autoridad del dominio que nos enlaza (DA). Todos estos parámetros pueden variar de una herramienta a otra, pero elijamos la que elijamos siempre nos servirán para comparar la fortaleza de nuestros enlaces con los que tiene la competencia.

- La clasificación de spam del dominio. Nos dice el % de páginas del dominio que nos enlaza que han sido consideradas como spam por Google. Cuidado con que nos enlace un dominio con un porcentaje de spam elevado.

- La fecha en que la herramienta rastreó el enlace entrante por primera vez.

Otra información que ofrece la herramienta es el listado de textos de los enlaces entrantes:

Top anchor text for this site ⊙

Anchor Text	Followed External Links
[no anchor text]	57.3k
"arte pesebre"	18.8k
"http://www.artepesebre.com/"	110
"www.artepesebre.com"	75
"http://www.artepesebre.com"	5

O una gráfica de dominios que nos enlazan filtrados por su autoridad de dominio.

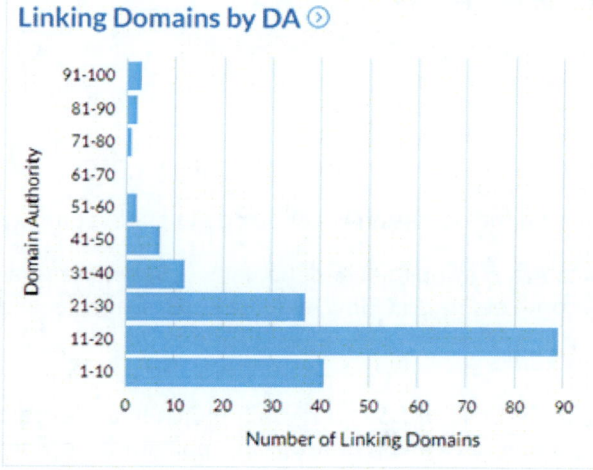

Linking Domains by DA ⊙

⇨ **Open Link Profiler**

Analiza los links de cualquier sitio a *www.openlinkprofiler.org/*.

Esta herramienta no es tan exacta como otras de su género, pero ofrece bastante información de manera gratuita. Debemos suscribirnos para obtener más datos de forma gratuita.

Tiene una herramienta llamada **Link Disinfection** que nos avisa de aquellas web que nos enlazan y son sospechosas de estar penalizadas por Google (normalmente porque nos han hecho SEO negativo o porque hemos comprado enlaces de forma indiscriminada en una granja de enlaces). Este tipo de enlaces nos pueden perjudicar en nuestro SEO por lo que hay que eliminarlos si confirmamos que son enlaces malos. Esto lo podemos hacer con la **herramienta de desautorización de enlaces de Google.**

Otra función interesante es **Link Age** que nos muestra la edad de los enlaces externos a nuestra web:

⇨ **LinkMiner**

Esta herramienta pertenece a la suite de Herramientas SEO de Mangools. Si creamos una cuenta tenemos acceso a todas las herramientas de forma gratuita durante 10 días. Mangools también es la creadora de la herramienta para buscar palabras claves **KWFinder** que ya vimos. Para acceder a la herramienta de *backlinks* navegamos a *app.linkminer.com*. Si hacemos una prueba con el dominio "artepesebre.com" obtenemos:

Que nos ofrece los siguientes datos:

- URL del enlace entrante.

- Citation *Flow* (CT).

- *Trust Flow* (TF).

- Número de enlaces externos que contiene la página que nos enlaza (EL).

- Número de Me gustas en Facebook de la página que nos enlaza (FB).

- La fortaleza o importancia del enlace (LS) calculada a partir de diversos datos como el Citation Flow, el Trust Flow, si el enlace es DoFollow, etc.

⇨ **Monitor *backlinks***

Monitor *backlinks* se define como la mejor **herramienta de vigilancia** para *backlinks* y palabras clave, punto. Nos permitirá comprobar los *backlinks* buenos y malos para nosotros y la competencia. ¡Una herramienta imprescindible para los SEO, los vendedores y los empresarios! Dicho todo esto, necesitaremos crear una cuenta para poder utilizar la herramienta en prueba durante 30 días.

Esta es una herramienta muy completa que entre otras cosas nos permite ver nuestro progreso en la **captación de nuevos enlaces**. Tener un resumen rápido de todos nuestros enlaces, filtrando por aquellos que Google tiene bien considerados, aquellos que Google ignora o aquellos que pueden ser perjudiciales.

También, nos mostrará un listado de todos los *backlinks* de nuestra página o de la competencia con información como: la edad del enlace, la URL, el texto del enlace, el estado de indexado de la página que envía el enlace, el *Citation Flow* y el *Trust Flow*, el país donde el sitio está hospedado, el número de enlaces externos que tiene la página que nos enlaza (cuantos más tenga +100, peor porque el enlace tendrá menos calidad), etc.

⇨ **SEMRush**

SEMRush es una de las suites SEO más importantes desde su fundación, siendo galardonada en diferentes ocasiones. Fue fundada como una herramienta de SEO y una extensión del navegador antes de adoptar el modelo SaaS. El software puede proveer datos de inteligencia incluyendo información de tráfico en el sitio web, palabras clave, gastos proyectados de Ads, auditorías de sitios, investigación de temas, generación de prospectos, y otros datos relacionados con SEO. Entre los clientes de la empresa, se encuentran eBay, Quora, Booking.com, Hewlett Packard Enterprise y BNP Paribas.

Ofrece alguna información parcial de forma gratuita sin necesidad de suscribirse. Para la herramienta completa hay que suscribirse pagando.

4.3.4. Imagen de marca

Muchas de las acciones emprendidas pueden tener el objetivo de **potenciar la imagen de marca**.

Que esta sea buena o mala dependerá de cómo las afrontemos.

Una buena imagen de marca creará en los potenciales usuarios y clientes la sensación de que somos de fiar, que sabemos de lo que hablamos, que la información que generamos y compartimos es fidedigna y generará confianza hacia nuestro producto o servicio.

A través de esta confianza fidelizaremos a nuestros visitantes, les haremos volver y tenernos en cuenta en el futuro.

Es interesante aparecer como "experto" en los foros y redes en los que participamos.

1. Intervenir para resolver dudas.

2. Dar información.

3. Compartir enlaces interesantes.

4. Resolver problemas a los usuarios.

5. Escuchar.

Si estamos atentos a lo que se dice de nosotros en Internet, dónde se dice y en qué términos, podremos intervenir allí donde se nos critique y convertir una crítica en un beneficio, consiguiendo además un enlace de forma más accesible.

4.4. Black hat

Igual que a los buscadores hay "cosas" que les gustan mucho a la hora de indexar las páginas y mostrarlas en los resultados de búsquedas, hay "cosas" que no les gustan nada.

Recordemos los principales errores:

⇨ **Contenido duplicado.** Ya hemos visto en los redireccionamientos que conviene que no haya contenido duplicado. Eso puede confundir al buscador.

Y si, además, plagias a otros, Google lo puede llegar a saber.

⇨ **Piensa en los usuarios, no en buscador**. Genera buenos contenidos y asegú-rate de que son accesibles para el buscador, pero:

• No insertes excesivas palabras clave, y menos si no son relevantes para el tema del que hablas.

• Ni introduzcas bloques de texto que no ofrezcan valor.

⇨ *Cloaking*. **No engañes al buscador.**

Cloaking es un término inglés para denominar ciertas técnicas ilícitas de posicionamiento web con el fin de engañar a los motores de búsqueda y mejorar la posición en los resultados.

⇨ Cuidado con los **colores**. A los robots no les gustan los colores poco contrasta-dos. Pueden indicarles que quieres engañarles introduciendo palabras o textos poco visibles pero indexables.

⇨ No pongas **texto escondido,** invisible a los usuarios pero visible para los busca-dores. Detectarán la treta.

⇨ **Enlaces ocultos**.

⇨ **Compraventa de enlaces**.

⇨ **Abuso de palabras clave**.

⇨ **Spam** en comentarios, blogs, foros…

Recopilemos lo visto en la unidad:

- No basta con tener una web atractiva y usable si al final el cliente no accede a la misma porque no la conoce. La mejor forma de que esto suceda y de conseguir la visita de posibles clientes es aparecer en los primeros resultados de búsqueda cada vez que el usuario busque un concepto o palabra clave relacionado con nuestro sector, producto o servicio.

- Si necesitamos resultados a corto plazo la mejor opción será la contratación de enlaces patrocinados que aparecerán junto a las búsquedas que nos interesen.

- Si queremos que la relación entre nuestra web y el buscador sea duradera debemos conseguir una web con unas características y contenido que guste al buscador y hacerla popular para, de esta manera, posicionarla naturalmente.

UNIDAD DIDÁCTICA 5

Gestión de contenidos en comunidades virtuales

Contenido & Objetivos

Los **objetivos** de esta unidad son:

1.   Aprender a crear contenidos en comunidades virtuales.

2.   Aprender a redactar esos contenidos correctamente.

3.   Diferenciar entre los distintos tipos de comunidades y saber gestionar los contenidos en la Red.

Introducción

La velocidad de comunicación en Internet hace que el contenido llegue a millones de personas. Es por ello que hay que aprender a gestionar ese contenido. En esta unidad, se explicará cómo se gestionan con éxito los contenidos en las comunidades virtuales.

1. Introducción

1.1. La creación de comunidades vurtuales

La idea de comunidad es el corazón de Internet desde sus orígenes hasta alcanzar a todos los usuarios que exploran Internet para satisfacer necesidades de todo tipo, desde las meramente comerciales a las personales y afectivas o llevar a cabo roles específicos.

> Comunidad virtual: "conjunto de personas unidas por un interés común que se comunican entre sí mediante computadoras e interactúan en forma relativamente continuada a lo largo del tiempo siguiendo una serie de reglas preestablecidas".

Vimos también que los consumidores tienen la necesidad de agruparse y al hacerlo y participar aportan valor a esas comunidades.

La **consecuencia directa** de este fenómeno es la toma en consideración por parte de las empresas de la importancia de estas comunidades y el cambio en su estrategia de comunicación basada, a partir de ahora, en explorar y explotar estas características, siguiendo una serie de líneas de actuación.

1.2. ¿Cómo crear una comunidad virtual?

Según lo visto hasta ahora queda clara la necesidad de **crear una comunidad virtual**. Y una de las labores más delicadas y complejas de un community manager es, precisamente, la **creación y la gestión de la misma**. Todo plan de social media tiene que contemplar este apartado. Vamos a ver algunos puntos que habrá que tener en cuenta a la hora de crear una comunidad virtual.

⇨ **Apoyo y compromiso de los departamentos implicados**

El primer paso es asegurarse de que se cuenta, puertas adentro, con el apoyo y el compromiso adecuado por parte de todos los departamentos implicados de la empresa, basado en una relación de confianza. Es necesario contar con departamentos o personal comprometidos y conscientes de la importancia de la misión. Parte de los esfuerzos del community manager irán encaminados a conseguir este compromiso.

⇨ **Coordinación**

En segundo lugar, será fundamental contar con una buena coordinación con los responsables de marketing y comunicación.

⇨ **Diálogo**

Una comunidad tiene como objetivo final el diálogo. A través de él llegarás a la consecución de tus objetivos.

⇨ **Orientación horizontal**

La comunidad debe orientarse de forma horizontal entre empresa y usuarios, escuchando y respondiendo a sus inquietudes y comentarios en tiempo real. Honestidad, transparencia y lenguaje adecuado son imprescindibles para lograr una comunidad verosímil.

⇨ **Participación activa**

La participación activa de los usuarios va más allá de la estrategia de marketing de la empresa. Habrá que saber adaptarse a ellos, estudiar sus comportamientos, gustos, necesidades y particularidades como comunidad.

⇨ **Participación valorada**

Cada usuario tiene que sentir que su participación es valorada. Y, además, interactúa con otros usuarios afines y obtiene información interesante. El usuario ya no es únicamente espectador y pasa a ser actor protagonista.

⇨ **Lenguaje y tono**

El lenguaje y el tono deben responder a los de sus usuarios. Así se percibe la comunidad como cercana y comprensible. Establecer el lenguaje y el tono inicialmente depende de la estrategia de la empresa que quiere crear una comunidad a su alrededor (habiendo estudiado primero a quién se dirige y cómo se comporta) pero a continuación hay que ser capaz de adaptarse a los hábitos que la propia comunidad presente.

⇨ **El contenido es el rey**

Es la clave para conseguir interés inicial y para mantenerlo después. A través de él conseguiremos la participación, pero debe ser original y adaptado al medio.

⇨ **Figura fundamental**

El responsable de la comunidad, el community manager, es una figura fundamental. Debe ser capaz de comunicar, dinamizar, escuchar, conversar, investigar, analizar y sacar conclusiones que le ayuden a actuar correctamente en beneficio de la comunidad (que no únicamente de la empresa). Es la voz de la empresa dentro de la comunidad y la voz de la comunidad dentro de la empresa.

⇨ **Comunicación**

Una comunidad no tiene que ver, en principio, con qué canales la forman, sino con la escucha, la conversación, la interacción... En una palabra, con la comunicación.

⇨ **Trabajo constante**

Una vez puesta en marcha es cuando comienza el trabajo de verdad. La comunidad no crecerá ni se consolidará sola. No existen los trucos ni los milagros, sino trabajo constante.

⇨ **El tamaño no importa**

Tendemos a pensar que cuanto más grande, mejor. No tiene por qué.

⇨ **Ciclo de vida**

Las comunidades virtuales tienen un **ciclo de vida** más o menos establecido según estudió Bruce Tuckman, que puede resumirse en:

• **Constitución**: puesta en marcha. Los usuarios buscan valor.

• **Formación**: las relaciones entre los usuarios y con la comunidad se establecen.

• **Disolución**: la comunidad ha alcanzado sus objetivos. Cabe la posibilidad de que una comunidad, una vez alcanzados sus objetivos, desaparezca. Esto puede suceder en casos de acciones concretas o iniciativas específicas. Pero el objetivo de una comunidad en torno a una empresa o marca será su mantenimiento en el tiempo. Habrá que tener en cuenta que todas las comunidades tienen sus crisis de crecimiento y de consolidación. De nuevo, saber adaptarse será la clave.

⇨ **Plataformas y herramientas adecuadas**

Es fundamental seleccionar y elegir las plataformas y herramientas adecuadas para la creación de la comunidad.

1.3. Plataformas y herramientas

Existen numerosas plataformas y herramientas disponibles. Y cada una con sus particularidades. Elige las que más te convengan y establece un plan de acción y de generación de contenidos adaptados a la naturaleza de cada una de ellas.

No es necesario volverse loco abarcando o creando perfiles sociales en todas las redes. Empieza por el principio y sigue añadiendo aquellas otras que creas convenientes. Esta ampliación de ámbitos de presencia también proporcionará **sensación de estar al día y de crecimiento**.

⇨ **¿Por dónde empezar?**

Parece claro que Facebook y X son las plataformas sociales que más impacto generan y mayor concentración de usuarios tienen. Si hay que empezar por algún sitio, será por aquí.

Pero conviene no olvidarse de otras plataformas que, en función de nuestra empresa, de su naturaleza, de los contenidos que generemos y de nuestras expectativas, pueden resultar igualmente interesantes: YouTube, LinkedIn, Instagram...

⇨ **Cada plataforma requiere una dedicación**

No se puede abrir un perfil y tenerlo abandonado o desactualizado. Y cada plataforma tiene sus especificidades particulares. Habrá que adaptarse a cada una de ellas. No se habla igual en X que en Facebook, con espacio casi ilimitado y comentarios anidados.

⇨ **Abrir un perfil social puede ser gratuito; pero su mantenimiento no lo es**

No olvides que hay que dedicar recursos tanto materiales como humanos para la generación de contenidos, subirlos a las redes sociales y gestionar la comunidad.

⇨ **Ya tienes la comunidad en marcha**

Ahora toca monitorizar todo lo que ocurre en torno a ella y qué se dice de ella (o de nosotros) fuera de ella. Crea alertas y búsquedas adaptadas a tus necesidades y objetivos: palabras, términos, tendencias, expresiones, usuarios... Tanto los buscadores como las propias redes sociales cuentan con herramientas útiles para estos fines.

Monitorizar sirve para obtener información, analizarla y actuar en consecuencia.

2. Importancia de los contenidos

2.1. Introducción

Crear y gestionar contenidos no es fácil. La frase de que "el contenido es el rey" no solo es cierta, sino que los buscadores se están aplicando, a base de modificar sus algoritmos, para darle prioridad en sus resultados.

"Cuanto más útil y más interesante sea el contenido que ofreces a tus visitantes más importante y más "apetitosa" será tu pagina, además si estás agregando constantemente más contenidos relevantes a tu nicho de mercado, bien sea en forma de artículos, noticias o aquello que tus visitantes necesiten, ofreciéndole contenidos actualizados periódicamente, tus visitantes estarán atados a ella y desearán visitarla continuamente."

Así que está claro que necesitas generar contenidos. Pueden ser de varios **tipos**:

⇨ Artículos relacionados con tu producto o servicio.

⇨ Novedades del sector.

⇨ Ofertas y promociones.

⇨ Boletines informativos.

⇨ Newsletters.

⇨ Tutoriales.

⇨ Vídeos o imágenes.

⇨ Consejos sobre...

Elige el que mejor se adapte a tus necesidades y a las de tu comunidad. Si lo que ofreces es interesante, tus visitantes volverán y participarán activamente, llegando a ser ellos los que los generen por voluntad propia.

No te olvides de...

⇨ **Qué** quieres contar.

⇨ **Cómo y cuándo** lo vas a contar: periodicidad, método de difusión...

⇨ **Dónde lo vas a contar**: en la web, en el blog, en las redes sociales...

⇨ De qué **recursos** dispones, materiales y humanos.

⇨ Cómo vas **adaptar** esos contenidos a cada plataforma.

2.2. Contenido y método

Recordamos que el **contenido** debe ser:

1. **Original**. Si lo que cuentas ya lo han contado otros muchos perderá relevancia. No copies/pegues.

    Si no cuentas con contenido original, siempre puedes citar a otros autores. No te olvides de citar adecuadamente las fuentes utilizadas y añadir el enlace correspondiente.

2. **Actualizado**. Tienes que estar al día.

3. **Interesante**. Debes aportar valor con los contenidos.

4. **Comprensible**. ¿Está dirigido a especialistas o al público en general?

5. **Didáctico**. No des por hecho que tus visitantes y usuarios conocen toda la terminología que usas. Explícala. Usa un lenguaje adecuado a tus usuarios. Ponte en su lugar.

6. **Cuida la expresión**: gramática, ortografía...

7. **Ameno**. No todos tenemos el don de la elocuencia. Imágenes adecuadas y bien puestas siempre son de ayuda.

8. **Relevante**. No te vayas por las ramas ni intentes abarcar muchos temas a la vez.

9. **Exclusivo**. Si nadie más lo ofrece, llegarán a ti.

10. **Enlazable**. Utilizar una URL propia, que sea amigable, usa una semántica que permita referenciar el contenido y distribuirlo en foros, redes sociales, agregadores de noticias...

Sigue un método

⇨ Planificación. Qué quiero contar. Esquema inicial, búsqueda de información, fuentes, tono general del texto (humor, análisis...). Ten a mano todo lo necesario.

⇨ Organiza el texto. Cómo lo quiero contar. Capítulos, secciones, método inductivo o deductivo, extensión, etc. ¿Necesito imágenes complementarias?

⇨ ¿Añadirás enlaces?

⇨ ¿Te falta algo? Corrige y reestructura lo necesario.

⇨ Redacta. Y hazlo bien: ortografía, sintaxis, semántica; cuidado con las frases eternas. Signos de puntuación.

⇨ Antes de darle a "publicar", revisa todo.

2.3. Cómo redactar los contenidos

⇨ **Título**

Es lo primero que leerán tus visitantes (y los buscadores). Debe ser concreto, definitorio del contenido que ofrece y contener algunas palabras clave que nos interese destacar. Debe ser breve. Los buscadores acortan los títulos largos, y algunas plantillas de blogs también. Y algunas redes sociales tienen un espacio limitado. Ya hemos visto que las primeras palabras son determinantes para crear interés.

⇨ **URL**

Debe ser amigable. Normalmente, los gestores de contenidos ya generan URL amigables basadas en el título del apunte. Usuarios y buscadores te lo agradecerán.

⇨ **Descripción y metas**

Muchos gestores de contenidos permiten establecer etiquetas *description* y *keywords* específicas.

⇨ **Nombre de las imágenes y texto alternativo**

Evita "foto1" y pon siempre texto alternativo "alt" que pueda leer el robot de los buscadores: la gente también busca imágenes.

⇨ **Enlaces y *anchor text***

Añade **enlaces internos** a otros contenidos de tu página que estén relacionados con el tema del que hablas. Y añade **enlaces externos** que puedan ser de utilidad.

En ambos casos cuida el *anchor text*. El anchor text es el texto sobre el que podemos hacer clic y que los visitantes ven como un enlace. Debe describir el contenido enlazado.

El texto incluido en el enlace es la información que analizan los algoritmos de los buscadores para ver qué relación existe entre una página que enlaza y una página que es enlazada. Los enlaces internos ayudan a la navegación de los contenidos de la propia web. La autocita es buena, pero no abuses.

Evita "pincha aquí" o "este enlace" y textos fuera de contexto.

Haz que los enlaces se distingan del resto del texto para que se reconozcan como tales. El azul es el rey.

⇨ **Texto**

Ya hemos hablado del contenido. Ahora dale forma.

Usa las **negritas** y las *cursivas*. El visitante las distingue y el buscador también.

Introduce palabras clave en el texto. Título, negritas, enlaces, palabras clave, nombres de las imágenes, texto alternativo... si todo es coherente le dirá al buscador que efectivamente estamos hablando de todo eso y el resultado de las búsquedas será correcto.

Todos estos consejos sirven lo mismo para un apunte de un blog o para subir contenidos a las redes sociales.

Ten en cuenta que los usuarios realizan búsquedas y que a través de ellas podemos obtener mayor presencia.

Un buen contenido optimizado animará a tus seguidores y miembros de la comunidad a compartirlo y a interactuar con él.

2.4. Las fuentes de información

Uno de los aspectos más importantes que debemos tener en cuenta a la hora de generar contenidos es la selección de las **fuentes de información**.

Estas fuentes pueden ser básicamente de **dos tipos**:

⇨ **Internas**

Es fundamental una buena coordinación de todos los departamentos de la empresa, que facilite la obtención de información relevante y fidedigna, que dé respuesta a las necesidades de los usuarios y miembros de la comunidad.

El community manager debe conocer en profundidad la empresa, la marca, sus objetivos, y es la pieza clave para que la información dentro de la empresa fluya adecuadamente: habla con las personas adecuadas, pregunta, hace de transmisor de la comunidad hacia la empresa y habla en nombre de la empresa.

⇨ **Externas**

Todas la referencias disponibles en la Red respecto a un tema dado. Pero... ¿son todas válidas?

Hay que seleccionar adecuadamente las fuentes de información.

Otra forma de clasificar las fuentes de información, más adecuada desde el punto de vista del contenido, es dividirlas en **primarias** y **secundarias**.

⇨ **Primarias**

Son las fuentes documentales que se consideran material de primera mano relativo a un fenómeno que se desea investigar. Contienen información original no abreviada ni traducida.

Son aquellas que contienen información nueva y original y cuya disposición no sigue ningún esquema predeterminado.

Características:

- No son forzosamente más fiables o precisas que las fuentes secundarias.

- Ofrecen un testimonio o evidencia directa sobre el tema o acontecimiento.

- Son escritas durante el tiempo en el que sucede el evento o por la persona envuelta directamente en él.

- Ofrecen un punto de vista desde dentro del evento.

- Documentos originales, discursos, fotografías, entrevistas, diarios, cartas...

⇨ **Secundarias**

Son las que contienen datos o informaciones reescritos, reelaborados, sintetizados o interpretados de alguna forma.

Características:

- Interpretan, referencian y analizan fuentes primarias.

- Implican análisis, síntesis, evaluación, interpretación u opinión.

- Obras de crítica, enciclopedias (incluida Wikipedia), biografías...

- Un artículo periodístico puede no ser fuente primaria si está recogiendo informaciones ya publicadas por otras fuentes.

Ni que decir tiene que lo ideal es siempre **acudir a la fuente primaria** para obtener de primera mano los datos necesarios para nuestro trabajo.

Y, en el caso de las comunidades virtuales y redes sociales, una buena fuente primaria son nuestros usuarios y sus interacciones y necesidades.

La **validez de las fuentes secundarias** dependerá lógicamente de la fiabilidad de quienes las recogen e interpretan: instituciones, especialistas, investigadores, periodistas, community managers...

No se trata de alertar de los "peligros" de Internet a la hora de obtener y contrastar información, sino de la importancia de la habilidad del community manager a la hora de seleccionar las fuentes que considera fiables para no verse involucrado en rumores, inexactitudes o en la tentación del sensacionalismo.

Una vez encontrada una **fuente de información**, sea esta primaria o secundaria, es fundamental citarla y referenciarla adecuadamente para atribuir a cada uno el mérito que le pertenece.

3. Tipos de comunidades

El community manager debe conocer todas aquellas herramientas de la Web 2.0 que son capaces de generar una comunidad y decidir cuáles de ellas son las que pueden servir mejor a los intereses de la marca o empresa que representa. Hemos hablado de algunas, pero incluimos aquí aquellas herramientas más destacables:

a) **Generales**: dentro de ellas se comparten contenidos de todo tipo: personal, profesional, noticias, etc. Son las redes sociales que más usuarios tienen, entre las que podemos destacar Facebook.

b) *Microblogging*: las redes sociales de microblogging basan su contenido en pequeños mensajes donde se comparten sus pensamientos, enlaces, fotos, vídeos, etc. Son los reyes a la hora de compartir noticias en tiempo real. Destaca por encima de todas X.

c) **Vídeo**: son redes sociales que basan su contenido en imágenes de vídeo de cualquier temática. La más famosa es YouTube, aunque cabe destacar también Vimeo.

d) **Profesionales**: las redes sociales profesionales son las que basan su actividad en la creación de perfiles y grupos por parte de sus miembros para generar contactos profesionales. El perfil de los usuarios suele ser el propio currículum. La más importante es LinkedIn.

e) **Citas**: son redes sociales donde los usuarios buscan explorar relaciones perso-nales, de diferentes tipos: amistad, relaciones, etc. Por ejemplo, Tinder o Grindr.

f) **Música**: las redes sociales musicales son aquellas donde los miembros compar-ten listas de reproducción de canciones, comentarios y gustos. Algunos ejem-plos son Spotify o Apple Music.

g) **Fotos**: las redes sociales de fotos son aquellas donde el contenido a compartir por sus miembros son imágenes, aunque también la mayoría aceptan vídeo. Las más famosas son Flickr, Pinterest o Instagram.

h) **Agregadores de noticias o marcadores sociales**: son redes sociales donde los usuarios etiquetan y marcan la información, noticias y artículos que creen inte-resantes de Internet, compartiéndola con los otros miembros. Algunos ejem-plos son Menéame o Divúlgame.

i) **Temáticas**: las redes sociales temáticas son aquellas cuyo contenido se circuns-cribe a un tema o interés en particular. En este grupo tenemos multitud de ellas: viajes, cocina, caza, automoción, etc. Redes sociales famosas de este tipo son TripAdvisor, dedicada a los viajes, Goodreads, dedicada a la literatura o FilmA-ffinity, española, dedicada al cine.

j) **Blogs:** los blogs son comunidades en las cuales los usuarios escriben artícu-los, cuelgan vídeos o fotos sobre temas que les interesan especialmente y que comparten con el resto de usuarios. Las dos plataformas más usadas son Blog-ger y WordPress.

k) **Reputacionales**: son redes sociales que han nacido al calor del éxito de las demás y que ofrecen a sus miembros métricas sobre su relevancia y reputación en la Red. Ejemplo de estas es Klout.

l) **Foros**: un foro de Internet es un sitio de discusión online asincrónico donde las personas publican mensajes alrededor de un tema, creando de esta forma un hilo de conversación jerárquico (*thread* en inglés). Dicha aplicación suele estar organizada en categorías. Estos últimos foros son contenedores en los que se pueden abrir nuevos temas de discusión en los que los usuarios de la web responderán con sus opiniones.

m) **Listas de correo**: el marketing por email es realizado mediante el envío masivo de emails promocionales directos hacia clientes y clientes potenciales en un esfuerzo de persuadirlos a comprar bienes o servicios por primera vez o en forma recurrente. En este caso la comunicación es unidireccional, únicamente de la empresa a la comunidad. Estas listas de correo se suelen conseguir a partir de formularios en la web corporativa, mediante suscripciones al blog de la empresa, etc.

4. Tipos de contenidos

4.1. Contextualización

Vistas las características y conclusiones anteriores, está claro que la organización de la información no puede realizarse de la misma forma que en los medios físicos convencionales.

Vamos a resumir lo anteriormente dicho y a buscar la aplicación directa en la redac-ción de contenidos en entornos digitales a través de los siguientes extremos:

1. Desde el punto de vista narrativo.

2. Desde el punto de vista formal.

3. Generación óptima de contenidos.

4. Algunos consejos.

5. Cómo hacer para que visiten tu contenido.

6. Aspectos a tener en cuenta.

4.2. Desde el punto de vista narrativo

1. Las historias **cortas** son tres veces más vistas que las largas.

2. Las historias que incluyen **párrafos cortos** reciben el doble de atención visual que los más largos. Usa el principio de economía del lenguaje.

3. Los usuarios leen solo el **primer tercio** de los titulares. Por lo tanto las primeras palabras de títulos y párrafos deben enganchar y motivar a seguir leyendo.

4. Aprovechar los **hipervínculos** para ahorrar y dar la opción de profundizar.

5. **Romper la uniformidad** del texto es una buena forma de llamar la atención: extensión de los párrafos, negritas, enlaces o imágenes.

6. La **escritura promocional** de eslóganes publicitarios y similares generaban desconfianza.

4.3. Desde el punto de vista formal

Al ser la lectura no lineal, los contenidos deben estructurarse siguiendo la estructura de pirámide invertida horizontal.

Las siguientes gráficas explican perfectamente la estructura de los contenidos:

⇨ **Pirámide invertida vertical**

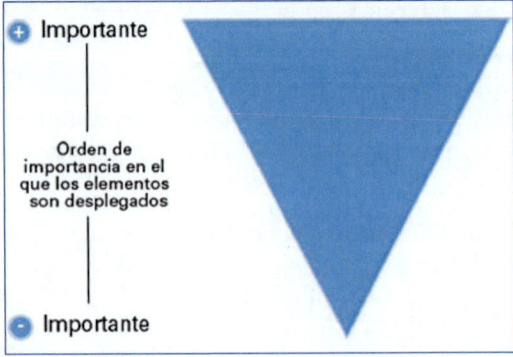

Los contenidos más importantes van arriba del todo, en la parte central irán en orden de importancia y, abajo del todo, irán los menos importantes.

⇨ **Pirámide invertida, nivel básico de utilización**

Referencia: http://www.delawarenationalguard.com/upar/images/invertedp.gif

Arriba del todo va la información más importante, en la parte central el cuerpo de la información y en la parte de abajo, los contenidos menos importantes, organizados en orden de importancia, es decir, a medida que se avanza hacia abajo serán aún menos importantes.

⇨ **Pirámide invertida, segundo nivel de utilización**

Estructura de textos que pueden ser divididos temáticamente, pero van dentro de una misma página.

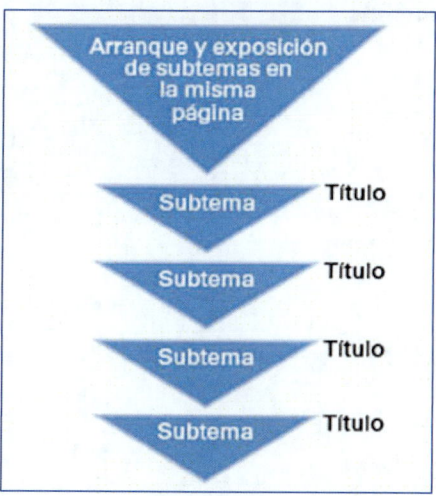

⇨ **Pirámide invertida, tercer nivel de utilización**

Pirámides flotantes ubicadas en diferentes páginas web. El usuario escoge su propia ruta de navegación y construye su propia pirámide invertida a partir de la presentación y exposición del tema.

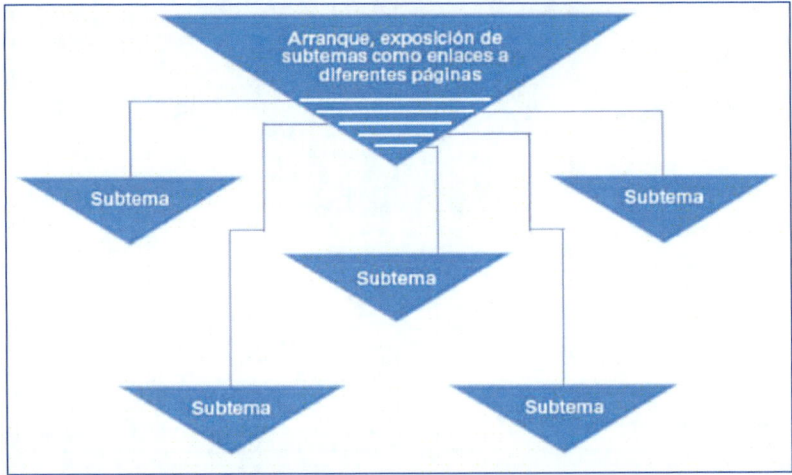

En la parte superior se exponen los subtemas, con enlaces a otras páginas y, debajo, los subtemas por orden.

⇨ **Representación de la estructura de pirámide invertida horizontal**

Esta representación es válida en un texto dentro de una misma página, en uno de los subtemas dentro de la misma página, o en subtemas ubicados en páginas diferentes.

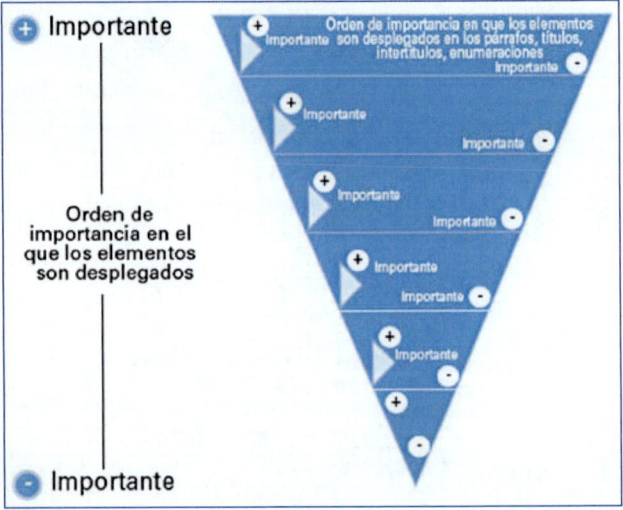

4.4. Generación óptima de contenidos

No debemos escribir pensando en los buscadores sino en los **usuarios**, pero no podemos olvidarnos de que nuestros contenidos serán indexados por los principales motores de búsqueda.

Por lo tanto, debemos generar los contenidos de forma optimizada para los buscadores y para conseguir aparecer en los resultados de las búsquedas de los usuarios.

No es este el lugar para profundizar en temas de **SEO**, pero sí haremos referencia a **algunos elementos que nos serán de ayuda a la hora de generar contenidos, que ya hemos explicado, y que son**:

⇨ Título.

⇨ URL.

⇨ Descripción y metas.

⇨ Nombre de las imágenes y texto alternativo.

⇨ Enlaces y *anchor text*.

⇨ Texto.

Título, negritas, enlaces, palabras clave, nombres de las imágenes, texto alternativo... si todo es coherente le dirá al buscador que efectivamente estamos hablando de todo eso y el resultado de las búsquedas será correcto.

4.5. Algunos consejos

⇨ Reorganiza el orden de los elementos del título de forma que comience con las palabras más relevantes o más atractivas.

⇨ Usa la voz pasiva si es necesario para ubicar los términos más importantes al principio.

⇨ El uso de los dos puntos (:) también ayuda a situar antes las palabras más relevantes.

⇨ No inicies títulos con: artículos, expresiones de enlace (además, al parecer, así pues...).

⇨ Citas. Debes citar las fuentes, pero no comiences con la atribución. Déjala en medio.

⇨ Frases cortas. Evita las subordinadas eternas.

⇨ Correcta puntuación, gramática y sintaxis.

⇨ Los números en cifra se leen mejor que los números en letra. Para cifras grandes, use las palabras miles, millones…

⇨ Cuidado con las cursivas. Son difíciles de leer, aunque son necesarias en según qué citas.

⇨ Usa las negritas para destacar. Esto además de facilitar la lectura es bueno para el SEO.

⇨ Rompe la uniformidad del texto: párrafos, entradillas, destacados, subtítulos, enumeraciones (en torno a 7 como máximo).

Y para muestra un botón. Vamos a ver un ejemplo de cómo poner a nuestro servicio la generación de contenidos en coherencia con la escritura orientada a los buscadores.

4.6. Cómo hacer para que visiten tu contenido

1. Esperar a la **medianoche**; o sea, al cambio de día.

2. "**Refrescar**" Google. Eliminar cookies, cachés y demás temporales.

3. Comprobar si Google ha dedicado su **logo** (doodle) a algún personaje relevante o a alguna efeméride destacada. Este paso es el más complejo porque requiere constancia y paciencia.

4. Escribir un **post** en tu blog con el mismo título que el criterio de búsqueda que aparece al hacer clic en el nuevo doodle.

   • Asegúrate de poner en el cuerpo del texto varias veces el mismo criterio de búsqueda, si es posible en negrita.

   • Recuerda las etiquetas correctas. Algo ayudarán.

   • Incluye la imagen del doodle en el post con el mismo nombre del término de búsqueda de Google. Y si incluyes más imágenes, también con el mismo nombre (aunque sea numeradas).

   • Si controlas algo de SEO, este es el momento de aplicar tus conocimientos.

5. **Publicar** el post lo más rápidamente posible.

6. **Esperar** a que la gente se vaya conectando a Google, o se incorporen a sus trabajos, y la curiosidad les lleve a hacer clic en el doodle. Recuerda que el doodle no siempre es el mismo para todo Google a nivel mundial; a veces es solo nacional.

7. **Y… Voilà!** La primera página de resultados es tuya (o casi…).

4.7. Aspectos a tener en cuenta

Recordemos que el **contenido** debe ser:

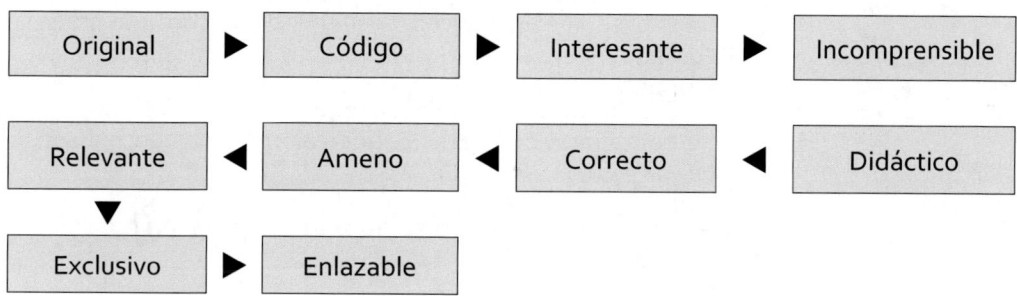

| Original | ▶ | Código | ▶ | Interesante | ▶ | Incomprensible |

| Relevante | ◀ | Ameno | ◀ | Correcto | ◀ | Didáctico |

| Exclusivo | ▶ | Enlazable |

5. Gestión de contenidos en la Red

La gestión de contenidos en la Red implica varias cosas, como elaboración de **contenido propio, la difusión del mismo,** etc. Estas acciones son parte del trabajo de un community manager y de cualquier profesional que trabaje en la Red. Antes de crear nuestros propios contenidos debemos investigar sobre el tema, revisar todo lo que encontremos y aportar nuestro grano de arena. Antes de escribir nada, hay que decidir tu estrategia de gestión de contenidos online y sus objetivos, qué contenidos vas a publicar, cuándo los vas a lanzar, a qué público te vas a dirigir y qué medios utilizarás. Por tanto, has de tener en cuenta:

⇨ Seleccionar las fuentes de información que te interesen.

⇨ Guarda ese contenido que te facilitan las fuentes de información.

⇨ No te olvides de compartir contenidos, siempre y cuando, primero, los filtres.

 Normalmente, utilizamos el término landing page para referir-Para todo ello, puedes ayudarte de herramientas disponibles en la Red.

Continuando con lo que estamos viendo sobre contenidos sociales, en esta unidad:

⇨ Se explica qué es una comunidad virtual y cómo se crean contenidos en ellas, tan importante hoy en día para las empresas.

⇨ Se dan pautas concretas para crear correctamente y con éxito esos contenidos.

⇨ Además, se explica cómo crear contenidos en las principales redes sociales.

UNIDAD DIDÁCTICA **6**

El community manager

Contenido & Objetivos

Introducción

Resumen

Los **objetivos** de esta unidad son:

1. Conocer las funciones específicas del community manager.

2. Aprender cómo se gestiona una comunidad virtual.

3. Conocer los aspectos legales que se deben tener en cuenta.

Introducción

Para todo este trabajo de marketing y creación y gestión de contenidos online, es necesario que las empresas tengan una persona dedicada a ello. Surge, así, la figura del community manager. Hablaremos de sus funciones y labor en esta unidad.

1. El responsable de la comunidad virtual

1.1. Definición

La aparición y consolidación de la Web 2.0 y sus características ha supuesto la necesidad de incorporar a las empresas **nuevos perfiles profesionales**, con conocimientos y habilidades específicas, y aunque la Web 3.0 está empezando a dar sus primeros pasos en la sociedad, todavía la Web 2.0 está en desarrollo en la actualidad, donde gira en torno a las redes sociales.

Las empresas han comprendido en mayor o menor medida la oportunidad que supone para sus negocios la **adecuada presencia en Internet y la gestión de esa presencia**, enfocándose a sus objetivos.

Las funciones que abarca el community manager son variadas. Y, a veces, de difícil inclusión en el organigrama de una corporación, porque se trata de una actividad relacionada con **muchos departamentos** diferentes. Con todos, en realidad, desde marketing a comercial, pasando por recursos humanos o informática.

Lógicamente, depende del tamaño de la empresa y de su actividad. En general, lo que cambiará será el volumen del trabajo y los recursos asignados a él, pero no cambiarán sustancialmente sus funciones ni los perfiles profesionales necesarios.

1.2. Perfil profesional

Un community manager es la suma de todo lo anteriormente dicho. Cada uno de estos perfiles puede estar asignado a diferentes personas en función del tamaño y actividad de la empresa, pero es importante abordarlos todos si el trabajo se va a desarrollar en o para empresas más pequeñas o con recursos limitados.

Ojalá todos pudiéramos desarrollar nuestras labores de social media en una gran corporación con grandes recursos y un departamento bien gestionado y coordinado.

Mientras esto sucede, la labor del community manager debe abarcar las **máximas facetas posibles de consultoría y de ejecución**.

Veamos qué propone AERCO-PSM (Asociación Española de Responsables de Comunidades Online y Profesionales del Social Media) al respecto:

1. **Escuchar**: monitorizar constantemente la Red en busca de conversaciones sobre nuestra empresa, nuestros competidores o nuestro mercado.

2. **Circular internamente la información**: a raíz de esta escucha, debe ser capaz de extraer lo relevante de la misma, crear un discurso entendible y hacérselo llegar a las personas correspondientes dentro de la organización.

3. **Explicar la posición de la empresa a la comunidad**: el community manager es la voz de la empresa hacia la comunidad, una voz positiva y abierta que transforma la "jerga interna" de la compañía en un lenguaje inteligible. Responde y conversa activamente en todos los medios sociales en los que la empresa tenga presencia activa (perfil) o en los que se produzcan menciones relevantes. Escribe artículos en el blog de la empresa o en otros medios sociales, usando todas las posibilidades multimedia a su alcance. Y selecciona y comparte además contenidos de interés para la comunidad.

4. **Buscar líderes, tanto interna como externamente**: la relación entre la comunidad y la empresa está sustentada en la labor de sus líderes y personas de alto potencial. El community manager debe ser capaz de identificar y "reclutar" a estos líderes, no solo entre la comunidad sino, y sobre todo, dentro de la propia empresa.

5. **Encontrar vías de colaboración entre la comunidad y la empresa**: la mayoría de directivos desconoce cómo la comunidad puede ayudar a hacer crecer su empresa. No es algo que hayan utilizado nunca en su carrera, ni que hayan estudiado en las escuelas de negocios. El community manager les debe mostrar el camino y ayudarles a diseñar una estrategia clara de colaboración.

2. Funciones

2.1. ¿Cuáles son?

Pero la función del community manager, más allá de sus funciones diarias, tiene un contenido estratégico.

Y este se define en 4 características:

1. Conocer cuál es la comunidad a la que se va a dirigir una campaña determinada o a quién va destinado un proyecto.

2. Conocer los objetivos del plan de social media.

3. Establecer la estrategia.

4. Establecer la tecnología necesaria para lograr esos objetivos.

Así que, con estos 4 puntos estratégicos claros, ¿cuáles son las funciones básicas del community manager?

⇨ Enfocar sus esfuerzos a la consecución de los objetivos marcados.

⇨ Explicar la posición de la empresa dentro de la comunidad.

⇨ Gestionar la comunicación, tanto interna como externa.

⇨ Monitorizar las plataformas de social media.

⇨ Desarrollar acciones específicas para cada plataforma de manera que la comunidad crezca. Encontrar vías de colaboración entre la comunidad y la empresa.

⇨ Analizar los datos obtenidos de la monitorización y la analítica.

⇨ Gestionar las políticas de imagen de marca.

⇨ Elaborar y aplicar un plan de crisis.

2.2. Acciones concretas o puntuales

Las principales acciones que un buen community manager debe llevar a cabo son:

1. Investigar.

2. Monitorizar.

3. Crear contenido.

4. Publicar contenido.

5. Crear concurso.

6. Realizar informes semanales.

7. Gestionar el blog.

8. Hacer labores de atención al cliente.

2.3. Las funciones

Las funciones se pueden dividir en tres bloques:

1. **Tareas mensuales**

   • **Documentarse**. Estar informado de todo lo que acontece en el día a día de su cliente y de su sector.

- Redactar la **agenda de contenidos** en función de los objetivos definidos.

- **Planificar** las **campañas de publicidad online.**

- Proponer unas **acciones de valor**: encuentro bloggers, acciones promocionales, etc.

- **Gestionar** estas acciones propuestas.

- Estar **al tanto de** cuantas **novedades** se den en el mundo social media.

- **Formarse en su trabajo** (tendencias, nuevas herramientas, etc.).

- Analizar qué están haciendo las marcas de la **competencia**.

- Realizar el **informe** del trabajo realizado.

2. **Tareas semanales**

- **Buscar y saber seleccionar contenidos** relevantes que aporten valor a su comunidad en blogs, foros, portales de actualidad, canales de YouTube, etc.

- **Crear** los **contenidos** de valor a publicar en función de la agenda de contenidos.

- Hacer **seguimiento** de las campañas de publicidad online activas.

- **Programar** los distintos **post** en cada una de las redes sociales en función de sus características propias.

- Realizar semanalmente el **estatus de resultados**, realizando una valoración cuantitativa y cualitativa de los datos.

- **Monitorizar** qué se dice de la empresa en las redes sociales para prever posibles crisis.

- Buscar, seleccionar y generar **sinergias con aquellos usuarios más influyentes** de nuestra comunidad.

3. **Tareas diarias**

- **Revisar, dar respuesta e interactuar con los usuarios en cada red social**: mensajes privados, comentarios, menciones en foros, blogs, etc.

- Fomentar el *engagement* de los usuarios con las publicaciones.

- **Revisar** que los post programados se hayan publicado correctamente.

- **Incentivar la conversación e interacción** de los usuarios en redes sociales: Facebook, X, Instagram, etc.

- **Escuchar de forma activa** qué dicen los usuarios en la Red sobre los temas que competen a la empresa.

2.4. Tipos de community manager

Miles de empresas alrededor del mundo han comprobado la importancia de la comunicación digital. El community manager es el encargado de **sostener, incrementar y, en cierta forma, defender las relaciones de la empresa con sus clientes**. Existen funciones del community manager que son universales, sin embargo, existen otras que dependen de las necesidades de las marcas y de la forma de trabajo de las personas, empresas y/o agencias digitales que manejan las marcas. Es por ello que existen diversos tipos de community manager:

⇨ **El community manager freelance**

Los community manager **freelance** no trabajan solamente para una marca sino que, generalmente, manejan más de una al mismo tiempo. Su primera tarea es contactar con un posible cliente y conquistarle para que contrate sus servicios y, normalmente, no solo suelen involucrarse con la comunicación online de la marca sino que también hacen de ejecutivos de cuentas (son los responsables de la gestión comercial online de la empresa, prospectando el mercado y consiguiendo nuevos clientes además de mantener a los actuales). Realizan su trabajo desde fuera de la empresa.

⇨ **El community manager estratega**

Es el tipo de community manager que participa en todo el **proceso estratégico**, produce ideas, crea, genera, estructura y organiza la estrategia de social media y un plan de acción para la marca. Suelen trabajar en agencias de publicidad.

⇨ **El community manager ejecutor**

Se encarga de llevar a cabo las estrategias propuestas por el **community manager estratega**. No planifica, sino que ejecuta las medidas tomadas por los ejecutivos de cuentas, en función de los objetivos planteados. Suelen trabajar en agencias de publicidad.

⇨ **El community manager in-house**

Son los que realizan el trabajo **desde la empresa** y, dependiendo del tamaño de la misma, también pueden ser estrategas o ejecutores. Manejan la presencia digital de la empresa y, al estar dentro de la misma, los procesos suelen ser más sencillos y menos burocráticos.

3. Creación, gestión, moderación y dinamización de una comunidad

3.1. Introducción

Son muchos los community manager que se han hecho famosos en España por las más diversas razones: por su sentido del humor, porque han mejorado la imagen de la empresa a la que representan, por sus acertadas respuestas, por saber enfrentar con sabiduría las quejas de los clientes, por sus declaraciones polémicas, por sus famosos "zascas" o simplemente porque han ido más allá de la llamada del deber a la hora de realizar su trabajo.

a) **Carlos Fernández Guerra**

Aunque actualmente este periodista de formación es el community manager de la cuenta del antiguo X de Iberdrola, su fama la logró como gestor de la misma red social **@policia,** del Cuerpo Nacional de Policía. Pese a trabajar para un colectivo que, a priori, no goza de mucha popularidad, consiguió que esta cuenta institucional fuera de las de más seguidores a nivel internacional por delante, incluso, del FBI.

Entre los **consejos** que nos ofrece para trabajar en redes sociales están:

1. Pensar **siempre** en aquello que puede interesar o ser útil a nuestros seguidores o potenciales clientes. Este tipo de contenido es el que tendremos que priorizar en nuestros tuits.

2. Valorar bien todas las opciones que ofrecen las plataformas 2.0 a nuestro negocio y centrarnos en aquellas que mejor sirvan para nuestra empresa o sector. Una empresa **no tiene que estar en todos los canales** (si, por ejemplo, tenemos una empresa de seguros de decesos no podemos hacer campañas en la desaparecida Tuenti, red social de jóvenes).

3. La **comunicación por redes sociales** es tan importante como tener un buen folleto, un logotipo espectacular o unos escaparates bonitos. Deberás adecuar el mensaje a las redes.

4. Es muy importante hacer **comparativas de mercado** (o *benchmarking*). Es clave saber qué está haciendo tu competencia y aprender de los errores y aciertos ajenos.

5. Recuerda siempre que **las redes sociales son bidireccionales,** nos sirven para saber qué desea o quiere nuestra audiencia; pero para ello debemos interactuar y responder, en definitiva, mantener vivos los canales.

6. No es un trabajo fácil, la gente que trabaja en redes sociales deben ser **profesionales que dominen la comunicación** y se debe invertir en plataformas que maximicen nuestros esfuerzos y en aunar esfuerzos con otras estrategias comerciales de la empresa online y offline.

7. Siempre debemos **monitorizar los resultados** y saber que, seguramente, la rentabilidad no va a llegar en el corto plazo.

8. Por último **no temas equivocarte**. En las redes sociales, como en otros ámbitos de la vida, es mejor equivocarse que no hacer nada. ¡El que arriesga gana!

b) **El éxito y el mensaje**

El que fue el community manager de la cuenta del antiguo X **@policía** apostó por la gestión inteligente de las problemáticas derivadas de delitos en el entorno de la web social. La conjugación de humor y responsabilidad, en una de las cuentas más influyentes del mundo, es lo que le ha llevado al éxito. Incluso la **CIA** ha copiado el estilo implantado en la policía española.

c) Lo que caracterizó la gestión de la cuenta de este community fue el mensaje directo y sencillo a los usuarios. Con tuits del estilo *"Si un troll os acosa, hay que bloquearle. Si os amenaza, denunciad en la comisaría"* ha conseguido convencer a más de un millón de seguidores de la importancia de las redes sociales como herramienta de difusión.

205

3.2. Community manager españoles que se hicieron virales

Veamos algunos casos:

a) **Community manager de Netflix**: muchas veces los usuarios piden cosas a las marcas mediante las redes sociales, simplemente por pasar el rato o bromear. Y, en ocasiones, obtienen su recompensa.

b) **Community manager de Alsa**: una tuitera quiso saber si había cargadores de móvil en la flota de autobuses de la compañía. Hizo la pregunta con doble sentido y, con el mismo doble sentido, le vino la respuesta.

c) **Community manager de Media Markt**: es de los community manager que siempre están al borde de la polémica con muchos de sus tuits. Sus tuits son amados u odiados por igual. ¿Este modo de llevar la cuenta es perjudicial para la cadena? Cada uno tendrá su opinión particular, pero lo que está claro es que el community manager de Media Markt cumple de buen grado las premisas más importantes de las redes sociales para las empresas: informar de ofertas y promociones, monitorizar todo lo que se dice de ellas en las redes sociales y conversar con los usuarios estableciendo una comunicación bidireccional.

d) **Community manager de Mercadona**: algunas empresas han aprendido de sus errores en el pasado en las redes sociales. En la actualidad el community de Mercadona actúa con mucha profesionalidad y sus respuestas son rápidas y acertadas. Ahora Mercadona sí se toma las redes sociales en serio.

e) **Community manager Renfe**: los community de Renfe han resultado polémicos en alguna ocasión pero, en muchísimas otras, sus tuits tienen chispa.

4. Contenidos comerciales y comunidades comerciales

Conseguir crear contenidos comerciales será una de las mayores preocupaciones de las empresas. Esto es así, entre otros motivos, por el mercado cada vez más competitivo en el que nos encontramos.

Por ello, todas las empresas deberían adaptarse a la tecnología 2.0 y dinamizar su actividad comercial. Las redes sociales permiten acceder a los recursos más ordenadamente y ayudan a crear **comunidades comerciales**:

a)   Consiguen tener a todo el equipo de trabajo y a los clientes **reunidos** en un espacio virtual de forma continua y en tiempo real.

b)   Agilizan el **compartir** información: sobre la empresa, sobre las visitas, se puede analizar esa información, etc.

c)   Generan sensación de estar **acompañado,** se siente a la otra persona cerca, lo que hace que todos nos impliquemos más en el proceso.

d)   Uso de la **gamificación** en muchas comunidades para aumentar ventas.

e)   **Colaboración y espíritu de equipo**. Las comunidades virtuales, al permitir compartir contenidos en muchos formatos, aportan resultados medibles, incrementan ventas y disminuyen costes.

Una comunidad comercial puede querer comunicarse internamente, sin más, pero también puede ser una auténtica comunidad de aprendizaje y de práctica.

5.   Las 3 leyes de las comunidades virtuales

¿Cuáles son las 3 leyes que hay que tener en cuenta en la creación y gestión de las comunidades virtuales?

1.   **Ley de autenticidad**: quiere decir que el perfil no debe dañar la identidad de la persona, o empresa, o hacer que sea percibida como no es.

2.   **Ley de relación**: quiere decir que la actividad está destinada a potenciar la relación con otras personas, contribuir a que se comparta contenido y conocimiento y ampliar vínculos.

3.   **Ley de protección**: quiere decir que la presencia en redes sociales y comunidades virtuales debe proteger:

a)   Su propia existencia.

b)   La honestidad de las relaciones.

c)   La libertad de información.

d)   La privacidad de los datos.

6.   La confianza

Estamos viendo que el social media se caracteriza por las relaciones entre sus usuarios, los cuales interactúan en redes sociales, blogs, foros, etc. La relación entre marcas y clientes ya no es unidireccional. Se establece un círculo de confianza entre ellos y el community manager debe saber esto y tenerlo en cuenta en sus labores.

Si se presta la atención que requiere a ese círculo de confianza podemos definir sus integrantes y cómo hay que dirigirse a ellos:

⇨ Se puede **acceder a él libremente** e interactuar siempre respetando las normas.

⇨ Practicar la **escucha activa** siempre y tener en cuenta todas las opiniones y necesidades de los clientes.

⇨ Fomentar la **pertenencia** a la marca y la interactividad.

⇨ Prestar atención a todas las partes participantes, así, el usuario notará que es **escuchado**.

⇨ Todas las partes tienen la **misma importancia** y protagonismo para expresarse y hacerse oír.

7. Aspectos legales y propiedad intelectual

7.1. Introducción

 La propiedad intelectual es una expresión jurídica que engloba la propiedad industrial y el derecho de autor y de los derechos conexos. La propiedad intelectual consiste en ideas, expresiones originales, nombres distintivos y el aspecto de los productos, que les confiere su carácter único, su valor y valor diferencial.

En el mundo de Internet, la propiedad intelectual es importante más que en cualquier otro sistema comercial. Supone que para la comercialización de productos y servicios, todo se base en la propiedad intelectual y en la concesión de las licencias correspondientes. Algunos ejemplos son:

⇨ Música.

⇨ Imágenes.

⇨ Software.

⇨ Diseños.

⇨ Módulos de capacitación.

⇨ Sistemas, etc.

El principal componente de valor, en todos, es la propiedad intelectual, ya que los elementos valiosos que se comercializan a través de Internet deben protegerse de manera adecuada, utilizando sistemas tecnológicos de seguridad y aplicando las normas de propiedad intelectual.

La propiedad intelectual es lo que hace que, por ejemplo, el comercio electrónico exista y, al mismo tiempo, hace posible su funcionamiento. Los sistemas y las herramientas que lo hacen realidad son los softwares, las redes de datos, los circuitos integrados, la interfaz de usuario, etc. Todos ellos son elementos con propiedad intelectual y se protegen con los derechos de la misma.

7.2. Proteger la propiedad intelectual

Los sitios web y los comercios electrónicos corren el riesgo de que otros copien su apariencia, elementos gráficos y el funcionamiento del sitio en general. Asimismo, también corremos el riesgo de incurrir en el uso no autorizado de activos de propiedad intelectual de terceros. Por ello, debemos tener en cuenta las cuestiones básicas antes de crear un sitio web para proteger nuestra propiedad intelectual y, al mismo tiempo, estar seguros de que no incurrimos en la violación de la propiedad intelectual de terceros.

Los **elementos del sitio web que pueden protegerse** son:

⇨ Los motores de búsqueda internos y los sistemas de comercio electrónico pueden protegerse patentando el modelo de utilidad.

⇨ Los programas informáticos o software, incluido el código HTML o el lenguaje de programación que se utiliza para construir los sitios web, pueden protegerse por derecho de autor y por patente.

⇨ El diseño del sitio web se presta a la protección por derechos de autor, evitando así que el aspecto estético de una web sea plagiado.

⇨ El contenido creativo del sitio web, textos, imágenes, música, vídeos, también están protegidos por los derechos de autor.

⇨ Las bases de datos, a través de los derechos de autor y mediante la legislación vigente sobre el Reglamento General de Protección de Datos.

⇨ Los nombres comerciales, logotipos, nombres de productos, el dominio y otros signos publicados en el sitio web, se protegen como marcas.

⇨ Los símbolos gráficos, los diseños, las interfaces gráficas de usuario pueden protegerse mediante le legislación sobre diseños industriales.

⇨ Los aspectos confidenciales del sitio web, el código fuente, objeto, algoritmos, gráficos de datos, lógicos, estructura de datos y contenido de bases de datos, se protegen mediante legislación sobre secretos comerciales.

Cómo proteger el sitio web y sus elementos:

Tomando medidas preventivas que nos ayuden a proteger el sitio web de usos abusivos, por ejemplo:

⇨ Proteger los derechos de propiedad intelectual:

- Registrar marcas.

- Registrar el nombre de dominio.

- Registrar la web y los elementos susceptibles de ser protegidos por derechos de autor, en el caso de que nosotros seamos los creadores originales.

- Poseer un plan de actuación para que todas las personas relacionadas directamente con el manejo interno de la web cumplan con el principio de confidencialidad.

⇨ Hacer saber a los usuarios y al público qué contenido está protegido: muchas personas piensan que los contenidos que existen en Internet son de libre uso y que los contenidos de las web pueden utilizarse libremente, por lo que conviene anunciar esto sobre cada elemento susceptible.

- Marcas y elementos registrados ®™SM^{SM}C©

- Metadatos incrustados en los elementos, que demuestren el estado en el que se hallaba el contenido en un momento determinado.

⇨ Hacer saber a los usuarios y al público qué uso puede hacer del contenido: incluir un texto informativo de advertencia en la cabecera o en el pie de página web explicando la postura de la empresa respecto al uso del sitio. De este modo, los usuarios estarán informado sobre qué usos están permitidos (dirigir enlaces hacia el sitio, crear enlaces con el sitio, descargar e imprimir material del sitio y las condiciones) además también se recomienda aportar un contacto sobre el departamento o persona responsable que corresponda para obtener autorización de uso.

¿Puedo utilizar material ajeno en mi web o comercio online?

Sí, pero sin incurrir en la violación de la propiedad intelectual ni derechos de autor. En el escenario actual es muy sencillo nutrir nuestro sitio web con material o contenido creado por terceros, imágenes, gráficos, vídeos, audios, textos, etc. No obstante, el hecho de que estén disponibles en Internet y la tecnología permita copiarlos de manera sencilla, no significa que tengamos derecho a utilizarlos. Utilizar alguno de estos elementos sin que hayamos obtenido autorización para ello, a través de una cesión o licencia, tendrá consecuencias jurídicas para la persona o empresa que haya realizado un uso indebido sin la autorización debida.

Pero no solo podemos incurrir en faltas o delitos con la utilización de material sin autorización, también podemos hacerlo a través del mal uso o modificación del mismo:

⇨ Utilización de herramientas técnicas de terceros: si vas a utilizar un sistema de comercio electrónico, por ejemplo: Shopify, Palbin o Prestashop, un motor de búsqueda interno o cualquier otra herramienta técnica en o para tu sitio web, no podrás realizar un uso de la misma, sin antes haber aceptado un acuerdo de licencia.

⇨ Utilización de software de terceros: la utilización de programas informáticos que se venden a través de un soporte físico instalable están sujetos a licencia. Hoy en día, muchos software en la nube también requieren de una licencia para poder ser utilizados o acceder a su versión premium o completa.

⇨ Utilización de obras de terceros protegidas: al igual que en los anteriores casos, el hecho de poder conseguir un material a través de Internet, no nos legitima para darle uso. Si deseamos publicar textos, gráficos, imágenes, elementos multimedia, etc. Necesitaremos una autorización previa para su uso y además su utilización estará sujeta a los términos de usos concretos para cada caso.

⇨ Utilización de marcas de terceros: en ningún caso será posible usar las marcas de terceros para inducir de manera intencionada o no a la confusión de los usuarios que visiten nuestra web o comercio online.

⇨ Utilización de la imagen de terceros: el nombre identificativo, rostro, imagen pública proyectada o voz de las personas están protegidos por derechos de privacidad y publicidad.

7.3. Tipos de licencias

¿Conoces la organización Creative Commons? Es una organización sin ánimo de lucro que nace de la necesidad de proporcionar obras originales para que puedan ser utilizadas de manera legal. Cada autor tiene la potestad de poder decidir sobre los límites de uso y o explotación de sus creaciones a través de Internet.

Estos derechos y licencias de autor permiten a los creadores comunicar los derechos que se reservan sobre su obra y a cuáles renuncian en beneficio de su uso y o distribución por parte de los destinatarios.

Las licencias Creative Commons no reemplazan en ningún caso a los derechos de autor ni a la propiedad intelectual, sino que están basadas en ellos. La ventaja de las licencias Creative Commons es que sustituyen las negociaciones individuales por los derechos específicos de utilización y distribución de cada obra. Esto se realiza a través de una serie de símbolos visuales asociados, que explican los detalles específicos de cada una de las licencias Creative Commons asociada a cada obra.

Se establece una base de **seis licencias Creative Commons** asociadas a cuatro condiciones estándar:

⇨ **Reconocimiento o atribución**: en cualquier tipo de explotación de la obra será necesario reconocer la autoría del creador.

⇨ **No comercial**: no se puede realizar un uso comercial de la obra.

⇨ **Sin obras derivadas**: no se puede transformar ni modificar la obra original para crear una obra derivada de ella.

⇨ **Compartir igual**: se pueden generar obras derivadas de la original pero manteniendo la misma licencia al divulgarlas.

Los **6 tipos de licencias Creative Commons** son **infracciones graves**:

⇨ **Reconocimiento (by)**: cualquier explotación de la obra, incluyendo obras derivadas y explotación comercial y la distribución sin restricción, solo hay que reconocer al autor original.

⇨ **Reconocimiento–No Comercial (by-nc)**: se pueden generar obras derivadas pero no se permite el uso comercial de las mismas. Se prohíbe el uso de la obra original con fines comerciales.

⇨ **Reconocimiento–No Comercial–Compartir igual (by-nc-sa)**: se prohíbe el uso comercial de la obra original y de las derivadas, la distribución de las derivadas se realiza con la misma licencia que la obra original.

⇨ **Reconocimiento–No Comercial–Sin Obra Derivada (by-nc-nd)**: se prohíbe el uso comercial de la obra comercial y la generación de obras derivadas.

⇨ **Reconocimiento–Compartir Igual (by-sa)**: se permite el uso comercial de la obra original y de las derivadas, así como la distribución de las mismas siempre debe ser con la licencia de la original.

⇨ **Reconocimiento–Sin Obra Derivada (by-nd)**: está permitido el uso comercial de la obra, pero se prohíbe la generación de obras derivadas de la misma.

Se permite la repoducción total o parcial, la distribución, la comunicación pública de la obra y la creación de obras derivadas, incluso con fines comerciales, siempre y cuando se reconozca la autoría de la obra original.

	Se permite la repoducción total o parcial, la distribución, la comunicación pública de la obra y la creación de obras derivadas, siempre que no sea con fines comerciales y que se reconozca la autoría de la obra original.
	Se permite la repoducción total o parcial, la distribución, la comunicación pública de la obra y la creación de obras derivadas, siempre que no sea con fines comerciales y que se distribuyan bajo la misma licencia que regula la obra original. Es necesario que se reconozca la autoría de la obra original.
	Se permite a otros descargar las obras y compartirlas con otros siempre y cuando se dé crédito al autor, pero no permiten cambiarlas de forma alguna, ni usarlas comercialmente. Es la más restrictiva.
	Se permite la repoducción total o parcial, la distribución, la comunicación pública de la obra y la creación de obras derivadas, incluso con fines comerciales, siempre y cuando estas se distribuyan bajo la misma licencia que regula la obra original y se reconozca la autoría de la obra original.
	Se permite la redistribución comercial o no comercial, siempre y cuando la obra circule íntegramente y sin cambios, dándote crédito.

Fuente: https://bib.us.es/noticias/no-6-2019-licencias-creative-commons

Si te has fijado, todas las licencias requieren la condición de reconocimiento del autor por lo que, al usar las obras o materiales tendrás que atribuirlas siempre al creador original.

215

Eres un abogado especializado en derechos de autor de contenidos digitales. No trabajas en un bufete, sino que ofreces tus servicios como profesional. Quieres crear una marca personal (personal branding) dándote a conocer como profesional de tu sector.

¿Qué acciones puedes hacer?

SOLUCIÓN:

La marca personal es un concepto de desarrollo personal consistente en considerar a determinadas personas como una marca que, al igual que las marcas comerciales, debe ser elaborada, transmitida y protegida con ánimo de diferenciarse y conseguir mayor éxito en las relaciones sociales y profesionales. Surgió como una técnica para la búsqueda de trabajo. A diferencia de otros enfoques de técnicas de mejora profesional que tienden a la mejora de las características personales, este enfoque de marca personal tiende a la promoción personal a través de la percepción que los demás tienen de uno.

Estos son algunos de los pasos que podríamos dar para crear nuestra marca personal. Tomaremos como ejemplo la web de Laura Ribas, especialista en estrategias empresariales.

1.   **Creación de una web**

En este caso no se trata de una web corporativa, sino de una web personal donde lo importante es dar a conocer al profesional, con lo que algunas de sus características serán:

•   Es conveniente que el nombre del dominio sea nuestro nombre.

•   Nuestra imagen debe estar presente en toda la web para que luego puedan reconocernos. La web debe estar escrita en primera persona. Debemos mostrar que somos nosotros, con nuestros conocimientos, los que podemos ayudar a nuestros clientes.

•   Es conveniente poner testimonios personales (y verdaderos) de clientes a los que hemos ayudado.

.../...

.../...

- Si hemos actuado en televisiones, programas de radio o conferencias deberemos poner un enlace a estos medios. Debemos promover que cualquier visitante nos pida más información o nos consulte, mediante formularios de consulta, llamadas a la acción, etc.

- Debemos conseguir una lista de prospectos a los que podamos mandarles publicidad o información mediante un newsletter (o boletín electrónico).

2. **Creación de un blog**

La creación de un blog nos servirá principalmente para:

- Escribir artículos de calidad, innovadores, que demuestren a los lectores nuestro conocimiento del sector.

- Favorecerán el posicionamiento en Google de nuestra web, con lo que conseguiremos más visitas.

3. **Redes sociales**

Debemos aparecer en redes sociales, pero no en cualquier red. Algunas redes que podríamos tener en cuenta son:

- **Facebook**. Es la red más popular del mundo. Muchos creativos tienen perfil en la misma y podremos acceder a ellos gracias a los filtros de que dispone Facebook y que nos permiten segmentar nuestro mensaje comercial.

- **LinkedIn**. Es una red profesional. Existen grupos de creativos en los que se tratan temas que nosotros "vendemos". Podremos dar nuestra opinión y a partir de ahí conseguir nuevos clientes.

- **X.** Es la red por antonomasia para estar informado al instante de cualquier tema que pasa. Podemos aprovechar este hecho para dar nuestra opinión sobre los temas más candentes e ir consiguiendo renombre como especialista de ese campo.

La presente unidad:

⇨ Se ha detenido en explicar las funciones y tareas del nuevo perfil surgido a raíz de los avances en comunicación e Internet: el community manager.

⇨ Además, se explica bien cómo crear, gestionar y dinamizar una comunidad para que queden claras las funciones del community manager y se puedan crear contenidos de calidad.

⇨ La unidad finaliza con los aspectos legales sobre la materia.

UNIDAD DIDÁCTICA

7

Reputation management: gestión de la reputación online. Contenidos teóricos

Contenido & Objetivos

Introducción

Resumen

Los **objetivos** de esta unidad son:

1. Aprender qué es la reputación online.

2. Saber cómo medirla.

3. Implantar correctamente un plan de comunicación.

Introducción

Para finalizar, hay que explicar en qué consiste la reputación online y cómo saber gestionarla, además de saber en qué influye en nuestro día a día.

1. Introducción

El concepto de **reputación** nos acompaña durante toda la vida. Nuestra reputación nos define ante los demás y, queramos o no, condicionará su comportamiento ante nosotros y nuestras relaciones con ellos. El **qué dirán** nos afecta. Y, en el caso de una empresa o de un profesional, ese qué dirán puede marcar la diferencia entre tener trabajo o no tenerlo, vender más o menos, o conseguir o no un proyecto.

Con el surgimiento de la **Web 2.0 o web social** la proyección de una empresa ha dado un giro de 180 grados. Hasta hace unos años el poder en la creación de la imagen de la empresa (branding) correspondía a la propia empresa, pues era quien tenía los medios necesarios para influir en sus clientes, sobre todo mediante la publicidad. Los clientes podían compartir su experiencia con los más cercanos, pero su opinión tenía poco recorrido.

Pero con la Web 2.0 todo cambió. La comunicación (del latín *communicare*, que significa compartir) pasó a ser **bidireccional**. El usuario de Internet pasó de ser un mero **receptor de información** a ser también generador de contenidos (el consumidor se convierte en prosumidor). Entre las características de la Web 2.0 están:

1. Es una web **dinámica**, que está cambiando continuamente.

2. Promueve y favorece la **comunicación abierta** entre los usuarios.

3. Se comienzan a crear **comunidades** en torno a webs como wikis, foros, blogs o redes sociales.

4. La web se vuelve **social y participativa**.

5. El **control de la comunicación** está en manos del usuario.

Hoy en día la empresa sigue teniendo todos los medios, pero ahora también los tienen los consumidores. El boca-oreja de antaño se ha magnificado con la web social y la reputación ya no es un monopolio de la empresa, sino que configura a partir de mensajes que cualquiera puede lanzar en la Red. Esta reputación, que se da en el entorno digital, es lo que denominamos **reputación online**.

2. ¿Qué es el ORM?

2.1. Introducción

Como hemos visto en la sección anterior, la **reputación online** es el **reflejo del prestigio o estima de una persona o marca en Internet**. A diferencia de la marca, que se puede generar a través de medios publicitarios, la reputación no está bajo el control absoluto del sujeto o la organización, sino que la fabrican también el resto de personas cuando conversan y aportan sus opiniones.

Esto es especialmente importante en Internet, donde resulta muy fácil y barato verter información y opiniones a través de mecanismos como foros, blogs o redes sociales. Este fenómeno de amateurización de los **contenidos es lo que conocemos** como contenido generado por el usuario, del inglés *user generated content*. Por tanto, la reputación online está estrechamente vinculada con la reputación de marca, puesto que la reputación se genera desde los climas de opinión online de los consumidores en su despliegue social, tanto en el contexto online como offline.

 A la práctica consistente en mantener un **seguimiento y análisis continuado de la reputación online** de un anunciante, al tiempo que se **trata de influir sobre los contenidos que puedan afectarla**, se le denomina **ORM**, del inglés *Online Reputation Management*. En castellano suele denominarse **gestión de la reputación online**.

Si una información negativa se propagara como contenido viral y alcanzase repercusión mediática, podría dar al traste con las inversiones y los esfuerzos dedicados a la construcción de la marca, de ahí que el **objetivo último del ORM sea proactivo**: cultivar una **predisposición positiva en los usuarios e intentar que las opiniones vertidas coincidan con los intereses empresariales de la compañía**.

2.2. Importancia del ORM

Se vuelcan en la Red multitud de informaciones, comunicados y opiniones que, poco a poco, van conformando la reputación sobre personas, empresas, marcas, productos o servicios. Estos datos son recopilados por los distintos buscadores, siendo el más importante Google. La gestión de la reputación online va desde la **recopilación** de toda la información relacionada, pasando por su **seguimiento**, con criterio de si afecta o no negativamente a la reputación e imagen de la persona, empresa o marca, pero además, de su gestión o control, es decir, de influir sobre dichos contenidos que perjudican a nuestra marca.

Hay encuestas que indican que en España la mitad de la población se conecta a Internet habitualmente (todos los días o al menos una vez por semana) y el principal servicio utilizado es la búsqueda de información sobre bienes y servicios.

Con esta información, la pregunta que debe plantearse cualquier persona, empresa o marca es la siguiente: ¿qué ocurre cuando alguien busca mi marca en un buscador?

⇨ La construcción de una marca tiene unos **inmensos costes en publicidad y marketing**, y un proceso complejo de creación de campañas publicitarias y de comunicación en medios de todo tipo. En este contexto, Internet y las nuevas plataformas de participación social han dado nuevas y modernas herramientas al internauta para opinar, informar y comunicar.

⇨ El aumento e importancia de este tipo de espacios ha convertido Internet en una plataforma de libertad de expresión sin competencia ni limitaciones, y ello ha supuesto un gran avance para todos. Sin embargo, **su uso no siempre es el adecuado** o, por lo menos, puede, en muchas ocasiones, no coincidir con los intereses personales o empresariales de las personas implicadas en informaciones aparecidas en la Red.

⇨ Las opiniones, por ejemplo, son un arma muy poderosa de promoción empresarial cuando son positivas, pero nefastas cuando son negativas. En este segundo caso, hay que poner remedio cuanto antes para **contrarrestar las informaciones negativas** con el fin de que desaparezcan de la Red o, en todo caso, no ocupen posiciones relevantes en los buscadores con el fin de mitigar sus efectos adversos.

La gestión de la reputación online es, pues, un aspecto crítico de nuestro negocio. Nuestra marca es lo que nuestra empresa transmite o exterioriza. Es típico asociar el concepto de marca a un logo, o un nombre, pero marca es también lo que la organización transmite de sí misma. Construimos marca cuando publicamos una nota de prensa, cuando nos anunciamos de una determinada manera en la radio o cuando hablamos con un posible cliente. Marca sería lo que decimos de nosotros, mientras reputación es lo que los demás ven en nosotros. La marca es muy importante, pero será la reputación la que provocará que la gente nos acoja o nos rechace, así que, como empresa, nos interesará siempre que esa reputación sea lo más parecida posible a la idea de marca que queremos mostrar.

Según la RAE, **la influencia** es la autoridad de alguien para con otra u otras personas. Esta influencia no llega de la noche a la mañana, sino que suele llegar tras una larga trayectoria personal o profesional. Por lo tanto, para ser influyentes previamente debemos habernos labrado una buena reputación. Estamos, por tanto, en una cadena:

⇨ Transmitimos una imagen de marca y buscamos que otros transmitan también una imagen de nuestra marca acorde con nuestros valores.

⇨ Esa imagen de marca que se transmite por múltiples canales va construyendo nuestra reputación.

⇨ Gracias a la (buena) reputación conseguida, somos capaces de influir en los demás.

El beneficio de la cadena anterior es la fidelización del cliente. Un cliente fidelizado será bueno por dos razones principales:

⇨ Nos comprará, puesto que ya confía en nuestra marca.

⇨ Hará de vocero de nuestra marca, es decir, verterá en Internet buenas opiniones sobre nosotros, lo que aumentará nuestro branding y buena reputación.

3. Plan de reputación online

3.1. Introducción

La creación de la **reputación online** de una empresa está continuamente creándose en Internet, y tal vez la empresa ni siquiera esté enterada de ello. La reputación online abarca todas las estrategias y acciones para aumentar la visibilidad en Internet de contenidos que hablen bien de una empresa, marca o nombre personal. La primera acción en todo es el análisis y consiste en escuchar y valorar (diagnóstico) todas las opiniones sobre nuestra marca.

El segundo paso es crear y ejecutar un plan de **reputación online** con acciones constantes de **creación de contenidos positivos sobre nuestra empresa o marca** en Internet, redes sociales y aquellos portales web de mayor visibilidad para nuestro público objetivo.

El plan nunca se termina y, una vez realizadas las acciones (**plan de comunicación**), debemos seguir realizando la escucha (**monitorización**) de Internet para ver el alcance de las mismas y cómo han influido en nuestra reputación online.

A la hora de realizar nuestro plan deberemos tener en cuenta los **10 mandamientos de la reputación online**. En la era digital ya nada nos protege de las críticas, y aunque esto es bueno en aras de la libertad de expresión, puede ser catastrófico cuando nuestra empresa es atacada o difamada. Aunque el mundo de la reputación online cambiará en los próximos años, estos simples mandamientos seguro que beneficiarán a nuestra marca:

1. **Llegar a ser respetados**. La confianza de nuestros clientes es un activo perecedero y difícil de ganar. Hacer que la gente respete nuestro trabajo, nuestro servicio o nuestros productos es el mandamiento principal de la gestión de la reputación online.

2. **Ser transparentes**. Aún más, ser radicalmente transparentes. Siempre será la mejor manera de acallar las críticas.

3. **Monitorear los que dicen de nosotros**. No solamente para hacer frente a posibles críticas sino porque hoy en día muchas personas realizan consultas en la Red sobre nuestros productos o servicios, y una buena respuesta por nuestra parte puede hacer que un usuario se convierta en cliente.

4. **Reaccionar rápida y cortésmente**. En el caso de, por ejemplo, una reclamación en Twitter, un rápido y simple "Somos conscientes del problema. Estamos trabajando en ello y nos pondremos en contacto con usted lo antes posible", es mejor que una respuesta tardía con más información.

5. **Abordar la crítica**. Por ejemplo, con artículos en prensa que puedan ir en tu contra, puedes responder reconociendo los hechos e indicando que están solucionándolos.

6. **Trata la página 1 de Google como si fuera tu tarjeta de visita**. Las primeras impresiones cuentan. Si las palabras "estafa" y "timo" están asociadas con tu marca, eso es algo de lo que deberías preocuparte.

7. **Entiende a tus detractores**. La crítica puede ser la oportunidad de aprender más acerca de tu audiencia y crear un mejor mensaje en el futuro.

8. **Ataca a tus atacantes ilegítimos**. A veces simplemente tenemos que luchar contra el comportamiento ilegal.

9. **Aprende de tus errores**. Será mucho mejor esto que no ponerte a la defensiva, por ejemplo.

10. **Pide ayuda si es necesario**. Si tus esfuerzos de gestión de reputación no son suficientes para proteger o restaurar tu imagen de marca, tienes la opción de solicitar la ayuda de un profesional.

3.2. Fases de ejecución del plan

Grosso modo estas son las fases que debemos tener en cuenta a la hora de elaborar un plan de reputación online:

1. **Búsqueda**: esta es una tarea que requiere paciencia. Se trata de buscar los espacios óptimos de Internet, en los cuales podemos influir de una manera directa y destacada en nuestro público objetivo.

2. **Estudio o análisis**: del comportamiento del consumidor en Internet, especialmente en relación con nuestra marca.

3. **Análisis interno**: autocrítica de nuestra posición en Internet, ¿qué estamos haciendo bien o mal? ¿En qué podemos mejorar? ¿Tenemos presencia en Internet?

4. **Análisis DAFO**: diagnóstico completo de nuestra presencia en Internet (debilidades, amenazas, fortalezas y oportunidades).

5. **Objetivos**: la que seguiremos para conseguir los objetivos marcados. Debemos tener en cuenta los activos de los que disponemos (contenidos, espacios, líderes de opinión, etc.).

6. **Estrategia**: que seguiremos para conseguir los objetivos marcados. Debemos tener en cuenta los activos con los que disponemos (contenidos, espacios, líderes de opinión, etc.).

7. **Táctica**: especificación de cada punto de la estrategia.

8. **Sistemas de control**: herramientas que podemos utilizar y la periodicidad de las mismas.

9. **Mecanización**: planificación de los recursos (tanto materiales como humanos) y programación de las tareas.

10. **Corrección**: monitorización de la reputación online durante la ejecución del plan para corregir desviaciones en los objetivos.

11. **Gabinete de crisis**: subplan específico que se pone en marcha en caso de crisis de reputación.

3.3. El plan de crisis

A la hora de confeccionar nuestro plan de reputación online debemos tener muy en cuenta las líneas de actuación en el caso de que se produzca una crisis de reputación (bien porque se viertan opiniones negativas sobre nuestra marca, bien porque hayamos cometido algún error, etc.).

Este plan de crisis deberá ponerse en marcha de inmediato siempre que haya una situación de crisis, independientemente del punto en el que nos encontremos dentro del plan general de reputación online. La documentación básica que debemos especificar en el plan de crisis estará formada por:

a) **Guías principales**: breve introducción con los pasos a seguir en una crisis a grandes rasgos.

b) **Comunicación interna**: cómo se va a comunicar la crisis de reputación internamente.

c) **Canales y prioridades de comunicación**: canales de comunicación interna para hacer llegar lo más rápido posible la noticia a la persona encargada y prioridades comunicativas, tanto internamente como de cara a los medios.

d) **Comité de crisis**: responsables de área y líneas maestras de actuación según tipo de crisis.

e) **Comunicación externa**: cómo se va a comunicar la crisis de reputación externamente.

f) **Respuestas preestablecidas**: dadas por el responsable de área y en función del carácter de la crisis, el potencial y la gravedad de la misma.

g) **Responsabilidades**: asunción de responsabilidades lo más rápido posible por parte de la empresa en caso de haber cometido un error.

4. Análisis

La parte de **análisis** del plan de reputación online es la parte de investigación y nos servirá para conocer el punto de partida. Se trata de **escuchar a la Red** para dar respuesta a preguntas como: ¿quién habla de la marca?, ¿dónde hablan de ella?, ¿qué dicen? o ¿qué dice la marca de sí misma? Internet nos ofrece la oportunidad de conocer exactamente dónde, qué y quién está hablando de nuestra marca. Esta oportunidad tenemos que aprovecharla para hacernos una idea del **estatus de nuestra reputación online**. Al día se puede rastrear casi el 100% de las opiniones sobre nuestra marca.

Además de investigar la propia marca, es importante también hacer un **análisis de la competencia**: ¿qué dicen los competidores de sí mismos?, ¿quién habla de los competidores y qué dicen?, ¿en qué canales? De esta forma, podremos comparar la situación de la marca con los resultados de la competencia.

Existen muchas herramientas (algunas de pago) que nos permiten escuchar Internet y en especial las redes sociales. Entre ellas podemos destacar:

⇨ **Hootsuite**

Es una herramienta de pago, aunque la podemos probar de forma gratuita durante 30 días. Existe un plan gratuito para un usuario y un máximo de tres redes sociales. Es una herramienta muy completa que nos permite gestionar multitud de redes sociales desde un mismo lugar y nos ayuda a proteger la reputación de la marca gracias a sus herramientas de monitorización de mensajes y menciones.

⇨ **Mention**

Es una sencilla y práctica herramienta muy útil para todo SEO o profesional del marketing online. La función de Mention es bien sencilla, es una herramienta de monitorización de palabras clave en Internet. A través de diferentes opciones y menús, podemos configurar menciones para palabras clave que nos interesen. Algunas de utilidad pueden ser:

- Nuestra propia marca o dominio.

- La marca de nuestra competencia.

- Palabras clave de negocio.

Además, Mention tiene muchas posibilidades en términos de *linkbuilding*. Es decir, identificar dónde se está hablando de nosotros, de nuestra competencia o de nuestro sector puede ser muy interesante a la hora de tratar de conseguir enlaces.

Cabe destacar que todas las alertas de Mention son en tiempo real, esto es una ventaja si lo comparamos con herramientas como Google Alerts, donde las alertas pueden aparecer hasta varios días después.

Mention tiene una versión gratuita en la que se pueden monitorizar hasta 100 menciones mensuales.

⇨ **Google Alerts**

Es un servicio gratuito muy útil que permite conocer las menciones de tu marca en sitios web y blogs de manera rápida. Nos puede enviar informes por correo electrónico.

Los **factores a investigar** son:

1. **¿Dónde se habla de nuestra marca?**: se habla bien o mal de nosotros en foros, blogs, en redes sociales, etc. Lo primero que debemos hacer es ir a Google y escribir el nombre de nuestra marca en la barra de búsqueda. Lo haremos saliendo de nuestra sesión de Google (para evitar búsquedas personalizadas) o bien utilizando el modo incógnito del navegador (Ctrl + Mayús + N en Chrome).

2. **¿Quién habla sobre nuestra marca?**: ¿es un cliente molesto/contento con nuestro servicio? ¿Es la competencia? ¿Es un líder de opinión?

3. **¿Qué se habla sobre nuestra marca?**: se habla bien, de forma neutral o de forma negativa. ¿Por qué se habla bien o mal de nuestra empresa? ¿Cuál es la causa?

Las **acciones** sugeridas para investigar y monitorizar nuestra reputación online son:

1. Configurar alertas en los buscadores para el nombre de la empresa/marca.

2. Utilizar los buscadores internos de las redes sociales para detectar opiniones relacionadas con la empresa/marca en dichos portales de la Web 2.0.

3. Hacer uso de herramientas de pago y gratuitas de rastreo web de opiniones.

4. Analizar los primeros resultados en buscadores para el nombre de nuestra marca, el nombre de nuestros principales servicios o el nombre de nuestra empresa.

Una vez identificadas las opiniones sobre nuestra marca, lo aconsejable es participar en las opiniones negativas donde sea prudente responder. Cada caso es diferente y no siempre es bueno participar contra argumentando la crítica inicial. A veces eso da pie a que nuevos usuarios inserten nuevas críticas.

5. Diagnóstico

Una vez realizado el **análisis** de la etapa anterior es el momento de realizar un buen **diagnóstico de nuestra marca** en Internet, para tomarlo como inicio y guía de nuestro plan de reputación online.

El **diagnóstico de marca** permite mantener un control de todo lo que sucede alrededor de la misma, previendo los problemas antes de que surjan, identificando los existentes y permitiendo que se puedan solucionar de manera rápida y efectiva. El diagnóstico de marca permite localizar y solucionar los problemas que existen alrededor de esta.

Un buen diagnóstico de marca se realiza mediante la aplicación de varias herramientas al servicio de la empresa. Entre ellos, se pueden efectuar varias **auditorías** para conocer el estado de la marca en el mercado, cuál es la percepción del cliente acerca de ella y qué espera encontrar. Por ejemplo, mediante la realización de una **auditoría de posicionamiento** se puede encontrar si está por delante o por detrás de la competencia, mientras que en una **auditoría de naming** se percibe el prestigio que tiene la marca frente a otras. Si se realiza una **auditoría de identidad visual** se puede conocer si esta es adecuada al producto o a las expectativas de los clientes.

En el caso de la **reputación online** la **auditoría o diagnóstico de la marca** deberá tener en cuenta el **estado de la marca en Internet**. Tras la fase de análisis deberemos ser capaces de realizar un diagnóstico y contestar a preguntas del tipo:

⇨   ¿Qué dicen de mi marca?

⇨   ¿Quiénes son los que hablan de mi marca?

⇨   ¿Qué repercusión tiene en lo que se habla de mi marca lo que yo mismo hago?

⇨   ¿Qué temas me inspiran?

⇨   ¿Qué usuarios me inspiran?

⇨   ¿Qué están haciendo esos usuarios?

⇨ ¿Qué le interesa a mi target? ¿Y a mis clientes? (No los olvides, quizá tu imagen de marca dependa de ello).

⇨ ¿Qué está sucediendo en mi sector? ¿Cómo me posiciono en él?

Las acciones a realizar se deben ajustar a cada uno de los puntos negativos detectados, conociéndolos y dejando que los profesionales aconsejen para hacer que la presencia de la empresa y su marca en el mercado sea todo lo eficiente que queremos.

Los siguientes son **factores que afectan al recuerdo o la impresión** que los usuarios tienen de una marca, por lo que debemos tenerlos en cuenta al realizar **el diagnóstico** de la presencia de la marca en Internet.

1. **La marca**: opiniones en Internet en cuanto a logotipo e identidad corporativa, nombre de marca, facilidad de pronunciación, eslogan, autenticidad, etc. Todo ello ayudará a crear una opinión subjetiva sobre la misma.

2. **Publicidad**: la publicidad es uno de los factores más importantes en el recuerdo de una marca. Es por esto que las empresas que hagan publicidad deberán estar más atentas a los comentarios en las redes para que no relacionen sus anuncios con estímulos negativos.

3. **Prestigio histórico**: no es lo mismo destrozar la reputación de una multinacional que lleva años labrando su marca que arruinar la reputación de una marca de reciente creación. Si nuestra marca es de reciente creación deberemos estar mucho más atentos a las menciones negativas.

4. **Los comentarios**: sobre los productos o servicios de la marca, generados a través de usuarios en base a sus experiencias e impresiones.

5. **Las comunidades online**: está comprobado que los usuarios generan un concepto de marca en base a lo que les transmitimos con la publicidad pero si este sentimiento no viene acompañado de un sentimiento general en la comunidad a la que pertenezcan, se dejarán influenciar por los comentarios y sugerencias de los foros, chats, redes sociales, etc., y esto será un factor que podrá jugar a nuestro favor o en contra pero nunca podremos controlar.

Por esto es necesario que mantengamos la reputación de nuestra marca de forma saludable y cuidemos mucho cada comunicación. Esto, sabiendo que, además, cuanto mayor es la marca, mayor y más rápida es la difusión del mensaje y más crítica puede ser la reacción de los usuarios.

La **construcción de una marca** robusta y solvente, que permita que los usuarios perciban la imagen que la empresa desea transmitir, requiere un trabajo constante. Las siguientes pautas **preventivas** pueden ayudar a las organizaciones a gestionar su reputación online de forma integral y evitar un mal diagnóstico de su presencia en Internet:

⇨ **Estrategia de identidad corporativa**

Definir los objetivos en materia de identidad corporativa.

Diseñar una imagen de marca coherente.

Seleccionar un buen nombre de dominio. Debemos, asimismo, anticiparnos a las posibles crisis de reputación y registrar dominios negativos que puedan ser utilizados como hashtags en contra de la empresa.

Aportar los recursos materiales y humanos necesarios (community manager).

Formar y promover la implicación de los miembros de la organización.

⇨ **Interacción con los usuarios**

Establecer una política de interacción con los usuarios que contemple:

- Hábitos de respuesta y diálogo. Debemos saber escuchar para ver cómo evoluciona el sentimiento de los usuarios respecto a nuestra marca.

- Tono empleado en la relación. Tener cuidado de no hacer un comentario desafortunado ni hiriente para ninguna persona.

- Mensaje a ofrecer a los usuarios. Jamás se nos ocurra censurar ni hacer oídos sordos a las quejas porque un usuario descontento en las redes sociales puede ser una caja de dinamita a punto de explotar.

⇨ **Cumplimiento normativo**

Debemos cumplir estrictamente la normativa relativa a:

- Comercio electrónico y servicios de la sociedad de la información.

- Proteger adecuadamente los datos de carácter personal.

- Proteger la propiedad industrial e intelectual.

⇨ **Medidas de seguridad**

Prever posibles escenarios de crisis y los procedimientos de respuesta.

Considerar los aspectos reputacionales de la empresa en las políticas del negocio.

Si conocemos cuáles son nuestros puntos débiles o por dónde vienen la mayor parte de las quejas, reforcemos esto para que deje de suceder.

Rapidez en la respuesta. En caso de que el mal ya esté hecho, no esconder la cabeza debajo de la tierra y esperar a ver si pasa la crisis de largo. En Internet las noticias corren como la pólvora y lo que hay que hacer es afrontar y asumir nuestros actos, pedir disculpas en caso necesario y demostrar que ha sido un error y que no volverá a suceder.

⇨ **Monitorización y seguimiento**

Realizar un seguimiento efectivo de la reputación online de la empresa.

6. Plan y gestión de activos

A la hora de realizar el plan de reputación online debemos tener en cuenta los **activos** con los que contamos. Es decir, todos los medios que nos van a permitir influir en Internet y llevar a cabo nuestro plan de reputación online. Los activos más importantes son:

⇨ **Google y otros buscadores**

Google es el buscador por excelencia y con posibilidad de filtros de rastreo incalculables. Google se ha convertido en el motor de búsqueda más importante de los países de habla hispana. En España los últimos datos nos hablan de un dominio apabullante del mercado con más de un 96% de todas las búsquedas realizadas.

Es por ello de vital importancia controlar lo que se dice de nosotros en la primera página de Google. Para ello contaremos con **estrategias de posicionamiento (SEO o SEM)** a fin de colocar la información que interesa a nuestra marca en las primeras posiciones de resultados del buscador para las palabras clave escogidas.

Google revelará de forma casi inmediata si la marca dispone o no de una estrategia online operativa bien planteada:

1. **En caso afirmativo** (y especialmente si no existe una competencia directa por la palabra clave en cuestión): los resultados irán casi siempre encabezados por nuestra página web, seguida de nuestros perfiles en redes sociales (Flickr, Facebook, X, etc.) y noticias de relevancia de las que se hubieran hecho eco páginas y/o blogs de gran peso específico en el algoritmo de Google, como las de los grandes diarios digitales, etc.

2. **En caso negativo**: si la marca no dispone de una estrategia online, puede que no observemos más que la página web si existiera seguida de una serie de referencias inconexas, opiniones de terceros e incluso entradas que no corresponden a la palabra clave en cuestión sino a otras similares. En este caso, no cabe duda de que el riesgo para la reputación online es mucho más grande al faltar el colchón de protección que proporciona controlar esos primeros espacios con perfiles o entradas propias.

Por todo ello, resulta clara la vital importancia de Google como formador de opinión y de imagen de una marca. Así, uno de los objetivos de los gestores de la reputación online será siempre, en lo posible, controlar las primeras entradas que aparezcan en el motor de búsqueda mediante la generación de contenidos propios de rápida indexación y con buen posicionamiento. Esto refuerza además unos de los principios fundacionales de la comunicación corporativa: es siempre preferible contar nuestra propia historia antes de esperar a que la comunidad se forme una opinión espontánea y más o menos incompleta o inexacta sobre nosotros con los relatos, opiniones y valoraciones de terceros.

⇨ **Activos propios**

Los activos propios son aquellos canales de nuestra propiedad, algunos con capacidad de conversación y otros como meros emisores de información:

1. **Redes sociales propias**: son una grandísima fuente de información porque nos dan pistas sobre cómo nos ven nuestros usuarios en función de lo que nosotros comunicamos.

2. **Los blogs y web propias**: desarrollados por la marca. Normalmente nos encontramos con blogs dedicados al sector donde se desarrollan, pero pueden ser también de algún hobby o proyectos de los que formen parte.

⇨ **Activos de terceros**

Los activos de terceros son fuentes y canales de otros, ya sean marcas, influencers o cualquiera que nos mencione:

1. Las **wikis** dedicadas al rastreo.

2. **Medios de comunicación** y portales de información online donde la marca esté directamente mencionada. La mayoría de periódicos online como El País, El Mundo o El Confidencial nos permiten ya comentar las noticias e incluso valorarlas, por lo que la tendencia a expresar activamente nuestras opiniones —con todas las implicaciones que ello tiene para la reputación online— se espera vaya en un progresivo aumento.

3. **Redes sociales y blogs de terceros** donde se nombre a nuestra marca: de influencers, de otras marcas o grupos dentro de las propias redes. Sería un grave error por nuestra parte el considerar que una buena hoja de servicios en Google se equipara automáticamente con una buena reputación online. Es perfectamente posible (y de hecho bastante habitual) el aparecer de una forma positiva o neutra en la primera página de Google y, sin embargo, el ser objeto de multitud de críticas y tener nuestra reputación seriamente dañada en las redes sociales y social media. El hecho es que cualquiera de nosotros alfabetizado digitalmente y con acceso a Internet puede emitir todo tipo de opiniones incluso maliciosamente y en ocasiones hasta amparado por la anonimidad.

4. **Redes sociales geolocalizadas**. Bajo este epígrafe hemos de incluir algunas íntimamente relacionadas con la geolocalización, como es el caso de Foursquare o Google Business que nos permiten realizar una valoración inmediata del establecimiento que estemos visitando e incluso añadir una foto o vídeo cada vez que hacemos check-in.

5. **Foros y portales temáticos** donde se hable y se comente algún asunto relacionado con nuestra marca.

La gestión de estos activos será de suma importancia en nuestro plan de reputación online. Obviamente son los activos propios los que podremos controlar más eficazmente pero no podemos dejar de lado los activos de terceros, puesto que son los que pueden dañar la imagen de la marca con opiniones y menciones negativas. Y es aquí donde cobra importancia la figura del community manager, especialista en comunicar el mensaje de la empresa en redes sociales y foros, y ayudando a sofocar cualquier crisis de reputación.

7. Monitorización

7.1. Evaluar resultados

Tras poner en marcha el plan de reputación podríamos pensar que ya se ha acabado el trabajo, pero es necesario **evaluar los resultados** para ver si estamos **alcanzando los objetivos** que nos hemos propuesto. Si no es así, debemos reajustar nuestra estrategia y volver a planificar nuestras acciones.

Durante este proceso de **monitorización** controlaremos las publicaciones que subimos a las distintas plataformas, contestaremos los comentarios, controlaremos las estadísticas y la evolución de la reputación en la red y por último generaremos informes mensualmente.

Las **ventajas** comparativas que nos ofrece el poder estar al tanto si no en tiempo real al menos tan pronto como sea posible de la conversación, las menciones y las opiniones vertidas sobre nosotros son indudables e incluyen:

1. Tomar la temperatura del estado de la opinión en torno a nuestra marca.

2. Un menor tiempo de respuesta ante posibles crisis.

3. Medir la reacción ante determinadas acciones como lanzamiento de productos, campañas publicitarias, etc.

4. Ahorro de tiempo en el rastreo manual de críticas y comentarios vertidas en la Red.

5. La posibilidad de una clasificación automática de los comentarios por orden de importancia e igualmente de crear índices de reputación y otras métricas sofisticadas.

6. Una gran ayuda a la hora de determinar los influencers dentro de nuestro nicho de mercado cuya opinión es desproporcionadamente importante para nuestra reputación.

Para medir los resultados durante la **monitorización** hay que definir previamente unos indicadores que permitan evaluarlos. Estos indicadores o **KPI** *(Key Performance Indicators)* son variables medibles que permiten analizar la evolución de nuestro trabajo.

Los indicadores que debemos medir dependerán de los objetivos y acciones que hayamos definido. Existen formas de monitorización estándar como pueden ser: encuestas de opinión, análisis de las opiniones que los usuarios comparten en Internet; aumento de seguidores en redes sociales y blogs, etc. Pero lo importante es que los **indicadores** se deberán ajustar a cada caso y serán distintos para cada plan de gestión de la reputación.

Según el objetivo que queramos, estos son algunos **KPI** que podemos medir:

⇨ **Si el objetivo es mejorar la autoridad de marca *(branding)***

- Número de menciones en blogs, diarios y revistas.

- Ser mencionado como caso de éxito en estudios y conferencias.

- Encuestas y estudios de opinión.

⇨ **Si el objetivo es incrementar la influencia**

- Encuestas y estudios de opinión.

- Número de fans en Facebook.

- Número de seguidores (followers) en X.

- Suscriptores al blog, al canal de YouTube o a SlideShare.

- Suscriptores al newsletter (boletín electrónico) o a la revista corporativa.

⇨ **Si el objetivo es aumentar la participación**

- Emails recibidos en el correo electrónico de la revista corporativa.

- Comentarios en el blog.

- Comentarios y valoración del contenido en Facebook, YouTube, etc.

- Menciones, reposts y respuestas en X.

⇨ **Si el objetivo es incrementar la notoriedad**

- Número de visitas al blog.

- Aumento de tráfico en la web corporativa.

- Menciones en blogs, diarios, revistas, etc.

- Encuestas y estudios de opinión.

Es recomendable combinar los indicadores cuantitativos con los cualitativos. Por ejemplo, de nada nos sirve aumentar el número de comentarios en Facebook si la mayoría de estos son negativos. Esto afecta negativamente a nuestra reputación y, por tanto, algo está fallando en el plan.

7.2. Herramientas para la monitorización

Algunas de las herramientas vistas en la sección de **diagnóstico** también son válidas para la tarea de monitoreo. Según aquello que queremos monitorizar estas serían algunas de las herramientas adecuadas:

⇨ **Monitorización global**: por ejemplo, Salesforce o Brandwatch.

⇨ **Monitorización de menciones**: como Mention (de pago).

⇨ **Monitorización a través de alertas**: Google Alerts.

⇨ **Monitorización de las visitas**: Google Analytics.

⇨ **Monitorización de posicionamiento SEO**: por ejemplo, OpenSERPS.

⇨ **Monitorización de enlaces**: como Ahrefs.

8. Desarrollo e implementación del plan

8.1. Introducción

Hemos hablado desde el principio de la importancia que tuvo la **Web 2.0** y del hecho de que la información y la creación de contenidos se volviera **bidireccional**. Supuso el fin de una era en la que el usuario de Internet era un mero **receptor** de la información a otra en la que pasa a ser **generador** de contenidos.

Se concibieron diversos espacios en Internet en los cuales se crearon **comunidades de usuarios** que opinaban y debatían: blogs, wikis, foros y redes sociales. La r**eputación de las marcas en la Red**, su prestigio o estima, ya no era un monopolio de la propia empresa y su publicidad sino que, por el contrario, la creaban los mismos usuarios con sus aportaciones.

Una vez entendido que la reputación de la marca se generaba en Internet, la marca se dio cuenta de que la información no podía circular libremente y que, en cierta manera, había de ser controlada. Se hizo necesaria la creación de planes de reputación online con el fin de salvaguardar la reputación y hacerla coincidir con los intereses de la marca. Pero, ¿cómo controlar la reputación online? ¿Cómo deben desarrollarse e implementarse los planes de reputación?

1. **Localizar la conversación**. Lo primero, como hemos visto anteriormente, es conocer dónde se está hablando de nuestra marca:

   a) **Localizando los enlaces externos**: a nuestra web corporativa, a nuestra tienda online, a nuestro blog corporativo o a la competencia.

   b) **Localizando las conversaciones mediante buscadores sociales**: buscando por el nombre de nuestra marca o empresa; nuestro dominio; nuestros productos y por la competencia.

   c) **Buscando en páginas de opinión de consumidores** nuestros productos o los productos de la competencia.

2. **Participar en la conversación**. Una vez que conocemos la existencia de la conversación, dónde se habla de nosotros y quién, el paso siguiente es trazar las directrices de cómo vamos a participar en esa conversación y quién se va a encargar de ello (normalmente un community manager). Cuanto más transparentes seamos en nuestras comunicaciones más confianza daremos a los consumidores.

   a) **Blogs y foros**: comentar.

   b) **Wikis**: editar contenidos.

   c) **Redes sociales**: comunicación directa.

   d) **Activos propios**: utilizaremos nuestra página corporativa, blog corporativo y perfiles sociales para confeccionar resultados que aparezcan en la primera página de Google y así tener la información controlada para cualquier usuario que busque el nombre de nuestra marca en Google.

8.2. Desarrollo del plan

A partir de los datos suministrados por las fases de **análisis y diagnóstico** debemos desarrollar el **plan de reputación**, para lo cual tendremos en cuenta las siguientes etapas:

1. **Localización del público objetivo (target)**

   Definir correctamente el público objetivo será el primer paso para localizar las herramientas adecuadas con las que llevar a cabo la estrategia de comunicación 2.0. Una vez identificado podrá realizarse una **segmentación de los usuarios** permitiendo diferenciar la estrategia en función del público objetivo.

2. **Definición del objetivo**

   Deberemos definir cuál será el objetivo del plan de reputación online. Algunas opciones serán:

   - Crear marca *(branding)*.

   - Captar clientes potenciales.

   - Fidelizar a los clientes.

   - Mejorar la relación con los distribuidores.

   - Ganar presencia en los medios.

   - Saturar páginas de resultados, etc.

3. **Creación de la estrategia**

   A partir del análisis del público objetivo y la definición del objetivo que queremos conseguir crearemos una estrategia que nos permita conseguir ese objetivo.

   Según el grado de implicación que quiera seguir la empresa en el **plan de reputación**, hablaremos de **estrategia**: **pasiva**, **reactiva** o **proactiva**.

Pasiva	Reactiva	Proactiva
Grado de implicación: bajo.	Grado de implicación: medio.	Grado de implicación: alto.
• Escuchar la conversación. • Recopilar información.	• Escuchar la conversación. • Responder a alusiones directas.	• Escuchar la conversación. • Responder a alusiones directas.
Los medios sociales son considerados una herramienta de información.	Los medios sociales son una herramienta de respuesta al público objetivo.	Los medios sociales son una herramienta de respuesta al público objetivo.

4. **Ejecución y control**

Aspectos fundamentales a tener en cuenta en la ejecución de una estrategia en medios sociales:

- Implicar a toda la empresa: importancia de la **comunicación interna**.

- **Control** periódico de todas las acciones.

- Seguir la estrategia definida con **flexibilidad**.

- Adaptarse a la comunicación que se genere: **escuchar, escuchar y escuchar**.

9. Plan de comunicación

9.1. Introducción

Antes de crear nuestro **plan de comunicación en Internet** debemos tener dos ideas claras:

1. **Los mercados son conversaciones**. Ya no podemos simplemente poner un anuncio en la TV o comprar una nota de prensa en un diario de tirada nacional: vamos a tener que conversar.

2. Lo que buscamos es el *engagement* o, dicho poéticamente, el arte de crear una relación de amor incondicional hacia nuestra marca.

En los últimos años hemos asistido a un cambio en el paradigma de la comunicación. Y aunque, en parte, este hecho es consecuencia de los cambios tecnológicos acaecidos, el concepto 2.0 es más una actitud que una tecnología. Es una nueva filosofía, sustentada por Internet, que trata sobre compartir, comunicar, conversar y cooperar.

Ya hemos hablado del **manifiesto Cluetrain, listado de 95 conclusiones** ordenadas y presentadas como un manifiesto, o una llamada a la acción, para todas las empresas que operan en este nuevo mercado 2.0. Las ideas expresadas dentro del manifiesto buscan examinar el impacto de Internet tanto en los mercados (consumidores) como en las organizaciones. Además, ambos, consumidores y organizaciones, son capaces de utilizar Internet y otras redes para establecer un nivel de comunicación que anteriormente no existía entre estos dos grupos. El manifiesto sugiere los cambios necesarios para que las organizaciones respondan a un nuevo ambiente de mercado.

Resaltamos, y recordamos, estas tesis del manifiesto:

1. **Tesis 1**: Los mercados son conversaciones.

2. **Tesis 2**: Los mercados están compuestos de seres humanos, no de sectores demográficos.

3. **Tesis 11**: Las personas que participan en los mercados interconectados han descubierto que pueden obtener mucha mejor información y soporte entre ellas mismas que entre los vendedores.

4. **Tesis 74**: Somos inmunes a la publicidad. Olvidémosla.

5. **Tesis 78**: ¿Quieres que te compremos productos? Nosotros queremos que nos prestes atención.

6. **Tesis 95**: Estamos despertando y conectándonos. Estamos observando. Pero no estamos esperando.

9.2. El plan de comunicación digital

La Red es hoy, más que nunca, una herramienta para acercar la marca a los clientes. Incluso así el 40% de empresas españolas no tiene una estrategia digital y navegan a ciegas. No comprenden que, en la actualidad, para que una marca sobreviva, el plan de comunicación ha de ser una cuestión principal y no acciones aisladas sin objetivos claros.

Para realizar un **plan de comunicación en medios sociales** deberemos respondernos a estas preguntas:

1. **¿Cuál es nuestro objetivo para estar presentes en las redes sociales?**

    a) Incrementar la presencia de nuestra marca en Internet.

    b) Incrementar el reconocimiento de marca.

    c) Mejorar el posicionamiento de marca.

    d) Generar tráfico a la web corporativa o la tienda online.

    e) Dar visibilidad a nuevos productos y campañas.

    f) Conversar e interactuar con nuestros usuarios.

    g) Mejorar el servicio de atención al cliente.

    h) Fomentar la fidelización.

    i) Rebajar coste de atención al cliente, etc.

2. **¿A quién nos vamos a dirigir?**

    a) ¿Quiénes son?

    b) ¿Dónde están?

c) ¿Cómo hablan?

d) ¿Qué esperan de ti?

e) ¿Quiénes son influyentes?

f) ¿Podemos segmentar nuestro público y crear un plan de comunicación distinto para cada nicho?

3. **¿Cuál va a ser nuestro mensaje?**

a) ¿Cómo vamos a gestionar nuestra presencia en la Red?

b) ¿Qué queremos que vea nuestro público cuando nos haya encontrado?

c) ¿De qué vamos a hablar con nuestros clientes?

d) ¿Qué mensajes les vamos a hacer llegar?

e) ¿Cuál va a ser nuestro tono?

f) ¿Cuáles son nuestras palabras clave (etiquetas)?

4. **¿Cuál va a ser nuestra estrategia?**

Debemos planificar qué herramientas vamos a utilizar para tener presencia en la Red y qué acciones vamos a realizar en cada una de ellas.

a) ¿Creamos un blog?

b) ¿Creamos perfiles en redes sociales? ¿En cuáles? ¿Qué red social se adapta más a nuestra imagen de marca?

c) ¿Creamos perfiles en agregadores de noticias o en foros?

d) ¿Hacemos publicidad en la Red? ¿Dónde?

5. **¿Cómo vamos a gestionar nuestra presencia en la Red?**

a) ¿Utilizaremos banners?

b) ¿Abriremos un canal en YouTube?

c) ¿Haremos una campaña de Ads para el buscador de Google?

d) ¿Pagamos a una empresa de SEO para que posicione nuestras palabras clave?

e) ¿Qué tal una campaña de emailing?

f) ¿Seremos capaces de crear una campaña viral?

g) ¿Nos podría ayudar una app para móviles?

Una vez realizado el **plan de comunicación** debemos monitorizar si las acciones que hemos hecho están mejorando la relación con nuestros clientes y la reputación online de nuestra marca. Debemos controlar si ahora nuestra marca tiene **más atención**, si nuestro público objetivo **participa y se relaciona** más con nuestra marca, y si nuestra marca tiene ahora una mayor **autoridad** e **influencia**. ¿Pero cómo podemos medir estos datos? Veámoslo en la siguiente tabla:

Atención	Participación	Autoridad	Influencia
• Tráfico hacia nuestra web corporativa o nuestro blog. • Tiempo en la web. • Usuarios únicos. • Usuarios recurrentes. • Etc.	• Comentarios en nuestro blog. • Vistas en YouTube. • "Me gustas" en Facebook. • Reposts en X. • Etc.	• Citas a nuestra marca. • Menciones. • Links entrantes desde otras web. • Etc.	• Suscriptores a nuestro blog. • Suscriptores a nuestro newsletter. • Fans en Facebook. • Followers en X. • Etc.

El fin último del plan de comunicación será que nuestra marca sea más reconocida y venda más productos o servicios. Esta es la cadena del éxito:

Branding → Notoriedad → Engagement → **Ventas**

Algunas pautas para el plan de comunicación son:

⇨ Sé un buen conversador, ayuda a construir relaciones. Sé amable, detrás de las redes sociales hay personas.

⇨ Utiliza mecanismos de votación de noticias/contenido para recabar, de tus clientes, lo que es importante para ellos.

⇨ Diseña un proyecto integrado y empieza haciendo un blog.

⇨ Acude a jornadas y formación, busca el apoyo y el intercambio de ideas con otras personas. Considera el valor de contratar a un community manager.

⇨ Adapta el tono según el perfil del usuario.

⇨ 80% cosas que interesan → 20% sobre ti.

⇨ Utiliza herramientas que te faciliten y te ayuden tanto para las relaciones externas como las internas.

⇨ Que no te asuste el cometer un error, debes estar preparado para disculparte; si has cometido un error, admítelo.

10. El mapa de públicos/GDI

El **mapa de públicos** o mapa de **grupos de interés** (GDI) es una herramienta clave en comunicación. Mediante esta herramienta, gracias a la realización de una tabla o mapa, se consigue diferenciar los distintos tipos de **target** o **público objetivo** de la empresa y nos permite centrarnos en los más importantes para la consecución de nuestros objetivos.

Definimos **público objetivo** como un conjunto de individuos que presentan una cierta homogeneidad que los define como una unidad y con los que la empresa quiere comunicarse.

Definimos **grupos de interés (GDI)** como aquellos colectivos que tienen la capacidad de influir en el logro de los objetivos de la organización o pueden verse impactados por sus actividades.

El **público objetivo más acertado para nuestra marca** dependerá de qué factores de nuestro público son más importantes para la misma: influencia, importancia estratégica, capacidad de creación de contenido, etc.

Pero ¿qué tipos de públicos o GDI existen?

Veamos algunos ejemplos:

1.   Empleados.

2.   Clientes actuales.

3.   Clientes potenciales.

4.   Proveedores.

5.   Accionistas.

6.   Medios de comunicación.

7.   Asociaciones de vecinos.

8.   Organismos públicos.

9.   Influencers.

10.   Asociaciones del sector.

11.   Universidades.

12.   Etc.

Esta lista dependerá de nuestros objetivos, necesidades y capacidades, por eso, más adelante, habrá que cuantificarla, para saber cuáles son los mejores para nuestro negocio.

Tras hacer un listado de todos los públicos que reciben información de la marca debemos **seleccionar qué factores son los más importantes** para nosotros, es decir, qué factores tendremos en cuenta para elegir a nuestro público objetivo entre el listado anterior. Algunos factores pueden ser:

⇨ Importancia estratégica para la empresa.

⇨ Influencia en la opinión pública.

⇨ Difusión de la imagen.

⇨ Intereses económicos.

⇨ Coste de la comunicación.

⇨ Facilidad de desarrollo de la comunicación.

Estos son solo ideas de factores que podemos usar para nuestro mapa de público objetivo. Cuantos más factores utilicemos, más específico será nuestro análisis y mejores resultados obtendremos, ya que nos enfocaremos más en nuestro **target**.

Para realizar un mapa de públicos hemos de dar valores cuantitativos (de 0 a 5) a nuestro target. Para ello, a partir de los dos listados anteriores, elegiremos el tipo de público más adecuado para nuestra marca (por ejemplo, empleados, clientes potenciales, asociaciones del sector, medios de comunicación y entidades públicas) y los factores más adecuados (por ejemplo, importancia estratégica, influencia en la opinión pública, difusión de la imagen, y poco coste de comunicación). La tabla que resulta es la siguiente:

Factor/Público	Empleados	Clientes potenciales	Asociaciones del sector	Medios de comunicación	Entidades públicas
Importancia estratégica	2	5	4	2	2
Influencia en la opinión pública	2	3	4	4	3
Difusión de la imagen	3	4	3	3	2
Poco coste de la comunicación	5	2	2	2	2
Coeficiente	12/20=0,6	0,7	0,65	0,6	0,45

.../...

.../...

En base a los diferentes públicos y factores y teniendo en cuenta el coeficiente final, elegiríamos como **público objetivo** los emplea-dos, los clientes potenciales y las asociaciones de sector. Y, por tanto, utilizaremos nuestros recursos para llegar a este público. Los empleados son importantes y para llegar a ellos utilizaremos la comunicación interna de la empresa. Los clientes potenciales son nuestro público objetivo más importante y llegaremos a ellos mediante distintas estrategias de comunicación. Y por último nos interesarán la asociaciones del sector (como asociaciones de comerciantes) porque tienen contacto con los posibles clientes y nos interesa que nos conozcan.

11. Construcción de contenidos en función de los grupos de interés

11.1. Introducción

Como hemos visto, la marca o la empresa se relaciona con distintos **grupos de interés** a los que quiere hacer llegar su información. Con el fin de generar confianza y mantener una buena relación con sus partes interesadas, las empresas se han dotado de distintos canales y departamentos con la función específica de mantener un diálogo honesto y transparente con estos. Antes de la Web 2.0 los mecanismos y organismos de relación no contaban con Internet y, según el grupo de interés, estos podían ser algunos ejemplos de los organismos y mecanismos de relación:

Grupos de interés	Mecanismos y organismos de relación
Clientes	• Dirección de contratación. • Encuestas de satisfacción de clientes. • Teléfono para quejas y reclamaciones.
Empleados	• Departamento de RR. HH. • Encuestas de satisfacción de empleados • Evaluaciones de desempeño. • Comités de prevención. • Procesos de detección de necesidades formativas.
Proveedores	• Departamento de compras. • Proceso de homologación y gestión de proveedores. • Canal ético.
Medios de comunicación	• Departamento de comunicación. • Notas de prensa.

Pero con la llegada de la Web 2.0, Internet se ha convertido en uno de los canales principales de comunicación de la marca con sus grupos de interés y en el canal sobre el que recae la **reputación online** de la misma. Podemos utilizar muchas herramientas distintas para **construir contenido** para los grupos de interés y, según las características de las mismas, habrá unas herramientas más apropiadas que otras.

11.2. Medios sociales en los que crear contenidos

A continuación veremos un listado de medios sociales en los cuales podemos construir contenido destinado a nuestros grupos de interés.

1. **Medios sociales de fotografías y vídeo**

   Son medios sociales que permiten a los usuarios subir fotos y vídeos para almacenar y compartir con amigos o públicamente con cualquier usuario. Junto a los archivos de vídeo o imagen se comparten comentarios, descripciones, etiquetas, etc., que permiten dar una información más exacta del contenido del archivo y que ayudan a los motores de búsqueda en su trabajo de organizar el contenido de la Red. En muchos casos, es posible incrustar estos vídeos o imágenes en nuestra propia página web y, por ejemplo, permitir que nuestros visitantes realicen comentarios o puntúen desde la misma web. Son ejemplos de estos medios:

   a) YouTube.

   b) Flickr.

   c) Instagram.

   d) Vimeo.

   e) Pinterest.

2. **Medios sociales de noticias**

   Son sitios donde los usuarios miembros publican enlaces a artículos o noticias (en ocasiones con una pequeña reseña de los mismos) y la comunidad vota por ellos. Los usuarios, además, pueden comentar y generar discusión a partir de los artículos. Son ejemplos de estos medios:

   a) Reddit.

   b) Menéame.

   c) Digg.

   d) Flipboard.

3. **Medios sociales de bookmarking o marcadores sociales**

Son aquellos que permiten compartir los sitios web favoritos, clasificarlos y etiquetarlos. Estos sitios, generalmente, permiten la creación de un perfil y conocer cuántos usuarios tienen un determinado enlace guardado en sus marcadores. Son ejemplos de estos medios:

a)   Pinterest.

b)   Diigo.

c)   Pearltrees.

4. **Medios sociales generales y profesionales**

En estos sitios se pueden registrar y conectar individuos, empresas, productos, ideas o grupos profesionales con el fin de potenciar las relaciones interpersonales y aprovechar las oportunidades que ofrece la Red como: compartir información sobre nosotros, nuestros productos o nuestra empresa, realizar búsqueda de personal o contrataciones, realizar marketing cruzado, organizar eventos, etc. Son ejemplos:

a)   LinkedIn.

b)   Facebook.

c)   Quora.

d)   X.

e)   Xing.

f)   Meetup.

5. **Medios sociales de comunicación general social**

Estos sitios de comunicación social son excelentes para anunciarse, promover ofertas especiales, información de productos, presentaciones, publicar catálogos, eventos o servicios. Debemos emplearlos con cuidado porque algunos no aceptan publicidad gratuita y deberemos ofrecer además en nuestro contenido información general de interés para el resto de usuarios. Ejemplos:

a)   Wikipedia.

b)   Scribd.

c)   Calameo.

d)   Prezi.

247

6. **Blogs,** *microblogging*

Un blog es una página web que consta de entradas (o post) en orden cronológico inverso, compuestas por texto, imágenes o incluso vídeos y audios que,
normalmente, permite a los visitantes dejar comentarios y mediante algún
programa gratuito directamente desde la web. Son ejemplos:

a) Blogger.

b) WordPress.

Los foros o foros de discusión son aplicaciones de Internet que dan soporte a
discusiones u opiniones en línea. En la realización de SMO debemos hacer una
búsqueda de aquellos foros en los que se encuentra nuestro público objetivo,
crearnos un perfil en él e interactuar con los usuarios. Debemos evitar realizar
spam (mensajes publicitarios caóticos que van contra las reglas del foro) e ir
con cuidado con los trolls (usuarios cuyo interés es molestar a otros usuarios o
interrumpir el correcto funcionamiento del foro y con los cuales un enfrenta-
miento mal llevado puede perjudicar los intereses de nuestra organización así
como su reputación online).

7. **Grupos de usuarios**

Por ejemplo:

a) Google Groups.

b) Yahoo! Groups.

12. Táctica de activos

12.1. Qué es

La **táctica de activos** es la **penúltima etapa** del plan de reputación online. Teniendo
en cuenta todos los análisis previos que hemos hecho, los activos con los que contamos y el tipo de estrategia que vamos a seguir, ahora hay que ponerse manos a la obra
y **crear un calendario con las acciones** que vamos a realizar para conseguir los objetivos y metas que nos hemos propuesto.

En esta tercera etapa:

⇨ Debemos optimizar nuestros activos propios para hacer que sea más fácil
encontrar nuestra marca. Para ello, debemos mejorar nuestra arquitectura de
enlaces para hacerla óptima para el SEO, generar contenidos relevantes que
muestren los valores e historias que queremos contar y generar buenas rela-

ciones con nuestros grupos de interés (GDI) para que se mantengan duraderas. Si estos contenidos todavía no han sido capitalizados por la competencia tenemos una **ventaja importante** para generar confianza y reputación.

⇨ En los **blogs** la publicación de contenidos puede ser muy variada, como artículos y reportajes, entrevistas, informes, acuerdos, opiniones, patrocinios, respuestas a prensa, audios, podcast, vídeos, etc.

⇨ En las **redes sociales** se difunde información que en otros espacios corporativos no cabe. Cualquier actitud vale en función de cada empresa, pero en general se valora más la proactividad que la pasividad, aunque lo importante es ser coherente con la línea trazada; tanto si comentamos como si no, o lo hacemos moderadamente, la gente se adaptará, pero definición y coherencia es lo que vale.

Uno puede sentir miedo ante la reacción del mercado, por lo que, para perderlo, hay que establecer un manual de participación que incluya aspectos como el tono de las entradas según cada espacio utilizado, si se harán réplicas de notas de prensa o no, o si serán entradas totalmente propias, cómo será el lenguaje utilizado, el autor, etc., y, muy importante, la **portavocía en Internet** (que veremos en el siguiente apartado).

12.2. Las cinco reglas para la optimización de la táctica de activos en medios sociales

Según Bhargava la optimización para los **motores de búsqueda** (SEO) se ha convertido casi en un arte en los últimos años y muchísimas compañías se han afanado en estudiar y definir las mejores prácticas, promocionando el SEO o posicionamiento en los resultados de búsqueda como una de las acciones de marketing digital con mayor rendimiento. Sin rechazar el poder del SEO, Bhargava aboga por ofrecer a las marcas el **SMO (optimización en medios sociales)**: implementando cambios para que un sitio sea más fácilmente enlazado, mucho más visible en las búsquedas en medios sociales en los buscadores personalizados y más frecuentemente incluido en artículos relevantes en blogs, podcast o videoblogs. Una forma de entender mejor el concepto de SMO es conociendo sus 5 reglas:

⇨ **Regla 1. Fomentar que nuestro sitio web sea más enlazado**

Esta es la más importante prioridad para los sitios web. Muchos sitios web son estáticos, rara vez se actualizan y se utilizan simplemente como un escaparate. Para optimizar un sitio web para los medios sociales tenemos que facilitar al usuario que **pueda compartir el contenido del mismo en redes sociales**, email, en blogs, etc. La adición de un blog a nuestro sitio web es un gran paso para que nuestro contenido de calidad sea compartido. Sin embargo, hay otras muchas maneras, tales como la creación de *white papers* o permitiendo que nuestro contenido sea agregado en un formato útil como el RSS.

Un libro blanco, informe blanco o white paper es un **documento o guía con autoridad** con el objetivo de ayudar a los lectores a comprender un tema, resolver o afrontar un problema, o tomar una decisión. Son utilizados, especialmente, en el ámbito gubernamental o el marketing.

⇨ **Regla 2. Facilitar que nuestro contenido se comparta fácilmente en redes sociales, etc.**

Es otra forma de conseguir que nuestro sitio sea más enlazado y se basa, sobre todo, en facilitar al visitante a nuestro site que comparta en las redes sociales (o también por correo electrónico o en marcadores sociales) aquella información que considere útil o relevante. Ello se puede hacer mediante botones de compartición social *(social sharing buttons)* que se colocarán junto a la información estratégica del site, como pueden ser las noticias, los productos de oferta, las novedades, las preguntas y respuestas, etc. Existen diversas herramientas online que permiten insertar los botones de compartición (como añadir a Facebook, a Twitter, etc.) de una forma simple. Debemos asegurarnos de que aquella información que vamos a compartir esté **optimizada para buscadores y perfectamente etiquetada**, para que aquello que comparten los usuarios nos sirva como refuerzo al SEO de la web.

Add This es un ejemplo de plug-in para compartir contenido (social share tool) de nuestro sitio web. Permite compartirlo en decenas de redes sociales, así como por email, marcadores sociales, etc.:

⇨ **Regla 3. Recompensar a quienes nos ayudan a difundir el contenido**

A menudo, se utiliza como uno de los barómetros para medir el éxito de un blog o site el número de **enlaces entrantes** *(inbound links)*, es decir, el número de sitios externos que enlazan con nuestro site. Esto es así porque un número elevado de enlaces externos de calidad hace aumentar nuestra importancia como site (el famoso PageRank de Google) y, además, nos beneficia en el posicionamiento en los resultados de búsqueda, así como en el número de visitas que nos llegan. Es por ello importante ofrecer recompensas claras a aquellos que nos enlazan para animar a que lo sigan haciendo o a que otros se sumen. Estas recompensas no tienen por qué ser monetarias o en forma de regalos de los productos o servicios que ofrece nuestro site, existen otras formas de premiar a los usuarios que nos enlazan como:

• Devolver el enlace entrante con un enlace **permanente** *(dofollow)* en nuestro site, bien como enlace en el contenido en un artículo o como blog amigo en un listado de blogs en el sidebar de la web, etc.

• **Agradeciéndole** públicamente en las redes sociales y **mencionándolo** en nuevos contenidos que publiquemos.

• Dándole **información** en primicia.

- Invitándolo a un **encuentro** o **evento,** etc.

- En el caso de usuarios **muy influyentes en redes sociales** (influencers) puede ser interesante tener un detalle material con los mismos, incluso pagar por una opinión favorable.

- En general, cualquier acción con la que los usuarios que nos enlazan se sientan r**econocidos por la marca**.

⇨ **Regla 4. Adaptar el contenido de nuestro site a otros formatos**

A diferencia de una gran parte del SEO que trata de hacer cambios en el contenido del sitio, SMO trata también de cambiar el **formato de este contenido**. No se trata solamente de verter la información en forma de fichero HTML en una web, sino de adaptar el contenido a otros formatos portátiles como el PDF, imágenes e infografías, ficheros de audio o ficheros de vídeo y compartir estos ficheros en aquellas web o redes sociales donde se visualizan o escuchan. Hay herramientas gratuitas para realizar esta labor y utilizarlas para compartir nuestros archivos nos permite, en la mayoría de los casos, dejar un enlace a nuestra web y con ello conseguir visitas.

1. Para **vídeos**: YouTube, Vimeo, Viddy...

2. Para **imágenes e infografías**: Instagram, Flickr, Pinterest, Twitter, Facebook...

3. Para **PDF y presentaciones**: SlideShare, Scribd, Yudu, Prezi, Issuu...

4. Para **audio**: iVoox, AudioBoom, TuneIn...

Además, utilizar estas redes sociales para compartir nuestros archivos nos permite, en la mayoría de los casos, dejar un enlace a nuestra web y con ello conseguir visitas.

⇨ **Regla 5. Fomentar el mashup**

En un mundo de co-creación puede ser una buena idea ser abiertos y permitir que otros usen nuestro contenido (dentro de lo razonable) para crear, siempre y cuando en la nueva creación exista una referencia nuestra que dirija parte del tráfico hacia nosotros. Esto es algo que hizo, por ejemplo, YouTube proporcionando un código (de corta y pega) para que los usuarios pudieran incrustar los vídeos de esta plataforma en su propia web. Eso sí, siempre estando presente el logo de YouTube y existiendo la opción de visualizar el vídeo en la misma plataforma. Con esta acción aceleró su crecimiento, al ser utilizado por muchísimos particulares y empresas como su proveedor "gratuito" de vídeo en streaming.

¿Qué es una mashup? En desarrollo web, una mashup es una aplicación que **usa y combina contenido** de más de una fuente, para crear un nuevo servicio simple, visualizado en una única interfaz gráfica. Por ejemplo, puedes combinar las direcciones y fotografías de las ramas de tu biblioteca con un mapa de Google para crear un mashup de mapa. Google para crear un mashup de mapa.

12.3. Táctica según la estrategia

Dependiendo de la **estrategia** de la marca en el plan de **reputación online**, las acciones tácticas variarán. Si, por ejemplo, la estrategia fuera **dar a conocer la marca en Internet**, estas serían algunas de las tácticas que pueden ayudarnos:

⇨ Crear recursos gratuitos como *e-books* o *white papers* para que los usuarios se los descarguen a cambio de una suscripción.

⇨ Publicar contenido de interés **a diario**.

⇨ **Interactuar** con los fans y los no fans.

⇨ Crear **concursos** online.

⇨ Realizar un **evento** offline en un sitio de moda.

⇨ Hacer acciones con **influencers**.

⇨ Poner **publicidad** de Facebook y vincularla a nuestro público objetivo.

Si, por ejemplo, la estrategia fuera **conseguir suscripciones a nuestra base de datos para poder enviar más boletines a nuestros posibles clientes** estas tácticas podrían ayudarnos:

a) Crear en Internet un *ecosistema social* para la marca, es decir, dar de alta la marca en redes sociales.

b) Ofrecer a los usuarios participar en un sorteo en Facebook a cambio de una suscripción.

c) Crear un blog con buen contenido y ofrecer artículos especiales o novedosos disponibles solamente mediante suscripción.

Siempre antes de la creación de contenido está la **investigación**. El encargado de crear los contenidos, en muchas ocasiones, deberá hacer una búsqueda previa para buscar inspiración y también para analizar lo que está haciendo la competencia. A la hora de crear el contenido tendremos en cuenta:

⇨ El **formato** del contenido que vamos a crear, si es un post de blog o una imagen o vídeo.

⇨ Si hiciera falta, **la optimización** del contenido para SEO.

⇨ **Búsqueda de recursos** (gráficos, estilísticos, etc.) para crear contenido de calidad.

⇨ Los **copys** (texto que se incluye en un material de comunicación, como un anuncio, un email, una página web, etc.) y **eslóganes** son sumamente importantes y deberemos dedicar tiempo a generarlos.

⇨ Utilizando la **curación de contenidos** podemos agrupar y organizar información relevante de un tema para conseguir crear un contenido con un **valor añadido**.

Veamos un ejemplo simple de una táctica de activos para una empresa local de nueva creación de servicios profesionales que quiere darse a conocer a futuros clientes. Estos podrían ser los pasos a seguir y el tiempo aproximado de las acciones.

1. **Creación de la web corporativa | 5 semanas**

   Crearemos una web de aspecto profesional y un diseño atractivo. Debemos crear la **arquitectura de la información** y los contenidos antes de comenzar el diseño de la web. La web debe ser usable, es decir, el usuario ha de encontrar fácilmente la información que necesita (ninguna información debe estar a más de 3 clics de distancia). La web será construida con una tecnología open source que no vaya a quedarse anticuada en un futuro próximo (WordPress puede ser una opción). La web será responsive (es decir, se visualizará correctamente en cualquier dispositivo) teniendo en cuenta que la mayoría de los usuarios ya acceden a la web mediante sus dispositivos móviles (smartphones o tablets). En el caso de que la empresa venda productos puede ser interesante la confección de una tienda online.

2. **Creación de un blog | 1 semana | Al menos 2 post semanales**

   La creación de un **blog** será importante como acompañante dinámico de la web corporativa y también para conseguir un mejor posicionamiento en Google. Crearemos artículos de valor sobre el sector al que pertenecemos y permitiremos a los usuarios verter sus opiniones y suscribirse al RSS del blog.

   .../...

.../...

3. **Campaña de posicionamiento web**

Para tener la **visibilidad deseada** es importante que los buscadores de Internet (Google) muestren nuestra página web entre sus primeros resultados. Aparecer entre los primeros puestos de los resultados de un buscador es básico para el éxito de un proyecto. Es difícil que te encuentren si no sales en la primera página de los resultados de Google.

- **¿Cómo conseguimos posicionarnos?**: con técnicas de posicionamiento natural u orgánico (SEO) y marketing en buscadores (SEM). El posicionamiento natural no da sus frutos hasta, aproximadamente, 6 meses en un sector de competencia media. Por el contrario, el SEM son anuncios que se pagan al buscador. Estos anuncios aparecen arriba o junto a los resultados orgánicos cuando un usuario realiza una búsqueda. Los resultados son muy rápidos.

- **¿Qué es y cómo funciona el SEO?**: es la optimización o mejora de nuestro sitio web, de acuerdo con las preferencias de los buscadores. Esta optimización se hace en dos sentidos:

  ▶ **Interno (SEO *on page*)**: consiste en optimizar una página web para mejorar su posicionamiento en Google y otros buscadores mejorando su contenido y su código para conseguir una mejor experiencia de usuario, uno de los factores cada vez más tenidos en cuenta para el posicionamiento web.

  ▶ **Externo (SEO *off page*)**: se consigue un mejor posicionamiento dotando de autoridad y notoriedad a la página web, consiguiendo referencias a la misma a través de links (enlaces). Para conseguirlo se aplican estrategias de *linkbuilding*, consistente en conseguir enlaces de calidad de sitios web que estén bien considerados por los buscadores.

- **¿Qué es y cómo funciona el SEM?**: es la publicidad orientada inicialmente a los buscadores. La potencia de los anuncios en la red ha generado múltiples alternativas de anuncios dirigidos a internautas.

.../...

.../...

Para nuestro ejemplo no vamos a realizar de momento posicionamiento SEO, puesto que nuestro sector es demasiado competitivo (no vamos a ver resultados a corto ni medio plazo) y no disponemos de mucho presupuesto. En su lugar:

a) Haremos anuncios de **Ads** de nuestros principales productos que nos llevarán a *landing pages* específicas para esos productos. El coste de ajustar la campaña a las palabras clave más buscadas que nos interesan será de x euros y destinaremos x euros al mes para pagar los anuncios durante 1 año.

b) Crearemos una **página de Facebook de empresa** en la que escribiremos noticias y artículos de valor sobre nuestro sector (enlazaremos estos posts cuando sea viable con los artículos de nuestro blog, con nuestra web corporativa o con las páginas de aterrizaje de nuestros productos). Postearemos en Facebook de 5 a 10 veces por semana. Crearemos un anuncio en **Facebook Ads** que llegará (gracias a la segmentación que nos proporciona la red social) a los usuarios más interesados en nuestros productos. Esto hará que nuestra página sea cada vez más conocida y seguida por los usuarios. Mantendremos el anuncio gastando x euros al mes durante 6 meses.

4. **Redes sociales**

Los medios sociales nos ofrecen grandes ventajas para aumentar la visibilidad y presencia online de la marca, así como de gestionar nuestra imagen y reputación online.

• **¿Cómo lo hacemos?**: estudiaremos la situación actual del sector y su presencia en los medios sociales, en base a este estudio, crearemos y optimizaremos los perfiles de la marca en las plataformas en las que se encuentran nuestros clientes. Una vez localizado el público objetivo, generaremos la mejor estrategia para conseguir los objetivos fijados *(branding, leads,* notoriedad,...).

.../...

.../...

- **¿Qué podremos conseguir?**: con la estrategia adecuada para nuestra marca, podremos mejorar la presencia en medios sociales, gestionar nuestra reputación online, aumentar nuestra comunidad con un perfil acorde a la imagen de marca: optimizado, coherente y atractivo y, por supuesto, gracias a esto, un crecimiento de las conversiones sociales con mayor volumen de *leads*.

- **Presupuesto de costes**: tras estudiar otras redes sociales hemos comprobado que Instagram y X también podrían ayudarnos en nuestra reputación online. Pero, ¿podemos afrontar con garantías su gestión? Una vez ya hemos decidido todo lo anterior debemos calcular los costes del plan para ver si entran dentro de nuestro presupuesto económico. Tendremos que tener en cuenta, por ejemplo, el coste de la gestión de las comunidades online, el de la creación y gestión de concursos online, el pago a influencers, el coste del SEO o de la publicidad en redes sociales y los eventos.

En nuestro ejemplo, al tratarse de una empresa local nos parece la más acertada la opción de Facebook que hemos visto anteriormente. Por falta de activos humanos y de presupuesto no vamos a poder gestionar con profesionalidad otra red social y es preferible en este caso hacer bien nuestro trabajo en un medio social, que hacerlo mal en varios.

13. Análisis de la estrategia de portavocía online

Cuando ya se ha trazado el plan de reputación online y se han definido la estrategia y las acciones tácticas debemos elegir qué persona o personas se encargarán de llevar a cabo estas acciones tácticas, es decir, quienes serán los **portavoces online** de nuestra empresa en la relación con nuestros grupos de interés o público objetivo. Aunque, en principio, esta labor la pueden hacer los directivos, los comerciales o algún otro empleado, existe un perfil específico para desarrollar esta función: se trata del community manager.

Ya hemos definido sus funciones y características en otra unidad, pero vamos a ampliar ahora algunas más.

Es también función del community manager encontrar dentro de la empresa a aquellas personas que, por su **capacidad de comunicación** y por su estatus, pueden formar parte de las acciones de marketing de la marca de cara a la comunidad. Estos líderes de opinión dentro de la empresa son muy importantes, pues conocen la empresa a la perfección y esto es un plus para defender y preservar la marca, así como para saber responder a la mayoría de las cuestiones que puedan surgir desde la comunidad. En el proceso de selección de personal de la empresa, donde puede actuar como un community manager interno, debemos prescindir de los siguientes perfiles:

1. **Vendedores de motos**. Vender no está ni mucho menos prohibido en las redes sociales, pero hay que hacerlo con mesura y, sobre todo, con una estrategia detrás. De lo contrario, la comunidad rehuirá constantemente al community manager.

2. **El matón**. En las redes sociales los comentarios negativos están a la orden del día. En este sentido, lo peor que puede hacer un community manager es tomarse este tipo de comentarios de manera personal y responder al ataque con otro ataque. Se trata de contener la ira del cliente, no de avivarla.

3. **El preguntón**. Para interactuar con la comunidad está bien, de vez en cuando, echar mano de las preguntas pero, como en todo, deben hacerse en su justa medida. Si abusamos de ellas, la comunidad, lejos de sentirse implicada, se sentirá acosada por el community manager.

4. **El hombre invisible**. Este tipo no duda en "hacerse el loco", se le olvida responder las preguntas de los usuarios e ignora sus comentarios esperando que acaben perdiéndose en las profundidades de Internet. Si tiene mucho trabajo y no puede atender bien sus tareas en redes sociales, mejor prescindir de él.

5. **El generoso**. Este tipo comparte constantemente información con la comunidad sobre la empresa para la que trabaja, independientemente de si la información resulta relevante o no para la audiencia.

 El Hotel Plaza ha contratado un community manager para mejorar su reputación online en redes sociales. Tras un análisis de la situación del sector y del hotel, estas son las funciones que realizará:

⇨ **En Facebook**

1. Creación de una página profesional de empresa para el Hotel Plaza. Creación del diseño y los banners. Adaptación del nuevo logotipo y la imagen corporativa.

.../...

.../...

2. Gestión de la cuenta de Facebook durante 3 meses. Se realizarán 4 post mensuales de forma profesional con contenido pensado en el SEO e imágenes atractivas. Los post enlazarán con la web actual y versarán sobre las siguientes temáticas:

    a) Restaurante del hotel (alimentos, bebidas o recetas del mismo).

    b) Habitaciones del hotel.

    c) Servicios especiales del hotel.

    d) Actividades que se pueden realizar cerca del hotel.

    e) Ofertas y paquetes especiales.

    f) Establecimiento de contactos afectivos con personas que hayan visitado el hotel.

    g) Etc.

3. Se atenderán conversaciones con fans de la página.

4. Al finalizar el período de tres meses, se realizará un informe de visitas y se especificarán las estrategias para que la cuenta pueda ser gestionada por personal del hotel o se especificará un precio de mantenimiento para que un community manager continúe con la gestión.

⇨ **En Instagram**

1. Creación de un perfil profesional.

2. Instagram es una red social joven y basada en la imagen. Se subirán 2 imágenes semanales buscando la creatividad y el impacto: elementos arquitectónicos especiales del hotel, vistas de las habitaciones desde un ángulo diferente, platos estrella del restaurante, selfies de los huéspedes, etc. Necesitaremos el apoyo del hotel para conseguir algunas de estas imágenes.

3. Se creará un pequeño escaparate de lugares de interés o fiestas cercanas al hotel.

4. Investigación de hoteles con perfiles destacados en Instagram. Estudiar y ver qué tipo de imágenes están subiendo.

14. Amenazas en la estrategia de ORM

14.1. Cuáles son

Al mismo tiempo que la presencia de la empresa en medios sociales (por sí misma o por la acción de terceros) reporta efectos positivos, existen diferentes **amenazas** que pueden generar **impactos negativos en su imagen y reputación online**.

Una pérdida de confianza en la marca a partir de comentarios perjudiciales sobre un producto es un ejemplo de ello. Además, el efecto multiplicador de Internet posibilita que un incidente aislado (incluso generado fuera de la Red) se convierta en una situación de difícil solución. A continuación, expondremos las principales amenazas para la reputación online desde el punto de vista de la seguridad:

a) **Suplantación de identidad**

   La **suplantación de identidad** de la empresa en Internet es la usurpación de los perfiles corporativos por terceros malintencionados, actuando en su nombre. Dentro de este riesgo se contempla la creación o el acceso no autorizado al perfil de una empresa o entidad en un medio social y la utilización del mismo como si se tratara de la organización.

   Los atacantes crean **perfiles falsos** con varios propósitos, destacando el robo de información sensible de los usuarios de la empresa suplantada para la comisión de fraude online. Para ello, recurren a diferentes técnicas:

   1. *Phishing*: el estafador o phisher usurpa la identidad de una empresa o institución de confianza para que el receptor de una comunicación electrónica aparentemente oficial (vía email, redes sociales, etc.) crea en su veracidad y facilite, de este modo, los datos privados que resultan de interés para el estafador.

   2. *Pharming*: el atacante modifica los mecanismos de resolución de nombres sobre los que el usuario accede a las diferentes páginas web tecleando la dirección en su navegador. Esta modificación provoca que, cuando el usuario introduce en el navegador la dirección del sitio web legítimo, automáticamente es dirigido hacia una página web fraudulenta.

   Las consecuencias de la suplantación de la identidad de empresas en Internet y de los ataques derivados son diversas (confusión con la identidad original, robo de información de clientes, fraude online, extorsión, etc.), pero en todo caso suponen un perjuicio en la reputación generada por la empresa sobre su actividad, sus productos y/o servicios, tanto dentro como fuera de la Red.

b) **Registro abusivo de nombres de dominio**

La amenaza se produce cuando terceros malintencionados registran **uno o varios nombres de dominio que coinciden con la marca de la empresa**, impidiendo a esta última utilizar dichas denominaciones en su negocio. Este ataque, conocido como *cybersquatting*, también puede producirse si la empresa se olvida de renovar el nombre de dominio, o si aparece una nueva extensión de dominio (como .info .geo) y el propietario de la marca no realiza el correspondiente registro. Algunas de las finalidades de este ataque son:

1. Atraer visitantes a la página web aprovechándose de la marca para obtener ingresos por publicidad.

2. Extorsionar al titular de la marca solicitándole un precio abusivo a cambio de la transferencia del dominio.

c) **Ataques de seguridad de denegación de servicio**

Consiste en el denominado ataque de denegación de servicio distribuido, o **ataque DDoS**, o conjunto de técnicas que tienen por objetivo dejar un servidor inoperativo, hablando en términos de seguridad informática. Como consecuencia, la página web empresarial deja de funcionar, acarreándole un perjuicio a la identidad digital (la manifestación del negocio en la Red deja de existir) y a la reputación online, puesto que el hecho de ser atacada proyecta una imagen de vulnerabilidad frente al público.

d) **Fuga de información**

En este caso, la buena imagen y el prestigio de una entidad puede verse comprometida por el **robo de información sensible y/o confidencial** (como, por ejemplo, datos personales de trabajadores y clientes, datos bancarios, informaciones estratégicas de la organización, etc.) y su revelación en Internet.

e) **Publicaciones por terceros de informaciones negativas**

A través de los medios sociales, las empresas obtienen un **feedback** directo de usuarios, clientes y público en general sobre la empresa y sus productos o servicios.

¿Qué ocurre cuando esta respuesta es negativa y puede afectar a su reputación online? Los hashtags o etiquetas de X permiten que una corriente de comentarios se agrupe y tenga mayor visibilidad. Cuando el sentimiento generado en el público es negativo, las posibilidades de que ese flujo se intensifique aumentan. En este sentido, los trolls son aquellos usuarios que se dedican a avivar el sentimiento negativo hacia otros usuarios o empresas, utilizando, si es necesario, fórmulas molestas como las burlas, los insultos o las interrupciones en la conversación.

El hecho de que una falta de atención, un error en el servicio, un defecto en un producto, etc., sea comentado en Internet es igualmente una información valiosa para la empresa, que puede corregir el fallo en base a estos comentarios negativos. En estos casos, la diligencia de la empresa para dar una respuesta apropiada permitirá solucionar o aliviar la corriente de crítica que se ha generado y, en consecuencia, la recuperación de su imagen y reputación online.

La realización de comentarios negativos o falsos sobre una organización puede tener **consecuencias legales**. La legislación española contempla acciones tanto civiles como penales (en caso de que la ofensa en cuestión sea considerada una injuria o una calumnia) dirigidas a proteger el honor y reputación de la empresa.

f)   **Utilización de un portavoz online no profesional**

En ocasiones, las crisis de reputación online no sobrevienen por terceros sino por la mala gestión del plan de reputación online por parte del portavoz de la marca. Una mala respuesta a una crítica puede perpetuar una crisis. En la labor del community manager ha de prevalecer siempre la **netiqueta**, que son las normas de comportamiento y buenas maneras que deben ser usadas en los foros y redes sociales. Estas son algunas de las reglas de la netiqueta:

1.   **Regla 1**: nunca olvides que la persona que lee el mensaje es humana, con sentimientos que pueden ser lastimados.

2.   **Regla 2**: adhiérete a los mismos estándares de comportamiento en línea que sigues en la vida real.

3.   **Regla 3**: escribir todo en mayúsculas se considera como gritar y además, dificulta la lectura. Utiliza un lenguaje formal y sin faltas de ortografía.

4.   **Regla 4**: respeta el tiempo y ancho de banda de las otras personas.

5.   **Regla 5**: muestra tu lado bueno mientras te mantengas en línea.

6.   **Regla 6**: comparte tu conocimiento con la comunidad.

7.   **Regla 7**: ayuda a mantener los debates en un ambiente sano y educativo.

8.   **Regla 8**: respeta la privacidad de terceras personas, hacer un grupo contra una persona está mal.

9.   **Regla 9**: no abuses de tu poder.

10.   **Regla 10**: sé objetivo sobre temas cuyo bien primordial no afecte al general.

14.2. Pasos para solventar una crisis de reputación online

Son siete los pasos a tener en cuenta:

1. **Análisis y monitorización**: analizar el origen y motivos por los cuales surge la crisis y utilizar herramientas de monitorización de redes e Internet, a través de las cuales no solo conoceremos todas las menciones negativas o desfavorables de la marca sino que podremos seguir el proceso evaluando a su vez si estamos paliando la crisis o si esta se va acrecentando.

2. **Reducción**: respuesta lo más rápida posible aclarando o negando la situación.

3. **Evaluación**: establecer rangos en función del carácter, potencial y gravedad actual de la misma.

4. **Actuación**: indicaciones para neutralizar los casos más comunes y, en especial, para parar completamente las crisis de mayor gravedad.

5. **Aprendizaje**: ver en qué hemos fallado. Analizar los procesos o errores y gestionarlo para que no vuelva a pasar.

6. **Seguimiento**: estudiar factores nocivos y cómo evoluciona la situación para comprobar que todo vuelve a la normalidad.

7. **Replanteamiento**: entender y corregir. El aprendizaje realizado hay que aplicarlo para no volver a cometer el mismo error. Es necesario mejorar e implementar los cambios necesarios tanto en el modo de actuación como en nuestro manual de gestión de crisis online.

Por último, la reputación online juega un papel principal en el mundo de las redes sociales de empresa y de las nuevas tecnologías. La presente unidad ha explicado:

⇨ Qué es la reputación online y cómo podemos crear un plan de reputación online efectivo, utilizando las herramientas de las que disponemos, facilitando muchos ejemplos de las mismas.

⇨ Se dan las claves para desarrollar e implementar ese plan con éxito y para saber construir buenos y fiables contenidos.

⇨ También, se detallan las amenazas que pueden encontrarse en el camino para saber solventarlas y que nuestra reputación online no se vea afectada.

TEST DE UNIDADES DIDÁCTICAS

Unidad 1

1. Las redes sociales, inicialmente, están basadas en las relaciones personales, fomentando redes de amigos o de personas unidas por algún interés común:

    a) Verdadero.
    b) Falso.

2. Las redes sociales directas:

    a) Son las que consisten en colaboración entre los grupos de personas que se han dado de alta.
    b) Son las que consisten en colaboración entre las personas o grupos de personas.
    c) Son las que no tienen el perfil de usuario visible para el resto.
    d) Todas son correctas.

3. Todos estamos interconectados a través de no más de seis grados de separación:

    a) Verdadero.
    b) Falso.

4. ¿Cuál es el límite de contactos de un perfil personal de Facebook?:

    a) No hay límite.
    b) 5.000.
    c) 10.000.
    d) Nadie lo ha alcanzado.

5. ¿A partir de qué número de fans se puede personalizar el nombre de una página de fans de Facebook?:

    a) 50.
    b) 100.
    c) 25.
    d) Desde el principio.

6. LinkedIn sirve para:

    a) Reclutamiento y búsqueda de talento.
    b) Compartir música.
    c) Suscribirse a ofertas de empleo.
    d) Ninguna es correcta.

7. **Las redes sociales tienen un público muy concreto según estén enfocadas:**

   a) Verdadero.
   b) Falso.

8. **¿Cuál no es un beneficio de las redes sociales en la empresa?:**

   a) Mejoran la imagen de la marca.
   b) Permiten acceder solo a contenidos donde tengamos permisos.
   c) Permiten personalizar.
   d) Ayudan a la promoción.

9. **El mundo de las redes sociales no beneficia tanto a las empresas en su día a día:**

   a) Verdadero.
   b) Falso.

10. **Visibilidad en una red social es contabilizar el número de menciones, de productos o servicios, de la marca, etc.:**

   a) Verdadero.
   b) Falso.

Unidad 2

1. **El nombre que se elija como dominio debe ser:**

    a) Largo.
    b) Con guiones.
    c) Genérico.
    d) Alfanumérico.

2. **La Web 1.0 es de solo lectura, de manera que el usuario no puede interactuar con el contenido de la página:**

    a) Verdadero.
    b) Falso.

3. **¿Qué determina la estructura de la web?:**

    a) La usabilidad.
    b) Los contenidos.
    c) El diseño.
    d) La promoción.

4. **Tim O´Reilly acuñó por primera vez el término de Web 2.0 en:**

    a) 2004.
    b) 2000.
    c) 2006.
    d) No lo acuñó el.

5. **La página de bienvenida de una web:**

    a) Actúa, a menudo, como presentación e índice.
    b) Es la carta de presentación.
    c) Contiene la información más relevante.
    d) Todas son correctas.

6. **El contenido audiovisual permite complementar la información escrita, la refuerza y facilita su comprensión:**

    a) Verdadero.
    b) Falso.

7. **¿Quién puede abrir un blog?:**

   a) Solo se puede abrir teniendo CMS.
   b) Cualquiera puede abrir un blog a través de herramientas gratuitas o instalar un CMS que le permita comenzar.
   c) Hay que justificar para qué se usa y luego abrirlo.
   d) Ninguna es correcta.

8. **¿Cómo se organiza un blog?:**

   a) Los contenidos no se pueden clasificar por fechas, etiquetas y por categorías. Además, las plantillas existentes permiten una escalabilidad ilimitada.
   b) Los contenidos se pueden clasificar por fechas, etiquetas y por categorías. Además, las plantillas existentes permiten una escalabilidad ilimitada.
   c) Los contenidos no se pueden clasificar y no hay plantillas existentes permiten una escalabilidad ilimitada.
   d) Ninguna es correcta.

9. **¿Qué debe llevar como mínimo la cabecera de un blog?:**

   a) Título.
   b) Subtítulo.
   c) Logotipo de la empresa.
   d) Todas son correctas.

10. **La viralidad se basa en la idea de que serán los mismos potenciales consumidores los que harán difusión y compartirán aquellos contenidos que les resulten relevantes:**

   a) Verdadero.
   b) Falso.

Unidad 3

1. ¿Cuáles son informaciones que muestra Google Analytics?:

a) Tráfico del sitio web.
b) Resultados de la campaña de marketing.
c) Rendimiento del contenido.
d) Todas son correctas.

2. Google Analytics muestra, también, la duración media de la visita:

a) Verdadero.
b) Falso.

3. Buffer es:

a) Una aplicación de software solo para ordenadores destinada para administrar publicaciones en las redes sociales.
b) Una aplicación de software para dispositivos móviles destinada para administrar publicaciones en las redes sociales.
c) Una aplicación de software para dispositivos móviles destinada para administrar publicaciones en foros.
d) Ninguna es correcta.

4. ¿Qué es un co-creador?:

a) Un profesional que desarrolla el proceso continuo de diseño de un producto, servicio, experiencia, marca y/o herramienta de marketing y todo lo que involucre el proceso hasta el lanzamiento.
b) Un profesional que desarrolla el proceso continuo de diseño de un producto, servicio, experiencia, marca y/o herramienta de marketing.
c) Un profesional que desarrolla el diseño de un producto, servicio.
d) Ninguna es correcta.

5. Entre los beneficios de la co-creation están:

a) Creación de una fuerte comunidad alrededor de la marca.
b) Críticas constructivas del producto o servicio antes del lanzamiento del mismo.
c) Compartición de ideas (competencia y diversidad).
d) Todas son correctas.

6. **En la actualidad podemos decir que más del 50% de las empresas han hecho uso de la co-creation:**

   a) Verdadero.
   b) Falso.

7. **Las herramientas de multiposting permiten servicios de microblogging como redes sociales:**

   a) Verdadero.
   b) Falso.

8. **¿Quién se encarga de gestionar las herramientas?:**

   a) El director de marketing.
   b) El director de la empresa.
   c) El community manager.
   d) Ninguna es correcta.

9. **El multiposting no es una de las herramientas más utilizadas en los departamentos de selección de las empresas:**

   a) Verdadero.
   b) Falso.

10. **La publicidad online consiste en:**

    a) La comunicación comercial digital destinada al cliente potencial de un anunciante.
    b) Es la publicidad que se realiza en los medios interactivos: Internet, televisión interactiva y aparatos móviles, a través de formatos interactivos.
    c) La comunicación dirigida a los anunciantes.
    d) Son correctas a) y b).

Unidad 4

1. ¿Cuál es la mejor forma de encontrar una información en Internet?:

   a) Por medio de blogs.
   b) Por medio de los chats.
   c) Por medio de los buscadores.
   d) Por medio de los foros.

2. En el SEO se trabaja con cualquier buscador, no necesariamente tiene que ser Google, todos cuentan con tráfico:

   a) Verdadero.
   b) Falso.

3. Una web posicionada en los resultados de búsqueda de una palabra clave competida en la posición 56 podemos decir que está bien posicionada:

   a) Verdadero.
   b) Falso.

4. El SEO:

   a) Persigue ayudar al buscador a encontrarnos, pero no a indexarnos adecuadamente para que nuestra web aparezca en los resultados de búsqueda.
   b) Persigue ayudar a la web a indexarse adecuadamente para que nuestra web aparezca en los resultados de búsqueda.
   c) Persigue ayudar al buscador a encontrarnos e indexarnos adecuadamente para que nuestra web aparezca en los resultados de búsqueda.
   d) Ninguna es correcta.

5. ¿Con qué siglas se denomina al marketing para buscadores?:

   a) SEO.
   b) SEM.
   c) Ads.
   d) SERPS.

6. Si utilizamos técnicas de posicionamiento que intentan engañar al buscador podemos ser penalizados con un descenso en nuestro posicionamiento:

   a) Verdadero.
   b) Falso.

7. El marketing en buscadores web es una forma de marketing en Internet que busca promover los sitios web sin tener en cuanta el aumento de su visibilidad en los resultados de las búsquedas en buscadores:

   a) Verdadero.
   b) Falso.

8. La web semántica:

   a) Se basa en la idea de añadir metadatos ontológicos a la World Wide Web.
   b) Se basa en la idea de añadir metadatos semánticos y ontológicos a la World Wide Web.
   c) No existe.
   d) Ninguna es correcta.

9. ¿Qué debemos incluir en la description?

   a) Un resumen que dé información exacta del contenido.
   b) Crear interés por visitar la página.
   c) Es libre.
   d) Son correctas a) y b).

10. Las meta keywords ya no tienen ningún valor en el SEO y no deben ser consideradas como una estrategia efectiva para mejorar el posicionamiento de un sitio web:

    a) Verdadero.
    b) Falso.

Unidad 5

1. La idea de comunidad es el corazón de Internet desde sus orígenes:

a) Verdadero.
b) Falso.

2. Una de las labores más delicadas y complejas de un community manager es, precisamente, la creación y la gestión de la misma:

a) La creación y gestión de la página web.
b) La creación y gestión del blog.
c) La creación y gestión de la comunidad virtual.
d) La creación y gestión de foros.

3. Una vez puesta en marcha la comunidad virtual no es necesario realizar ningún trabajo más:

a) Verdadero.
b) Falso.

4. ¿Qué hacer cuando la comunidad ya está en marcha?:

a) Monitorizar todo lo que ocurre en ella.
b) Crear alertas y búsquedas adaptadas a nuestras necesidades y objetivos.
c) Dejar que el usuario entre en ella.
d) Son correctas a) y b).

5. Las fuentes de información pueden ser solo de dos tipos: internas y externas:

a) Verdadero.
b) Falso.

6. La validez de las fuentes secundarias dependerá de la fiabilidad de quienes las recogen e interpretan:

a) Verdadero.
b) Falso.

7. **Las redes sociales de *microblogging* basan su contenido en:**

   a) Pequeños mensajes donde se comparten pensamientos, enlaces, fotos, vídeos, etc., solo con los suscriptores.
   b) Pequeños mensajes donde se comparten pensamientos, enlaces, fotos, vídeos, etc.
   c) Pequeños mensajes donde se comparten pensamientos, enlaces, fotos, vídeos, etc., solo en X.
   d) Pequeños mensajes donde se comparten pensamientos, enlaces, fotos, vídeos, etc., solo con usuarios elegidos.

8. **Romper la uniformidad del texto es una buena forma de llamar la atención: extensión de los párrafos, negritas, enlaces o imágenes:**

   a) Verdadero.
   b) Falso.

9. **Reorganiza el orden de los elementos del título de forma que:**

   a) Comience con las palabras más relevantes o más atractivas.
   b) Comience con el título.
   c) Comience con las ofertas.
   d) Todas son correctas.

10. **El contenido debe ser:**

    a) Original.
    b) Actualizado.
    c) Interesante.
    d) Todas son correctas.

Unidad 6

1. **Un community manager es el encargado de dinamizar la comunidad de usuarios de una marca o empresa:**

   a) Verdadero.
   b) Falso.

2. **¿Debe el community manager planificar las campañas de publicidad online?:**

   a) No, esa labor no pertenece al community manager.
   b) Sí, pero solo si la persona encargada de ello lo delega en él.
   c) Sí, forma parte de sus tareas mensuales.
   d) Ninguna es correcta.

3. **¿Debe abarcar el trabajo una sola persona?:**

   a) Sí, siempre debe ser trabajo de una sola persona.
   b) Sí, es importante hacerlo así en empresas pequeñas o con recursos más limitados.
   c) No, es imposible que el trabajo lo haga una sola persona.
   d) Depende de la organización empresarial.

4. **La función del community manager no tiene un contenido estratégico dentro de la empresa:**

   a) Verdadero.
   b) Falso.

5. **¿Qué tareas tiene el community manager?:**

   a) Tareas diarias.
   b) Tareas semanales.
   c) Tareas mensuales.
   d) Todas son correctas.

6. **¿Qué hace un community manager ejecutor?:**

   a) Se encarga de llevar a cabo las estrategias propuestas por el community manager estratega.
   b) No planifica, sino que ejecuta las medidas tomadas por los ejecutivos de cuentas, en función de los objetivos planteados.
   c) Son correctas a) y b).
   d) Ninguna es correcta.

7. **Los community manager freelance trabajan solo para una marca en exclusividad:**

   a) Verdadero.
   b) Falso.

8. **Ley de autenticidad es:**

   a) Que el perfil no debe dañar la identidad de la persona, o empresa, o hacer que sea percibida como no es.
   b) Que la actividad está destinada a potenciar la relación con otras personas.
   c) Que la presencia en redes sociales y comunidades virtuales debe proteger su propia existencia.
   d) Que el perfil no debe dañar la identidad de la empresa.

9. **Las redes sociales permiten acceder a los recursos más ordenadamente pero no ayudan a crear comunidades comerciales, eso solo es labor del community manager:**

   a) Verdadero.
   b) Falso.

10. **La ley de relación:**

    a) Quiere decir que la actividad está destinada a potenciar la relación con otras personas.
    b) Contribuye a que se comparta contenido y conocimiento.
    c) Amplía vínculos.
    d) Todas son correctas.

Unidad 7

1. **¿Qué es la reputación online?:**

   a) Aquella que se da solo en redes sociales.
   b) Aquella que se da solo en blogs.
   c) Aquella que se da en el entorno digital.
   d) Aquella que se da solo en páginas web.

2. **La construcción de una marca tiene unos inmensos costes en publicidad y *marketing*, y un proceso complejo de creación de campañas publicitarias y de comunicación en medios de todo tipo:**

   a) Verdadero.
   b) Falso.

3. **Marca sería lo que decimos de nosotros, mientras reputación es lo que los demás ven en nosotros:**

   a) Verdadero.
   b) Falso.

4. **El plan de crisis deberá ponerse en marcha de inmediato siempre que haya una situación de crisis:**

   a) Independientemente del punto en el que nos encontremos dentro del plan general de reputación online.
   b) Independientemente del punto en el que nos encontremos dentro del plan general de comunicación.
   c) Independientemente del punto en el que nos encontremos.
   d) Ninguna es correcta.

5. **En el caso de la reputación online la auditoría o diagnóstico de la marca no tendrá en cuenta el estado de la marca en Internet:**

   a) Verdadero.
   b) Falso.

6. **Los activos propios son aquellos:**

   a) Canales de otros que podremos controlar más eficazmente pero no podemos dejar de lado los activos de terceros.
   b) Canales de nuestra propiedad que podremos controlar más eficazmente.
   c) Canales de nuestra propiedad y de otros que podremos controlar más eficazmente.
   d) No son un tipo de canales que afecten a la reputación online.

7. **Definimos público objetivo como un conjunto de individuos que presentan una cierta homogeneidad que los define como una unidad y con los que la empresa quiere comunicarse:**

   a) Verdadero.
   b) Falso.

8. **Un ataque DDoS, o conjunto de técnicas que tienen por objetivo dejar un servidor inoperativo, es:**

   a) Un ataque de seguridad de denegación de servicio.
   b) Una suplantación de identidad.
   c) Un registro abusivo de nombres de dominio.
   d) Una fuga de información.

9. **En la labor del community manager ha de prevalecer siempre la netiqueta, que son las normas de comportamiento y buenas maneras que deben ser usadas en los foros y redes sociales:**

   a) Verdadero.
   b) Falso.

10. **La realización de comentarios negativos o falsos sobre una organización no puede tener, aún, consecuencias legales, la legislación española no contempla estas acciones:**

    a) Verdadero.
    b) Falso.

TEST DE UNIDADES DIDÁCTICAS

Unidad 1

1. **a)** Verdadero.

2. **b)** Son las que consisten en colaboración entre las personas o grupos de personas.

3. **a)** Verdadero.

4. **b)** 5.000.

5. **c)** 25.

6. **a)** Reclutamiento y búsqueda de talento.

7. **b)** Falso.

8. **b)** Permiten acceder solo a contenidos donde tengamos permisos.

9. **b)** Falso.

10. **a)** Verdadero.

Unidad 2

1. **d)** Alfanumérico.

2. **a)** Verdadero.

3. **b)** Los contenidos.

4. **a)** 2004.

5. **d)** Todas son correctas.

6. **a)** Verdadero.

7. **b)** Cualquiera puede abrir un blog a través de herramientas gratuitas o instalar un CMS que le permita comenzar.

8. **b)** Los contenidos se pueden clasificar por fechas, etiquetas y por categorías. Además, las plantillas existentes permiten una escalabilidad ilimitada.

9. **d)** Todas son correctas.

10. **a)** Verdadero.

Unidad 3

1. **d)** Todas son correctas.

2. **a)** Verdadero.

3. **b)** Una aplicación de software para dispositivos móviles destinada para administrar publicaciones en las redes sociales.

4. **a)** Un profesional que desarrolla el proceso continuo de diseño de un producto, servicio, experiencia, marca y/o herramienta de marketing y todo lo que involucre el proceso hasta el lanzamiento.

5. **d)** Todas son correctas.

6. **a)** Verdadero.

7. **a)** Verdadero.

8. **c)** El community manager.

9. **b)** Falso.

10. **d)** Son correctas a) y b).

Unidad 4

1. **c)** Por medio de los buscadores.

2. **b)** Falso.

3. **b)** Falso.

4. **c)** Persigue ayudar al buscador a encontrarnos e indexarnos adecuadamente para que nuestra web aparezca en los resultados de búsqueda.

5. **b)** SEM.

6. **a)** Verdadero.

7. **b)** Falso.

8. **b)** Se basa en la idea de añadir metadatos semánticos y ontológicos a la World Wide Web.

9. **d)** Son correctas a) y b).

10. **a)** Verdadero.

Unidad 5

1. **a)** Verdadero.

2. **c)** La creación y gestión de la comunidad virtual.

3. **b)** Falso.

4. **d)** Son correctas a) y b).

5. **b)** Falso.

6. **a)** Verdadero.

7. **b)** Pequeños mensajes donde se comparten pensamientos, enlaces, fotos, vídeos, etc.

8. **a)** Verdadero.

9. **a)** Comience con las palabras más relevantes o más atractivas.

10. **d)** Todas son correctas.

Unidad 6

1. **a)** Verdadero.

2. **c)** Sí, forma parte de sus tareas mensuales.

3. **b)** Sí, es importante hacerlo así en empresas pequeñas o con recursos más limitados.

4. **b)** Falso.

5. **d)** Todas son correctas.

6. **c)** Son correctas a) y b).

7. **b)** Falso.

8. **a)** Que el perfil no debe dañar la identidad de la persona, o empresa, o hacer que sea percibida como no es.

9. **b)** Falso.

10. **d)** Todas son correctas.

Unidad 7

1. **c)** *Aquella que se da en el entorno digital.*

2. **a)** *Verdadero.*

3. **a)** *Verdadero.*

4. **a)** *Independientemente del punto en el que nos encontremos dentro del plan general de reputación online.*

5. **b)** *Falso.*

6. **b)** *Canales de nuestra propiedad que podremos controlar más eficazmente.*

7. **a)** *Verdadero.*

8. **a)** *Un ataque de seguridad de denegación de servicio.*

9. **a)** *Verdadero.*

10. **b)** *Falso.*

Ads

Sistema de Google para crear anuncios, campañas que luego aparecerán en los sites con AdSense instalado. El sistema de pago es dinámico en función de la competencia que haya para los términos seleccionados para anunciarse. También se puede segmentar, elegir formatos, franjas horarias.

AdSense

Sistema de Google de inserción publicitaria en webs y blogs como medio de generar ingresos para esos sites. El pago es por clic, se puede segmentar y elegir entre diferentes tamaños y formatos de inserción.

Agregadores

Son páginas en las que son los propios usuarios los que envían enlaces que consideran interesantes. Las hay temáticas o generalistas y el sistema de promoción de noticias se realiza mediante el voto de los propios usuarios: Menéname, Divblogger, Dictio, Divúlgame, Bitácoras.

Analítica web

Disciplina profesional encaminada a la recopilación, medición, evaluación y explicación racional de los datos obtenidos de Internet, con el propósito de entender y optimizar el uso de una página web. Su objetivo primordial debe ser extraer conclusiones, definir estrategias o establecer reglas de negocio sobre la base de los datos recabados en todos aquellos entornos web sobre los que una empresa ejerce control. Resumiendo: obtención de estadísticas de uso de nuestro sitio para su correcta interpretación de cara a implementar mejoras, corregir carencias o deficiencias o establecer acciones concretas. Google Analytics es seguramente la herramienta más popular para este tipo de análisis.

Banner

Elemento gráfico que consiste en incluir una pieza publicitaria dentro de una página web.

Blog

Sitio web, normalmente basado en un CMS, actualizado periódicamente que recopila cronológicamente los contenidos. Es un espacio de escritura en Internet en el que su autor publica artículos o noticias (post) que pueden contener texto, imágenes e hipervínculos.

CMS

Content Management System. Sistema de gestión de contenidos. Nombre que hace referencia a los gestores de contenidos: WordPress, Jommla!, Drupal.

Community manager

Es la figura central dentro de la comunicación digital de una empresa ya que, entre sus cometidos, se encuentra el planteamiento de objetivos y diseño de estrategias de social media para, finalmente, establecer relaciones digitales entre la empresa y sus clientes.

DAFO

Herramienta estratégica de análisis de la situación real de una empresa. Son las siglas de Debilidades, Amenazas, Fortalezas, Oportunidades.

Facebook

La red social creada por Mark Zuckerberg. Su principal atractivo empresarial es que es una plataforma sobre la que terceros pueden desarrollar aplicaciones y hacer negocio.

Feedback

Proceso de compartir observaciones, preocupaciones y sugerencias, con la intención de recabar información, a nivel individual o colectivo, para intentar mejorar el funcionamiento de una organización o de cualquier grupo formado por seres humanos.

Flickr

Sitio de alojamiento y consulta online de fotografías y vídeo. Permite búsquedas, etiquetado e interactuar con otros usuarios. Tiene versión gratuita de hasta 200 imágenes y versión PRO, ilimitada.

Google Insights

Herramienta de Google que permite explorar el impacto y el comportamiento de las búsquedas que realizan los usuarios del buscador, y relacionarlas con otras similares. Propone similitudes y permite analizar tendencias y compararlas según el tiempo y diferentes regiones.

Google Trends

Herramienta de Google que muestra los términos de búsqueda más populares del pasado reciente.

Hashtag

Cadena de caracteres formada por una o varias palabras concatenadas y precedidas por una almohadilla (#). Representa un tema en el que cualquier usuario puede hacer una aportación u opinión personal respecto a un tema.

Keywords

Son los términos que emplean los usuarios de Internet para buscar contenido en la Web a través de los motores de búsqueda. Asimismo, son las palabras clave que debemos escoger para definir correctamente el contenido principal de nuestro sitio web. Pueden considerarse una de las bases sobre las que se sostiene el SEO y representan uno de los factores determinantes a la hora de planificar estrategias de marketing online. Deben ser naturales (piensa en cómo buscaría un usuario en Internet) y precisas. Estudiar a la competencia nos ayudará a determinar qué términos nos interesa usar o desestimar.

Landing page

Es la página de aterrizaje a la que llega un usuario después de realizar una búsqueda en Internet y hacer clic en uno de los resultados o en uno de los banners publicitarios. No tiene por qué ser la Home, o página de principal de una web. De hecho, lo más habitual es que los resultados de búsqueda ofrezcan resultados internos de la web. Conviene tener todas las páginas bien optimizadas y etiquetadas para facilitar el resultado de los buscadores. Imprescindibles para campañas publicitarias o para promocionar y posicionar productos y servicios concretos.

Linkbaiting

Es la técnica para conseguir el mayor número de enlaces en el menor tiempo posible.

LinkedIn

Red social de tipo profesional. Permite introducir nuestro perfil profesional y currículum vitae y establecer contactos por afinidades; también permite páginas de empresa a través de las que ofrecer servicios o captar talento. Permite realizar búsquedas por perfil o por empresa. Además, es posible crear grupos de trabajo, generar debates.

Manifiesto Cluetrain

Listado de 95 conclusiones ordenadas y presentadas como un manifiesto, o una llamada a la acción, para todas las empresas que operan en lo que se sugiere un mercado con nuevas conexiones. Las ideas expresadas dentro del manifiesto buscan examinar el impacto de Internet tanto en los mercados (consumidores) como en las organizaciones. Además, ambos, consumidores y organizaciones, son capaces de utilizar Internet y otras redes para establecer un nivel de comunicación que anteriormente no existía entre estos dos grupos. El manifiesto sugiere los cambios necesarios para que las organizaciones respondan a un nuevo ambiente de mercado.

Menéame

El agregador de noticias más popular en español. Permite enviar una historia que será revisada por todos y será promovida, o no, a la página principal. Cuando un usuario envía una noticia esta queda en la cola de pendientes hasta que reúne los votos suficientes para ser promovida a la página principal.

PageRank

Marca registrada por Google. Es un valor numérico que representa la importancia que una página web tiene en Internet. Google considera que cuando una página coloca un enlace a otra es, de hecho, un voto para esta última. Cuantos más votos recibe, más importante. La importancia de la página que vota también determina el peso de ese voto.

Podcast

Archivos multimedia, audio o vídeo principalmente, accesibles mediante un sistema de redifusión RSS o descarga. Su reproducción se puede realizar bien en el ordenador a través de un programa específico o a través de algún reproductor móvil.

Post

Nombre que se le da a las entradas o artículos que se publican en los blogs.

Quora

Servicio online que permite añadir preguntas y respuestas de diferentes temas y permite a los usuarios colaborar en ellas mediante la valoración de su idoneidad o aportando contenidos.

ROI

Retorno de la inversión. Es la forma de medir la efectividad o rentabilidad de una inversión realizada en función de las ventas obtenidas. Es un valor que surge de aplicar la fórmula ROI = (beneficio obtenido - inversión) / inversión.

RSS

Formato XML para sindicar o compartir contenidos en Internet. Sirve para mantener informados a los usuarios suscritos de las actualizaciones de contenido.

SEM

Search Engine Marketing. Marketing en motores de búsqueda. Es un paso más allá del SEO. Su objetivo es aumentar la visibilidad de un sitio web a través de técnicas de marketing y promoción: publicidad, pago por clic, o la inserción de campañas de pago en portales y buscadores.

SEO

Search Engine Optimization. Técnicas de optimización de un sitio web, orientadas a los buscadores, para mejorar su visibilidad de forma orgánica en los resultados de búsqueda.

SMM

Social media marketing.

SMO

Social media optimization. Resumiendo mucho, SEO y SEM aplicado a las redes sociales y comunidades online.

Social media

Término para denominar a los medios sociales de comunicación que usan tecnologías propias de la Web 2.0 y, por extensión, a la actividad que se desarrolla en ellos.

Spam

Es un tipo de carne enlatada. Los Monty Python acuñaron el término en un famoso sketch televisivo. Desde entonces, se denomina Spam al correo no deseado y, por extensión, a todas las notificaciones recibidas sin consentimiento del usuario o con un claro fin de promoción comercial en espacios no destinados a ello.

Target

Es el mercado objetivo o público objetivo al que se dirige la actividad de cualquier empresa y al que deben dirigirse las acciones de marketing destinadas a la captación nuevos clientes o fidelización de los ya existentes.

Trends

Son las tendencias de búsqueda a lo largo del tiempo. La herramienta Google Trends muestra la frecuencia en el tiempo con que realiza una determinada búsqueda en Internet. Importante para valorar la relevancia de las palabras clave y conocer las tendencias de los usuarios a la hora de realizar búsquedas.

URL acortadores

Servicios online que permiten acortar las URL naturales de un sitio para reducirlas a códigos alfanuméricos más cortos. Algunos permiten seleccionar una palabra relevante. Normalmente son dominios muy cortos que permiten reducir al máximo la extensión de la URL. Muy útiles para X o para ocultar la URL de destino. Goo.gl, ow.ly. bit.ly, 3dj.es hay decenas.

Usabilidad

Es la facilidad de uso que una web presenta para sus usuarios y visitantes. El diseño es importante pero no debe ir contra el usuario, sino facilitarle la visita y la consecución de sus objetivos. Obviamente, será fundamental en el diseño de una web que pretende obtener conversión de sus visitantes.

Vimeo

Servicio de alojamiento de vídeo que funciona como red social. Permite compartir y almacenar vídeos así como comentarlos e interactuar con otros usuarios.

Viralidad

Técnica de marketing por la cual se busca incrementar exponencialmente la difusión de una determinada campaña o marca a base de explotar las redes sociales y su sistema de relaciones y de compartir información.

Web 2.0

El término comúnmente asociado con un fenómeno social, basado en la interacción que se logra a partir de diferentes aplicaciones en la web, que facilitan el compartir información, la interoperabilidad, el diseño centrado en el usuario y la colaboración: redes sociales, blogs, comunidades. Permiten a los usuarios interactuar entre ellos y con la propia página.

Wiki

Sitio web cuyas páginas pueden ser editadas por múltiples usuarios a través del navegador web. Los usuarios pueden crear, modificar o borrar un mismo texto que comparten. Wikipedia es la más popular.

WordPress

El gestor de contenidos más extendido. Desarrollado en PHP y MySQL, bajo licencia GPL. Una de las causas de su popularidad es su licencia abierta, su facilidad de uso y la cantidad de desarrolladores que han creado todo tipo de extensiones y utilidades para complementar y mejorar el gestor.

XML

Es un metalenguaje autorreferencial extensible de etiquetas desarrollado por el World Wide Web Consortium (W3C). Es la base sobre la que está creada la mayor parte de los contenidos digitales y la mayor parte de los formatos de libros electrónicos. También, es la base de sobre la que se estructuran los flujos de trabajo gestionados por CMS. El XML es el lenguaje sobre el que se articula todo el sistema de etiquetas..

YouTube

Servicio de alojamiento de vídeo que también funciona como red social. Permite compartir y almacenar vídeos así como comentarlos e interactuar con otros usuarios.

Webgrafía

- *7 Herramientas imprescindibles Social Media*

  https://bilnea.com/herramientas-social-media-imprescindibles/

- *+20 herramientas Social Media: las mejores opciones para potenciar tu estrategia en redes sociales*

  https://marketing4ecommerce.net/herramientas-social-media/

- *Anuncios de Facebook*

  https://www.facebook.com/business/

- *Cómo hacer un plan de Social Media Marketing efectivo*

  https://rubenmanez.com/guia-plan-social-media-marketing/

- *Google Trends Lecciones*

  https://newsinitiative.withgoogle.com/training/lessons?tool=Google%20

- *SEO y SEM: resumen de diferencias clave*

  https://www.latevaweb.com/seo-y-sem-diferencias

- *Tutorial WordPress en Español de 0 a 100 – Manual Completo*

  https://romualdfons.com/tutorial-wordpress/